民國文化與文學^{研究}文叢

研究文叢

二　編

李　怡　主編

第 2 冊

民國經典長篇小說接受研究

陳　思　廣　著

國家圖書館出版品預行編目資料

民國經典長篇小說接受研究／陳思廣 著 — 初版 — 新北市：
花木蘭文化出版社，2013〔民102〕
目 4+214 面；19×26 公分
（民國文化與文學研究文叢 二編：第 2 冊）
ISBN：978-986-322-305-4（精裝）
1. 中國小說 2. 長篇小說 3. 文學評論
541.26208   102012317

特邀編委（以姓氏筆畫為序）：

ISBN-978-986-322-305-4

9 789863 223054

民國文化與文學研究文叢
二 編 第 二 冊   ISBN：978-986-322-305-4

民國經典長篇小說接受研究

作　　者　陳思廣
主　　編　李 怡
企　　劃　四川大學現代中國文化與文學研究中心
　　　　　民國文學與海外漢學研究中心（籌）
　　　　　北京師範大學民國歷史文化與文學研究中心
總 編 輯　杜潔祥
印　　刷　普羅文化出版廣告事業
出　　版　花木蘭文化出版社
發 行 人　高小娟
聯絡地址　235 新北市中和區中安街七二號十三樓
　　　　　電話：02-2923-1455／傳眞：02-2923-1452
網　　址　http://www.huamulan.tw 信箱 sut81518@gmail.com
初　　版　2013 年 9 月
定　　價　二編 22 冊（精裝）新台幣 38,000 元

民國經典長篇小說接受研究

陳思廣　著

作者簡介

陳思廣（1964 －），男，新疆庫爾勒人，1986 年畢業於陝西師範大學中文系，1994 年畢業於西北大學中文系，2003 年畢業於武漢大學人文學院，獲文學博士學位。現為四川大學文學與新聞學院教授。從事中國現當代文學研究。

提　　要

　　《審美之維：中國現代經典長篇小說接受史論》從文本的審美維度出發，以整體考察或個案分析的方式全面剖析了張資平、巴金以及《蝕》、《女兵自傳》、《駱駝祥子》、《寒夜》、《圍城》等數十部中國現代經典長篇小說的接受史脈，理清了讀者在中國現代長篇小說經典化過程中的再創造關係，思辨了他們在經典化過程中的歷史命運與經驗教訓，澄清了有關中國現代長篇小說接受研究的諸多細節，勾勒了中國現代長篇小說多元發展的豐富樣態，既為中國現代長篇小說多視角多層次的研究提供了具體的接受視野與鑒照視點，為中國現代文學研究提供了新的視閾與研究範例，也為重構現代文學新圖景提供了新的閱讀期待。

目

次

就「民國機制」與民國文學答問
——《民國文化與文學研究文叢》第二輯引言

李　怡

文學的「民國機制」是什麼

周維東：我注意到，最近有一些學者提出了「民國文學史」研究的問題，例如張福貴先生、丁帆先生、湯溢澤先生等等。而在這些「文學史」重新書寫的呼聲中，您似乎更專注於一個新的概念的闡述和運用，這就是文學的「民國機制」，您能否說明一下，究竟什麼是文學的「民國機制」呢？

李怡：「民國機制」是近年來我在中國現代文學史研究中逐漸感受到並努力提煉出來的一個概念。形成這一概念大約是在 2009 年，爲了參加北京大學召開的紀念五四新文化運動 90 周年研討會，我重新考察了「五四文化圈」的問題，我感到，五四文化圈之所以有力量，有創造性，根本原因就在於當時形成了一個砥礪切磋、在差異中相互包容又彼此促進的場域，而這樣的場域所以能夠形成，又與「民國」的出現關係甚大，中國現代文學之有後來的發展壯大，在很大程度上得力於當時能夠形成這個場域。在那時，我嘗試著用「民國機制」來概括這一場域所表現出來的影響文學發展的特點。〔註1〕我將五四時期視作文學的「民國機制」的初步形成期，因爲，就是從這個時期開始，推動中國現代文化與文學健康穩定發展的基本因素已經出現並構成了較爲穩定的「結構」。〔註2〕

〔註1〕 李怡：《誰的五四：論五四文化圈》，見《中國現代文學研究叢刊》2009 年 3 期。

〔註2〕 李怡：《「五四」與現代文學「民國機制」的形成》，《鄭州大學學報》2009 年

2010 年，在進一步的研究中，我對文學的「民國機制」做出了初步的總結。我提出：「民國機制」就是從清王朝覆滅開始在新的社會體制下逐步形成的推動社會文化與文學發展的諸種社會力量的綜合，這裏有社會政治的結構性因素，有民國經濟方式的保證與限制，也有民國社會的文化環境的圍合，甚至還包括與民國社會所形成的獨特的精神導向，它們共同作用，彼此配合，決定了中國現代文學的特徵，包括它的優長，也牽連著它的局限和問題。爲什麼叫做「民國機制」呢？就是因爲形成這些生長因素的力量醞釀於民國時期，後來又隨著 1949 年的政權更迭而告改變或者結束。新中國成立以後，眾所周知的事實是，政治制度、經濟形態及社會文化氛圍及人的精神風貌都發生了重大改變，「民國」作爲一個被終結的歷史從大陸中國消失了，以「民國」爲資源的機制自然也就不復存在了，新中國文學在新的「機制」中轉換發展，雖然我們不能斷言這些新「機制」完全與舊機制無關，或許其中依然包含著數十年新文化新文學發展無法割斷的因素，但是從總體上看，這些因素即便存在，也無法形成固有的「結構」，對於文化和文學的發展而言，往往就是這些不同的「結構」在發生著關鍵性的作用，所以我主張將所謂的「百年中國文學」、「二十世紀中國文學」分段處理，不要籠統觀察和描述，它們實在大不相同，二十世紀下半葉的中國文學應該在新的「機制」中加以認識。〔註3〕

周維東：「民國機制」與同時期出現的「民國文學史」、「民國史視角」有什麼差別？

李怡：「民國文學史」提出來自當代學人對諸多「現代文學」概念的不滿，據我的統計，最早提出以「民國文學史」取代「現代文學史」設想的是上海的陳福康先生，陳福康先生長期致力於現代文獻史料的發掘勘定工作，他所接觸和處理的歷史如此具體，實在與抽象的「現代」有距離，所以更願意認同「民國」這一稱謂，其實這裏有一個值得注意的現象：眞正投入歷史的現場，你就很容易發現文學的歷史更多的是一些具體的「故事」，抽象的「現代」之辨並不都那麼激動人心，所以在近現代史學界，以「民國史」定位自己工作者先前就存在，遠比我們觀念性強的「文學史」界爲早。繼陳福康先生之後，又先後有張福貴、魏朝勇、趙步陽、楊丹丹、湯溢澤、丁帆等人繼續闡

4 期。

〔註 3〕李怡：《民國機制：中國現代文學的一種闡釋框架》，《廣東社會科學》2010年 6 期。

述和運用了「民國文學史」的概念，尤其是張福貴和丁帆先生，更以「國務院學位委員」特有的學科視野爲我們論述和規劃了這一新概念的重要意義與現實可能，我覺得他們的論述十分重要，需要引起國內現代文學同行的高度重視和認眞討論。在一開始，我也樂意在「民國文學史」的框架中討論現代文學的問題，因爲這一框架顯然能夠把我們帶入更爲具體更爲寬闊的歷史場景，而不必陷入糾纏不清的概念圈套之中，例如借助「民國文學史」的框架，我們就能夠更好地解釋「大後方文學」的複雜格局，包括它與延安文學的互動關係。〔註4〕

不過，「民國文學史」主要還是一個歷史敘述的框架，而不是具體的認知視角和研究範式，或者說他更像是一個宏闊的學科命名，而不是「進入」問題的角度，我們也不僅僅爲了「寫史」，在書寫整體的歷史進程之外，我們大量的工作還在對一個一個具體文學現象的理解和闡釋，而這就需要有更具體的解讀歷史的角度和方法，我們不僅要告訴人們這一段歷史「叫做」什麼，而且要回答它「爲什麼」是這樣，其中都有哪些值得注意的東西，對後者的深入挖掘可以爲我們的文學研究打開新的空間，「機制」的問題提出就來源於此。

周維東：我也意識到這一問題。「民國文學史」提出的學理依據和理論價值，在於它一時間化解了「中國現代文學史」框架中許多難以解決的難題，譬如中國現代文學的「起點」問題，中國現代文學的「包容度」問題，中國現代文學史寫作的價值立場問題等等。但「化解」並不等同於「解決」，當我們以「民國」的歷史來界分中國現代文學時，我們依舊需要追問「現代」的起源問題；當我們不在爲中國現代文學的包容度而爭議時，如何將民國文學錯綜複雜的文學現象統攝在同一個學術平臺上，又成了新的問題；我們可以不爲「現代」的本質而煩擾，但一代代中國現代知識份子的文化追求還是會引發我們思考：他們爲什麼要這樣而不是那樣？

李怡：還有一個概念也很有意思，這就是秦弓先生提出的「民國史視角」，〔註5〕「視角」的思路與我們對其中「機制」的關注和考察有彼此溝通之處，

〔註4〕 李怡：《「民國文學史」框架與「大後方文學」》，《重慶師範大學學報》2009
年1期。

〔註5〕 秦弓先後發表《從民國史的角度看魯迅》（《廣東社會科學》2006年4期）、《現
代文學的歷史還原與民國史視角》（《湖南社會科學》2010年1期）。

我們都傾向於通過對特定歷史文化的具體分析為文學現象的解釋找到根據。在我們的研究中，有時也使用「視角」一詞，只是，我更願意用「機制」，因為，它指涉的歷史意義可能更豐富，研究文學現象不僅需要「觀察點」，需要「角度」，更需要有對文化和文學的內在「結構性」因素的總結，最終，讓二十世紀中國文學上下半葉各自區分的也不是「角度」而是一系列實在內涵。

周維東：「民國機制」的研究許多都涉及社會文化的制度問題，這與前些年出現的「中國現當代文學制度研究」有什麼差別呢？

李怡：最近一些年出現的「中國現當代文學制度研究」為中國文學的發生發展尋找到了豐富的來自社會體制的解釋，這對過去機械唯物主義的「社會反映論」研究具有根本的差異，我們今天對「民國機制」的思考，當然也包含著對這些成果的肯定，不過，我認為，在兩個大的方面上，我們的「機制」論與之有著不同。首先，這些「制度研究」的理論資源依然主要來自西方學術界，這固然不必指責，但顯然他們更願意將現代中國的各種「制度現象」納入到更普遍的「制度理論」中予以認識，「民國」歷史的特殊性和諸多細節還沒有成為更主動的和主要的關注對象，「民國視角」也不夠清晰和明確，而這恰恰是我們所要格外強調的；其次，我們所謂的「機制」並不僅是外在的社會體制，它同時也包括現代知識份子對各種體制包圍下的生存選擇與精神狀態。例如民國時期知識份子所具有的某種推動文學創造的個性、氣質與精神追求，這些人的精神特徵與國家社會的特定環境相關，與社會氛圍相關，但也不是來自後者的簡單「決定」與「反映」，有時它恰恰表現出對當時國家政治、社會制度、生存習俗的突破與抗擊，只是突破與抗擊本身也是源於這個國家社會文化的另外一些因素。特別是較之於後來極左年代的「殘酷鬥爭、無情打擊」，較之於「知識份子靈魂改造」後的精神扭曲，或者較之於中國式市場經濟時代的信仰淪喪與虛無主義，作為傳統文化式微、新興文明待建過程中的民國知識份子，的確是相對穩健地行走在這條歷史的過渡年代，其中的姿態值得我們認真總結。

周維東：經過您的闡述，我可不可以這樣理解：「民國機制」包含了一種全新的文學理解方式，「民國」是靜態的歷史時空，而「機制」則是文化參與者與歷史時空動態互動中形成的秩序，兩者結合在一起，強調的是在文學活動中「人」與「歷史時空」的豐富的聯繫，這種聯繫可以形成一種類似「場域」的空間，它既是外在的又是內在的。通過對「文學機制」的發現，文學

研究可以獲得更大的彈性空間，從而減少了因為理論機械性而造成的文學阻隔。單純使用「民國」或「制度」等概念，往往會將文學置於「被決定」的地位，它值得警惕的地方在於，我們既無法窮盡對「民國」或「制度」全部內容的描述，也無法確定在一定的歷史時空下就必然出現一定的文學現象。

李怡：可以這樣理解。

為什麼是「民國機制」

周維東：應該說，目前中國現代文學研究已經相當成熟了，各種研究模式、方法、框架都取得了引人注目的成就，在這個時候，為什麼還要提出這個新的闡述方式呢？

李怡：很簡單，就是因為目前的種種既有研究框架存在一些明顯的問題，對進一步的研究形成了相當的阻力。我們最早是有「新文學」的概念，這源於晚清「新學」，「新文學」也是「新」之一種，顯然這一術語感性色彩過強，我們必須追問：「新」旗幟的如何永遠打下去而內涵不變？「現代」一詞從移入中國之日起就內涵駁雜，有歐洲文明的「現代觀」，也有前蘇聯的十月革命「現代觀」，後者影響了中國，而中國又獨出心裁地劃出一「當代」，與前蘇聯有所區別，到了新時期，所謂「與世界接軌」也就是與歐美學術看齊，但是我們的「現代」概念卻與人家接不了軌！到 1990 年代，「現代性」知識登陸中國，一陣恍然大悟之後，我們「奮起直追」，「現代性」概念漫天飛舞，但是新的問題也來了：如何證明中國文學的「現代」就是歐美的「現代」？如果證明不了，那麼這個概念就是有問題的，如果真的證明了，那麼中國文學的獨立性與獨創性還有沒有？我們的現代文學研究真的很尷尬！提出「民國機制」其實就是努力返回到我們自己的歷史語境之中，發現中國人在特定歷史中的自主選擇，這才是中國文學在現代最值得闡述的內容，也是中國文學之所以成為中國文學的理由，或者說是中國自己的真正的「現代」。

周維東：我在想一個問題，「民國機制」的提出在很大程度上來自對目前「現代」概念的質疑和反思，這是不是意味著，我們從此就確立了與「現代」無關的概念，或者說應該把「現代」之說驅除出去呢？

李怡：當然不是。「現代」概念既然可以從其知識的來源上加以追問，借助「知識考古」的手段釐清其中的歐美意義，但是，在另外一方面，「現代」

從日本移入中國語彙的那一天起，就已經自然構成了中國人想像、調遣和自我感性表達的有機組成部分，也就是說，中國人已經逐步習慣於在自己理解的「現代」概念中完成自己和發展自己，今天，我們依然需要對這方面的經驗加以梳理和追蹤，我們需要重新摸索中國自己的「現代經驗」與「現代思想」，而這一切並不是 1990 年代以後自西方輸入的「現代性知識體系」能夠解釋的，怎麼解釋呢？我覺得還是需要我們的民國框架，在我們「民國機制」的格局中加以分析。

周維東：也就是說，只有在「民國機制」中，我們才可以真正發現什麼是自己的「現代」。

李怡：就是這個意思，「現代」並不是已經被我們闡述清楚了，恰恰相反，我覺得很多東西才剛剛開始。

周維東：「民國」一詞是中性的，這是不是更方便納入那些豐富的文學現象呢？例如舊體詩詞、通俗小說等等。提出「民國機制」是否更有利於現代文學史的「擴軍」？也就是說將民國時期的一切文化文學現象統統包括進去？

李怡：從字面上看似乎有這樣的可能，實際上已經有學者提出了這個問題。但是，對於這個問題，我卻有些不同的看法，實際上，一部文學史絕對不會不斷「擴容」的，不然，數千年歷史的中國古典文學今天就無法閱讀了，不斷「減縮」是文學史寫作的常態，文學經典化的過程就在減縮中完成。這就為我們提出了一個問題：一種新的文學闡釋模式的出現從根本上講是為了「照亮」他人所遮蔽的部分而不是簡單的範圍擴大，「民國」概念的強調是為了突出這一特定歷史情景下被人遺忘或扭曲的文學現象，舊體詩詞、通俗小說等等直到今天也依然存在，不能說是民國文學的獨有現象，而且能夠進入文學史研究的一定是那些在歷史上產生了獨立作用和創造性貢獻的現象，舊體詩詞與通俗小說等等能不能成為這樣的現象大可質疑，與唐宋詩詞比較，我們現代的舊體詩詞成就幾何？與新文學對現代人生的揭示和追求比較，通俗小說的深度怎樣？這都是可以探討的。實際上，一直都由學者提出舊體詩詞與通俗小說進入「現代文學史」，與新文學並駕齊驅的問題，呼籲了很多年，文學史著作也越出越多，但仍然沒有發現有這麼一種新舊雜糅、並駕齊驅的著作問世，為什麼呢？因為兩者實在很難放在同一個平臺上討論，基礎不一樣，判斷標準不一樣。我認為，提出文學的「民國機制」還是為了更好地解

釋那些富有獨創性的文學現象，而不是爲了擴大我們的敘述範圍。

周維東：文學史研究從根本上講，就不可能是「中性」的。

李怡：當然，任何一種闡述本身就包含了判斷。

「民國機制」何爲

周維東：在文學的「民國機制」論述中，有哪些內容可以加以考察？或者說，我們可以爲現代中國文學研究開拓哪些新空間呢？

李怡：大體上可以區分爲兩大類：一是對「民國」各種社會文化制度、生存方式之於文學的「結構性力量」的考察、分析，二是對現代作家之於種種社會格局的精神互動現象的挖掘。前者可以展開的論題相當豐富，例如民國經濟形態所造就的文學機制。從 1913 年張謇擔任農商務部總長起，在大多數情形下，鼓勵民營經濟的發展已經成了民國的基本國策，中國近現代的出版傳播業就是在這樣的格局中發展起來的，這賦予了文學發展較大的空間；至少在法制的表面形態上，民國政府表現出了一系列「法治」的努力，以「三民主義」和西方法治思想爲基礎民國法律同樣也建構著保障民權的最後一道防線，雖然它本身充滿動搖和脆弱。這表層的「法治」形式無疑給了知識份子莫大的鼓勵，鼓勵他們以法律爲武器，對抗獨裁、捍衛言論自由；多種形態的教育模式營造了較大的精神空間，對國民黨試圖推進的「黨化」教育形成抵制。後者則可以深入挖掘現代知識份子如何通過自己的努力、抗爭調整社會文化格局，使之有利於自己的精神創造。

周維東：這些研究表面上看屬於社會體制的考察，其實卻是「體制考察與人的精神剖析」相互結合，最終是爲了闡發現代文學的創造機能而展開的研究。

李怡：對，尋找外在的社會文化體制與人的內部精神追求的歷史作用，就是我所謂的「機制」的研究。

周維東：這樣看來，民國機制的研究也就帶有鮮明的立場：爲中國現代文學的創造力尋求解釋，深入展示我們文學曾經有過的歷史貢獻，當然，也爲未來中國文學的發展挖掘出某些啓示。所以說，「民國機制」不是重新劃範圍的研究，不是「標籤」與「牌照」的更迭，更不是貌似客觀中性的研究，它無比明確地承擔著回答現代文學創造性奧秘的使命。

李怡：這樣的研究一開始就建立在「提問」的基礎上，是未來回答現代文學的諸多問題我們才引入了「民國機制」這樣的概念，因爲「提問」，我想我們的研究無論是在文學思潮運動還是在具體的作家作品現象方面都會有一系列新的思維、新的結論。例如一般認爲1930年代左翼作家的現實揭弊都來源於他們生活的困窘，其實認真的民國生活史考察可以告訴我們，但凡在上海等地略有名氣的作家（包括左翼作家）都逐步走上了較爲穩定的生活，他們之所以堅持抗爭在很大程度上還是來自理想與信念。再如目前的文學史認爲茅盾的《子夜》揭示了民族資產階級在現代中國沒有前途，但問題是民國的制度設計並非如此，其實民營經濟是有自己的生存空間的，尤其1927～1937被稱作民國經濟的黃金時代，這怎麼理解？顯然，在這個時候，茅盾作爲左翼作家的批判性佔據了主導地位，而引導他如此寫作的也不是什麼「按照生活本來面目加以反映」的19世紀歐洲的「現實主義」原則，而是新進引入的馬克思主義的階級觀念。民國體制與作家實際追求的兩相對照，我們看到的恰恰是民國文學的獨特景象：這裏不是什麼遵循現實主義原則的問題，而是作家努力尋找精神資源，完成對社會的反抗和拒斥的問題，在這裏，文學創作本身的「思潮屬性」是次要的，構建更大的精神反抗的要求是第一位的。在這方面，是不是存在一種「民國氣質」呢？

周維東：根據您的闡述，我理解到「民國機制」所要研究的問題。過去我們研究文學史，也注重了歷史語境的問題，但從某個單一視角出發，就可能出現「臆斷」和「失度」的現象，這也就是俗話中的「只知其一不知其二」。「民國機制」研究民國「社會文化制度、生存方式之於文學的『結構性力量』」，實際還強調了歷史現場的全景考察。其次，「現代作家之於種種社會格局的精神互動現象」在過去常常被認爲作家的個體想像，您在這裏特別強調這種互動的集體性和有序性，並試圖將之作爲結構文學史的重要基礎。

李怡：是這樣的。過去我們都習慣用階級對抗在解釋民國時代的「左」、「中」、「右」，好像現代文學就是在不同階級的作家的屬性衝突中發展起來的，其實，就這些作家本身而言，分歧和衝突是一方面，而彼此的包容和配合也是不容忽視的一面，更重要的是，他們意見和趣味的分歧往往又在對抗國家專制統治方面統一了，在面對獨裁壓制的時候，都能夠同仇敵愾，共同捍衛自己的利益。當整個知識份子階層形成共同形成精神的對抗之時，即便是專制統治者也不得不有所忌憚，例如擔任國民黨中宣部部長的張道藩就在

1940 年代的「文學政策」論爭中無法施展壓制之術。民國文學創作的自由空間就是不同思想取向的知識份子共同造成的。

周維東：這樣看來，「民國機制」還有很多課題值得挖掘。譬如民國時期知識份子與大眾傳媒關係問題，過去我們基本從「稿費」和「經濟」的角度理解這一現象，不過如果我們注意到這一時期的「零稿費」現象、「虧本經營」現象，以及稿件類型與稿酬水平的關係問題等等，就可以從單純的經濟問題擴展到民國文人、民國傳媒的趣味和風尚問題，進而還能擴展到民國知識份子生存空間的細枝末節。這樣研究文學史，真可謂「別有洞天」呀！

作為方法的「民國機制」

周維東：我覺得，提出文學的「民國機制」不僅可以為我們的學術研究開闢空間，同時它也具有方法論的價值。

李怡：我以為這種方法論的意義至少有三個方面：一是倡導我們的現代文學學術研究應該進一步回到民國歷史的現場，而不是抽象空洞的「現代」，即便是中國作家的「現代」理念，也有必要在我們自己的歷史語境中獲得具體的內容；二是史料考證與思想研究相互深入結合，近年來，對現代文學史料的重視漸成共識，不過，究竟如何認識「史料」卻已然存在不同的思路，有人認為提倡史料價值，就是從根本上排除思想研究，努力做到「客觀」和「中性」，其實，沒有一種研究可以是「客觀」的，從來也不存在絕對的「中性」，最有意義的研究還是能夠回答問題，是具有強烈的問題意識的研究。如何將史料的考證和辨析與解答民國時期文學創造的奧秘相互結合，這在當前還亟待大家努力。第三，正如前面我們所強調的那樣，我們也努力將外部研究（體制考察）與內部研究（精神闡釋）結合起來，以「機制」的框架深入把握推動文學發展的「綜合性力量」，這對過去「內外分裂」的研究模式也是一種突破。

周維東：最近幾年，中國出現了「民國熱」，談論民國，想像民國，出版民國讀物，蔚為大觀，有人擔心是否過於美化了那一段歷史？

李怡：這個問題也要分兩重意義來說，首先是為什麼會出現這樣的「熱」？顯然是我們的歷史存在某種需要反省的東西，或者將那個時候的一切統統斥之為「萬惡的舊社會」，從來沒有正視過歷史的應有經驗，或者是對我們今天——市場經濟下虛無主義盛行，知識份子喪失理想和信仰的某種比照，在這

樣兩種背景上開掘「民國資源」，我覺得都有明顯的積極意義，因爲它主要代表了我們的不滿足，求反思，重批判，至於是否「美化」那要具體分析，不過，在「民國」永遠不會「復辟」的前提下，某些美好的想像和誇張也無需過分擔憂，因爲，「民國」資源本身包含「多元」性，左翼批判精神也是民國精神之一，換句話說，真正進入和理解「民國」，就會引發對民國的批判，何況今天分明還具有太多的從新體制出發抨擊民國的思想資源，學術思想的整體健康來自不同思想的相互抵消，而不是每一種思想傾向都四平八穩。

周維東：的確是這樣。所謂「美化」的背後其實是缺失和批判。學術史上又太多類似的「美化」，屈原、陶淵明、李白、杜甫等文化名人形成的光輝形象，不正是研究者「美化」的結果嗎？魯迅也曾經「美化」過魏晉。在研究者「美化」歷史人物和歷史時期時，我想他（她）不是諂媚也不是褒貶，而是在更大的文化空間上，揭示我們還缺少什麼，我們如何可以過的更好。

李怡：還有，也是更主要的一點，我們的「民國機制」研究與目前的「民國熱」在本質上沒有關係。我們要回答的是民國時期現代文學的創造秘密，這與是否「美化」民國統治者完全是兩回事，我們從來嚴重關切民國歷史的黑暗面，無意爲它塗脂抹粉，恰恰相反，我們是要在正視這些黑暗的基礎上解答一個問題：現代知識份子如何通過自己的抗爭和奮鬥突破了思想的牢籠，贏得了民國時期的文學輝煌，我們把其中的創生力量歸結爲「民國機制」，但是顯而易見，民國機制並不屬於那些專制獨裁者，而是根植於近代以來成長起來的現代知識份子群體，根植於這一群體對共和國文化環境與國家體制的種種開創和建設，根植於孫中山等民主革命先賢的現代理想。

周維東：「民國機制」不是民國統治者的慈善，不是政治家的恩賜，而是以知識份子爲主體的社會力量主動爭取和奮鬥的結果，在這裏，需要自我反省的是知識份子自己。

李怡：「民國機制」的提出歸根結底是現代文學學術長期發展的結果，絕非當前的「風潮」鼓動（中國是一個充滿「風潮」的社會，實在值得警惕），近三十年來，中國現代文學研究一直在尋找一種更恰當的自我表達方式，從1980年代「二十世紀中國文學」在「走向世界」中抵消政治意識形態的干預到1990年代「現代性」旗幟的先廢後存，尷尷尬尬，我們的文學研究框架始終依靠外來文化賜予，那麼，我們研究的主體性何在？思想的主體性何在？我曾經倡導過文學研究的「生命體驗」，又集中梳理過中國現代文學批評的術

語演變，這一切的努力都不斷將我們牽引回中國歷史的本身，我們越來越真切地感受到更完整地返回我們的歷史情境才有可能對文學的發展作進一步的追問。對於現代的中國文學而言，這一歷史情境就是「民國」，一個無所謂「美化」也無所謂「醜化」的實實在在的民國，回到民國，才是回到了現代中國作家的棲息之地，也才回到了中國文學自身。

周維東：最後一個問題，我們研究民國時期的文學，是否也應該考慮當時歷史狀況的複雜性，比如是不是民國時代的所有文學都從屬於「民國機制」？比如解放區文學、淪陷區文學？除了「民國機制」，當時還存在另外的文學機制沒有？

李怡：這樣的提問就將我們的問題引向深入了！我一向反對以本質主義的思維來概括歷史，社會文化的內在結構不會是一個而是多個，當然，在一定的歷史時期，肯定有主導性的也有非主導性的，有全局性的也有非全局性的。在「民國」的大框架中，也在特定條件下發展起了一些新的「機制」，但是民國沒有瓦解，這些「機制」的作用也還是局部的。延安文學機制是在蘇區文學機制的基礎上發展起來的，軍事性、鬥爭性和一元性是其主要特徵，但這一機制全面發揮作用是在「民國」瓦解之後，在民國當時，延安文學能夠在大的國家文化體系中存在，也與民國政治的特殊架構有關，在這個意義上，也可以說是民國機制在特殊的局部滋生了新的延安機制，並最終為發展後的延安機制所取代。至於淪陷區則還應該仔細區分完全殖民地化的臺灣以及置身中國本土的東北淪陷區、華北淪陷區和上海孤島等，對於完全殖民地化的尚未光復的臺灣，可能基本置於「民國機制」之外，而對其他幾個地區，則可能是多種機制的摻雜，雖然摻雜的程度各不相同。但是，從總體上看，我並不主張抽象地籠統地地議論這些「機制」比例問題，我們提出「民國機制」最終還是為了解決現代中國文學發生發展的若干具體問題，只有回到具體的文學現象當中，在分析解決具體的文學問題之時，「民國機制」才更能發揮「方法論」的作用，啟發我們如何在「體制與人」的交互聯繫中發掘創造的秘密。我們無需完成一部抽象的「民國機制發展史」，可能也完成不了，更迫切的任務是針對文學具體現象的新的符合中國歷史情境的闡述和分析。

周維東：對，我們的任務是進入具體的文學問題，將關注「民國機制」作為內在的思想方法，引導對實際現象的感受和分析。

緒　論

　　談及中國現代經典長篇小說，首先我們必須明確什麼是文學經典？這是每個談論經典者所必須回答的問題。雖然學界對這一問題的理解至今眾說紛紜，但我認為，將文學經典視為出色的超越時空的經久耐讀的文學作品，是深刻地影響到一個國家、一個民族甚至整個人類的優秀文本，是這個國家、這個民族公認的引以為傲的創作模板，是這個國家、這個民族時代高度的文學紀念碑，應該是可以被接受和認可的。也就是說，審美性、時代性、典範性、永恒性是文學經典必不可少的四個要素。文學經典具有其內在的審美本質規定性，雖然外力可以暫時改變經典的歷史浮沉，但卻不能從根本上改變它作為經典的審美特質。文學經典不屬於某個階級或某個利益集團，屬於整個時代，整個國家，整個民族，甚至整個人類。它是一個民族文學智慧的卓越體現，是全人類文學慧智的藝術結晶，深邃的思想和精湛的藝術使它具有永恒的藝術魅力，巨大的闡釋空間使它為無數讀者提供了無窮的視野與說不盡的話語，成為讀者永遠的嚮往與期待。也正因此，文學經典成為衡量一個作家、一個時代、一個國家、一個民族創作高度與創作成就的重要標尺。

　　以之來衡量 1922～1949 年的中國現代長篇小說，能夠躋身文學經典殿堂的確實屈指可數。受文學體裁自身的演變規律與時代的動蕩以及作家的創作才情等多種因素的影響，自 1922 年 2 月才起步發展的現代長篇小說，至 1949 年 9 月 27 年間，共出版 300 部左右，這其中，可代表時代高度，被認可為經典的大約有張資平的《苔莉》、茅盾的《蝕》和《子夜》、蘇雪林的《棘心》、葉聖陶的《倪煥之》、巴金的《家》和《寒夜》、謝冰瑩的《女兵自傳》、老舍的《駱駝祥子》、李劼人的《死水微瀾》、蕭紅的《呼蘭河傳》、沙汀的《淘金

記》、錢鍾書的《圍城》等十餘部作品。這看起來似乎與新文學的總體成就不太相稱，但卻是 1922～1949 年間中國現代長篇小說創作水平的真實體現。當然，它們是否都能夠真正彙入中華民族的文學長河中，成爲我們民族寶貴的精神遺產，還有待於歷史的淘洗。但如果我們說它們具有較高的文學價值和久遠的文學魅力，曾經對一個時代的文學創作產生了重要的影響，成爲中國現代長篇小說發展史上寶貴的歷史記憶，在當時乃至今日甚至將來仍擁有廣大的讀者並爲人們所接受、所讚歎，所傳承，應該是切合實際的。可以說，這十餘部作品構成了中國現代長篇小說的中堅，成爲中國現代經典長篇小說審美接受的代表性文本。

爲什麼認定這十餘部作品是中國現代長篇小說發展史上的經典之作呢？這是由中國現代經典長篇小說審美本質的四個要素所決定的。具體來說即是：

一、審美性

一部堪稱經典的長篇小說，毫無疑問應該充分地展現出長篇小說所應有的內在的審美質素，即：在充分的敘述長度中傳遞出深邃的主題；以完整的藝術長度刻畫出鮮明生動、具有典型性的人物形象；以高超的語言駕馭力體現出文學語言形象生動、精粹鮮活的藝術特性；以嚴謹勻稱的藝術結構實現形式與內容的完美統一。這也是一部長篇小說堪稱經典的基本要素。《苔莉》是張資平的成名作，作者通過對女青年苔莉爭取戀愛自由、個性解放悲劇命運的藝術描寫，展現出他對新道德的建構與對舊道德的抨擊，而「新道德實質上就是『五四』傳統中『個人的發現』的體現和深入。」〔註1〕《蝕》表面看來是寫一些青年男女在動蕩不安的社會與時代中，個人的感性的精神訴求難以實現，孤獨與失望、悲觀與幻滅往往是她們不得不承受的結果。但其實，茅盾在這裏思索的是：革命是什麼？什麼是革命應該依靠的？革命的手段應該是什麼？什麼樣的革命者才能成爲革命的領導者？「左」如果幼稚，那麼「右」當如何呢？這種深刻的對革命、對時代、對人性的思考，不僅見出深度，見出力度，也使同時代同類題材的作品相形見絀。《駱駝祥子》透過祥子的悲劇所反映出的人性在金錢的銹蝕下美質的泯滅與惡質的浮泛以及對人類尊嚴與價值的拷問，力透紙背。它不僅是老舍的代表作，也是中國現代長篇小說的重要收穫之一。同樣，論及抗戰時最爲深刻地諷刺和鞭撻了四川農村

〔註 1〕 徐仲佳：《新道德的描摹與建構——張資平性愛小說新探》，《中國文學研究》
2004 年 1 期。

和小城鎮的黑暗現實的力作，非《淘金記》莫屬。《圍城》的本義是：城裏的人想出來，城外的人想進去，人生也罷，婚姻也罷，莫不如此。但作家卻沒有單純地停留在這樣一個簡單的愛情套式裏，而是從哲學的視野將人視為一個不斷探索「我將何為，我將何去，我將何在」的存在物，將人生看作不斷探索這一目的而循環往復的過程。主人公方鴻漸的人生之旅：出國→回上海→去三閭大學→再回上海，也就是進城→出城→再進城，即：何為（做什麼）→何去（去哪裏做）→何在（意義何在），意在表明：人生充滿不確定性，生活充滿無目的性，婚姻也與盲目與偶然相關聯。因此，生存的危機也隨之而來，焦慮與不安、悲觀與失望、孤獨與寂寞、空虛與惆悵等思緒就上升為主導情緒，並迫使人們不得不思考存在的價值與意義。由於人本身的意義與命運的必然性被無意義與偶然性所替代，對過程、對結果、對手段、對目的的探尋，就失去了對意義本身的探尋，人生不是一個個有希望的聯結點，而是一個無意義的虛枉的再生點。這就是《圍城》對人的非理性的深入思考，也是對人生處境的荒誕性的哲學思考，即：對存在主義哲學的形象的詮釋與準確的表達。其它如巴金的標高之作《寒夜》、李劫人的《死水微瀾》等，之所以成為家喻戶曉的經典就是其深刻的思想為廣大讀者所歎服，所傳頌。當然，僅有深刻的思想而沒有栩栩如生的典型人物，小說的經典性也無從談起。民族資本家吳蓀甫、知識分子倪煥之、封建頑固勢力的象徵高老太爺、「作揖主義」的犧牲品覺新、人力車夫祥子、敢做敢當的蔡大嫂、色屬內荏又心毒手辣的白醬丹、聰明但不學無術的方鴻漸等等，都因作家入木三分的刻畫而為廣大讀者所耳熟能詳，也成為中國現代長篇小說人物畫廊中光彩奪目的人物典型。這些作品所顯現出來的卓越的語言藝術同樣為人稱道。老舍因之被稱為「語言大師」，錢鍾書妙語連珠、充滿機智的敘事藝術無人能及，巴金、沙汀、李劫人的語言駕馭力爐火純青。正是這些作品充溢著長篇小說內在的美的質素，才使它們當之無愧地成為中國現代長篇小說的經典並屹立於中國新文學史。當然，鑒於中國現代長篇小說的發展實貌，我們並不苛求上述文本在這四個方面都達到完美的統一，換言之，上述作品雖在主題、人物、語言、結構四方面達到了較高的藝術水平，但又在其中的某一側面存留著令人遺憾的瑕疵。如《苔莉》中作者將人等同於動物，將人的情愛起點等同於原欲的實現與性欲的滿足的觀念，還是背離了「五四」反封建的時代精神而淪為小市民庸俗層面上低級媚俗的描寫；《蝕》缺乏貫穿始終的主人公，結構之間也有失衡之感；《子夜》農村部分的藝術描寫脫節於全書等，但總體來說還是體

現了現代經典長篇小說的審美品格。

二、時代性

　　時代性是衡量長篇小說是否具有經典性的又一個標尺。所謂時代性主要指作品所展現出的時代精神與時代的要求相一致，與歷史的指向相契合。談到張資平的小說，李長之說：「我們承認，張資平是抓住藝術上的時代的，因為：像。我們讀他的作品時，我們絕不以為那時代是不曾有的。他表現的時代，是現代；現代的時代精神，也約略寫得出，那就是理想的禁錮的悲哀，和機械的人生之發覺了的苦痛。」〔註2〕《蝕》則因強烈的時代性而轟動文壇，茅盾因之一舉成名，文本的時代性也成為最先引發共鳴並很快確定為既定視野的接受視野。〔註3〕《一個女兵的自傳》因其昂揚的時代旋律打動了無數時代青年的心扉，成為銘記那段歷史的一支豪邁的時代壯歌。其鮮明的時代性及其意義正如論者所說：「《一個女兵的自傳》記下了一個天真、幼稚、倔強的女孩子，在『五四』新思想的薰陶下，她終於從一個封建家庭的少女，變成新時代的女戰士。跳躍在她作品裏的思想和感情，是充滿著一個新女性的青春的活力抒發了她對美的生活的嚮往的激情，我們從作品的字裏行間，可清晰地聽到『五四』運動後中國知識婦女要求個性解放和追求美好生活的心聲，看到了她們在尋求美，探索美、追求美的歷程中跋涉的步履。尤其感到珍貴的，她的作品給我們展現了大革命時代中國女性在時代洪流裏激流勇進的畫面，她們正擔負著和男子一樣挽救民族的命運，出生入死的奔波在北伐戰爭的疆場上，這裏激蕩著那個時代的歷史濤聲，加上作者以真實的記敘，情真意切的描繪，給作品帶來了感人的藝術魅力。」〔註4〕它的時代性同樣為眾多接受者所認同並生成既定視野，至今毫無爭議。〔註5〕《圍城》在主體價值的取向上，作者將反抗虛無與自我拯救相一統，以一種徹底的虛無主義的態度洞察人生，剝奪人們對意義本源的探尋，撕破人們對終極意義的關懷，將塵世間的荒涼、虛無與荒誕直面地坦示於人間，以反諷與悖論的形式傳遞人的現代荒謬感，體現出鮮明的存在主義觀念的寫作姿態。小說出版於 1947

〔註2〕 李長之：《張資平戀愛小說的考察——〈最後的幸福〉之新評價》，1934 年 4 月 16 日《清華周刊》第 41 卷 3～4 期合刊。

〔註3〕 見本書第一章。

〔註4〕 陸文採、宋子泉：《論謝冰瑩的〈一個女兵的自傳〉》，《遼寧師範大學學報》1985 年 6 期。

〔註5〕 見本書第五章。

年，正是存在主義哲學盛行世界之時，錢鍾書敏銳地以存在主義思想營構主題，以現代主義思想準確而出色地傳遞出現代人的觀念，從而使中國現代長篇小說與世界意識同步構建，映現出獨特而強烈的時代色彩。需要說明的是，本文所說的時代性還包括作品因思想與藝術較完美的統一而達到的時代高度。例如《棘心》，小說通過醒秋在法國的生活道路與情感悲歡，表現了「五四」時代部分知識女性壓抑個性，恪守舊制，犧牲自我的悲劇情懷。作者在東西方雙重思想的觀照中，通過自我的剋制、轉移或宗教的洗禮改造心靈，化解主人公情感與理智的矛盾的藝術，殊為高超。雖然後半部也存在著理性化傾向，多少影響了文體的一致與統一，但將《棘心》視為 1929 之前文壇的優秀之作絕不為過。《呼蘭河傳》亦是如此。蕭紅以詩意的筆法真實地再現了生活在呼蘭河小鎮上底層百姓的眾生相，他們自在樂天的卑微的生存方式，他們善良卻又愚昧麻木的自然秉性。作者寓同情與批判於筆端，將其中孕含的巨大的文化含量和深刻的生命體驗詩意地寫出，在文體上承前啓後，對中國抒情小說的創作產生了深遠的影響。顯然，我們上述所提及的其它經典作品，都無一例外地代表了那個時代長篇小說創作所達到的藝術高度，也因之成為一個時代的文學標誌。

三、典範性

　　現代經典長篇小說具有典範性是一個無需證明的公理。也正因此，近百年來無數傳播者通過各種媒介傳播上述經典的文學意義，眾多的出版傳媒機構也將它們遴選為優秀的新文學範本，不斷地以各種形式予以播揚（「文革」這一特殊歷史時段除外），或再版，或精選上述作品的精彩篇章，或將片斷選入相應層次的教科書，使一代又一代的讀者精心閱讀，細心品味，讚歎文學的妙趣，感悟經典的力量。可以說，它們成為廣大讀者交口稱譽的經典離不開文本自身的典範性。而經典長篇小說的典範性除了上述所提及的思想之深刻，人物之典型，結構之均稱，語言之靈動以及富有時代感之外，主要是指思想之純正，以此薰陶讀者求真愛美的人生信念，向善進取的人間情懷。《家》作為巴金的青春體長篇小說，打動讀者的並不單是洋溢其中的青春激情，而是作者不可遏止的血淚吶喊，是洶湧澎湃的反封建激流。讀者從高老太爺身上看到封建宗法制度的醜惡與吃人的本質；在覺新身上看到忍讓與懦弱在封建觀念裏挾下的凄涼與無奈；從鳴鳳、瑞珏、梅的身上看到廣大婦女被禮教吞噬後的憤懣與悲哀；從覺慧的身上看到「五四」青年掙脫封建的桎梏走向

新生的希望，看到自由、民主的力量在青年一代生根發芽、開花結果的歷史必然。因此，反抗封建思想，蕩滌禮教觀念，就成爲從舊社會走過來面向新時代的無數青年的時代共鳴，成爲一代又一代讀者呼應五四啓蒙思想、反抗封建專制的期待視野，成爲一代又一代有良知的現代知識分子勇擔肩頭、奮鬥終生的歷史使命與不懈追求。《駱駝祥子》爲人所稱道同樣不獨是語言藝術的精湛，而是老舍對以祥子爲代表的底層民衆的深刻同情，對他們樸素而眞誠的人生理想暖色而溫馨的讚美，以及對他們最終破滅的悲劇予以無情批判的現實主義精神。對此，美國新聞處前總編華思說得好：「這本書不但把普通中國人民表現得眞實而且平易可解，並且把中國人民寫得溫暖，不單調，謙和而又勇敢，全世界都可以從本書理解到，爲什麼那些深知中國人民的外國人，這樣的珍愛他們。」因爲「在本書的樸素風格中，一個好人的形象不朽的雕型出來了，一個偉大的民族和一個偉大城市的心靈被描繪出來了，一個階級的悲劇，忍受長期痛苦的勇敢被表現出來了，一個動蕩變亂的國家的狼狽之況也被具體而微的表現出來了。假若我說，你讀過本書以後，你對於中國普通人民再不會感到陌生，這不是過獎，是對本書應有的評價。」〔註6〕我們還要提到的是《一個女兵的自傳》。在這裏，人們懂得了勞苦大衆特別是廣大婦女只有將個人的命運同民族的命運相聯繫，將個人的幸福與國家的幸福相聯繫，將個人求翻身得解放的追求與國家民族求富強求獨立的偉大的歷史要求相聯繫，才能煥發出奪目的光芒，才能體現出歷史的必然，才能升騰起偉大與崇高。這種純正而高尚的情感，這種與時代、與人民、與民族、與歷史同脈的創作訴求，使《一個女兵的自傳》成爲傳記文學中眞實性與時代性、歷史性與現實性、作家的現實主義精神與傳主人性光輝相統一的典範之作，也成爲20世紀上半葉中國傳記文學最重要的收穫之一。

四、永恒性

　　永恒性毫無疑問是指一部作品具有穿越時空的永久魅力，這不僅是作家夢寐以求的終極追求，也是衡量一位作家是否經得起歷史淘洗的重要指標。這就要求作家不僅要本著內心的訴求而創作，還要求作家站在人民的立場上，爲時代而謳歌，爲民族而謳歌，爲人類而謳歌。一部作品如果僅是某個階級或某個集團利益的價值訴求，雖然在表現手法相對藝術的情況下，可以

〔註6〕華思：《評〈駱駝祥子〉英譯本》，1945年8月27日《掃蕩報》4版。

借助政治與權力話語的推力成為這個階級或這個集團所推崇的「經典」,但是,實踐證明,它只能存續一時,而不能傳存久遠,它至多是文學的「偽經典」而不是真正的文學經典,最終退出歷史舞臺是它的必然歸宿。只有那些表現出人類共通的價值理想、精神訴求——在現代社會中表現出一個現代意義上的人在人與人之間,人與社會之間等多重因素的困擾下產生的精神現象與時代問題,表現出一個現代人邁向現代世界時必須直面的精神體驗與現實困惑等多重複雜心緒的文學作品,才能激起人們的廣泛共鳴,才能跨越時空彰顯出文學不朽的生命力並享有文學的永恆意義,才能最終成為人類精神的寶貴財富。因此,《倪煥之》並非是一部反封建勢力的教育小說,而是一部表現現代人內心意義失衡與彷徨的書。〔註7〕作者在書中思考的是,倪煥之作為一個現代意義上的人在現實與精神的雙重困擾下所產生的精神現象與時代焦慮;是一個現代人如何從物質到精神、從理想到現實、從個人到家庭、從家庭到社會的過渡與轉換中所應完成的身份認同,他所經歷的幸福與快樂、失望與憂愁、痛苦與迷惘、焦灼與悲傷,是現代人邁向現代世界時必須直面的精神體驗與現實難題。同樣,今天人們轉換《駱駝祥子》的接受視野,從人的價值與尊嚴的視閾發掘文本的意蘊,從現代人的價值觀念中考慮祥子的悲劇命運,也是敞開作品本身所蘊含的人學意涵,使《駱駝祥子》煥發出永恆的藝術魅力。更具說服力的是《女兵自傳》。這是一部具有革命意味的傳記小說,但它並沒有因為時光的流逝而褪去原有的光澤,反而愈久彌香。意識形態的不同沒有造成兩岸的接受者接受視野截然對立,反而十分相近,接受環鏈相互承續,相生相長,就是因為它表達了中華民族為爭取解放不屈不撓的頑強意志,打通人類共同的價值理想與精神訴求。〔註8〕擁有強烈地方色彩的《死水微瀾》雖然因其方言書寫在一定程度上妨礙了它的傳播,但它為中國現代長篇小說的民族化與現代化做出了重要貢獻卻是不爭的事實。作家以蔡大嫂、袍哥首領羅歪嘴、教民顧天成三人構成的多角衝突為主線,通過對四川的風土人情、市民階層的心理狀態和生活方式維妙維肖的刻劃,充分展現了甲午戰爭到辛丑條約簽訂這一時段的歷史氛圍,深刻地揭示了教民和袍哥兩股勢力的相互激蕩和消長,透視出歐美資本主義文明侵入後,在如同「死

〔註7〕顧彬:《德國的憂鬱和中國的彷徨:葉聖陶的小說〈倪煥之〉》,《清華大學學報》2002年第2期。
〔註8〕見本書第五章。

水」一般的四川盆地內激起的微微波瀾。作者以鄧麼姑──蔡大嫂──羅情婦──顧三奶奶的思想品行爲中心，寫歷史轉捩與男女情愛中，寓政治風雲與鄉風民情裏，將歷史中的人與人的歷史表現得淋漓盡致，堪稱時代的人性的史詩。至於蕭紅的《呼蘭河傳》，日本學者平石淑子說：「因爲在她所描述的世界裏編織進了人類共同的一種原始感覺。我以爲這就是蕭紅作品超越時空具有普遍性的原因吧。」〔註9〕而《圍城》對存在主義哲學的形象的詮釋與準確表達所透出的現代意義更爲接受者所公認，並成爲「錢學」拓新、深化的既定視野，亦因之而永恒。

總之，審美性、時代性、典範性、永恒性是現代長篇小說經典所必需的四個要素。上述十餘部現代長篇小說雖不能說都非常完滿地實現了四者的和諧統一，但至少是同時兼備且在相當程度上達到或實現了四者的有機統一，因之我們視其爲經典。那麼，認同上述現代長篇小說爲經典是否是筆者本人的主觀斷定嗎？當然不是。筆者以文學的核心閾值爲標準認同上述作品爲中國現代經典長篇小說，既包含著筆者本人的閱讀感受與審美體驗，也有對不同時期專家型接受者期待視野的認同與矯正。它實際上也是對新文學史既定視野的承續與擴寫。我認爲，它是建立在審美的、歷史的、客觀的基礎上的，是可以被接受的，也是有望被認可並成爲定論的。

爲什麼要以專家型讀者的期待視野作爲重要的參照閾值呢？這是由專家型讀者敏銳而高超的審美感悟力所決定的。誠然，確認一部作品的經典性固然由許多因素，但究其根本，我以爲，起決定因素的還應當是專家型讀者，因爲只有專家型讀者才能發現經典的文學史意義，才能闡釋並傳播經典的文學內涵，才能在相應的媒介中生成並擴大這一視野並使之成爲廣大接受者普遍認可、接受的既定視野。官方的行政手段雖然可以加速或改變這一進程，但也必須與專家型讀者合謀使之「合法化」，僅靠官方的行政作用而不經過專家學者型讀者的接受傳播，很可能被懸置或空浮，最終無法真正衍生爲經典並得以傳承。所以，筆者以專家型讀者的期待視野──入「史」爲標誌來審視上述文本的經典性，就更有其合理性了。當然，上述經典的確立曾受制於政治生態與時代語境，也受到不同接受觀念的干擾，並因之出現或潛沉，或浮出，或邊緣，或中心等不同的位移現象（這也就是所謂的經典的流動性），

〔註9〕 〔日〕平石淑子：《蕭紅作品的魅力──一個外國讀者看蕭紅》，《學習與探索》
2011 年 3 期。

但是，當歷史翻開新的一頁時，它們又重新煥發出奪目的光彩並躋身於新文學史。這就是大浪淘沙，經典永恒。

　　那麼，在 1922～2011 年這 90 年間，政治生態與時代語境的變換以及接受價值取向的分化與重合對上述作品的經典性生成與確立產生了怎樣的影響呢？大體而言，在 1922～1949 年開放時代的語境下，各種不同的文學價值觀念相互交流，但占主導地位的是人學的美學的評價尺度，表現在審美視閾中，接受者主要集中在對上述文本的主題、人物、語言、結構、文學史意義等內部要素進行評價，雖然多是印象式、掃描式的把握，但仍爲後來者進一步開啓文本的審美意蘊給出了新拓的基點。在 1950～1978 年一元化的歷史語境下，占主導地位的是社會學的、政治學的美學觀照，「政治標準第一，藝術標準第二」的接受導向，使接受者將文本的審美觀照轉向文本的社會效應，這樣，強調並定向文本的理想主義色彩與思想傾向就成爲介入者一致的接受視閾，視點交融，視界重合就成爲普遍的現象。這也是《苔莉》、《女兵自傳》、《死水微瀾》、《圍城》等中國現代經典長篇小說沉潛變化的重要原因。對此，只要翻看王瑤的《中國新文學史稿》或者劉綬松的《中國新文學史初稿》就一目了然。如果說開放的審美觀念將文本視爲作家藝術能力的具體體現，那麼一元化的審美觀念將文本視爲作家世界觀、創作觀的藝術呈現，前者關注「寫得怎樣」，後者關注「爲誰而寫」，二者的錯位自然導致使兩個時代的接受視野無法對接，擴展，深化，而那些看似理性、導向性的接受視閾最終淡出歷史。1979～全今，多元化的接受觀念使接受者洞開了文本的多向視閾，文本的接受視野也進入了多向延展與豐富敞開階段，一些曾經被埋沒的作品如《苔莉》、《女兵自傳》、《死水微瀾》、《圍城》等重新走進人們的視野並被生成爲經典，而一些曾經的「經典」則潛入歷史的深處。同樣，對比唐弢的《中國現代文學史》、錢理群等的《現代文學三十年》和楊義的《中國現代小說史》等相關論著的變化，就可以清楚地看到這一點。眾多富有學術價值的期待視野不僅刷新了讀者的接受視野，而且很快被定向並成爲眾所周知的既定視野，顯示出新的歷史時期的接受實績，也使中國現代經典長篇小說的史序有序而完善起來。中國現代經典長篇小說的接受也眞正進入新拓、跨越、深化的歷史新階段。

　　本書的目的就在於梳理上述十餘部經典長篇小說從刊行到至今的審美接受史，以個案或作家的長篇創作整體爲中心從文本的審美維度剖析並梳理：

誰說？說什麼？如何說？說得怎樣？爲什麼這樣說以及如何說？這六者之間
的關係，以及它在經典化過程中在審美接受層面上有著怎樣的歷史命運？爲
現代長篇小説的經典提供了哪些經驗教訓？爲我們重構現代文學經典提供有
益的啓示。

第一章　審美之維——1928～2010年 《蝕》的接受研究

自 1928 年白暉（朱自清）發表第一篇評介《幻滅》的文章至今（2010），《蝕》三部曲《幻滅》、《動搖》、《追求》的接受已走過了 82 年的歷程。82 年來，《蝕》的接受可分爲三個時期和兩個路向：三個時期是：生成期（1928～1941），轉向期（1951～1963），深化期（1979～2010）；二個路向是：一、自茅盾發表《從牯嶺到東京》後，以太陽社成員爲主對茅盾在此文中所提及的創作觀、世界觀、創作立場、創作方法以及創作效應等本文外在視野的介入路向；二、以《蝕》文本的審美內涵爲介入點對本文的時代性、人物特性、主題立意以及文學史意義等內在視野的展示路向。前者雖一度成爲茅盾接受史上的一椿公案，但隨著時代的變遷與接受觀念的理性化，那種單一的脫離本文本性的理念式的既定視野漸至淡出；後者雖波瀾不驚，但其多向深入的審美視野正顯示出《蝕》的接受視閾的不斷生成與不斷超越，爲本文接受視閾的新拓與接受環鏈的形成提供了跨越的基礎，爲其意義潛勢的不斷開啓打開了通道。因此，本章將重心放在梳理 82 年來《蝕》的審美視野的接受路向上，通過對三個不同時期《蝕》的接受材料的梳理，重點探討那些在具體化過程中被公認的接受視野如何生成了既定視野並對之後的接受視閾產生了影響，而那些有待展示的接受視閾又如何形成了接受環鏈並爲《蝕》的深化與新拓提供了新的發散點，以及這些接受視野是否有待於修正、補充、完善等，以期對《蝕》的接受研究有所推進。

一、1928～1941：介入點的形成與接受視閾的展示

1927 年 8 月，《小說月報》編輯葉聖陶決定刊載茅盾的中篇小說《幻滅》。

爲引起讀者的注意，他在該刊第 18 卷第 8 期的《最後一頁》中，對《幻滅》
做了如下預告：「下期的創作，有茅盾君的中篇小說《幻滅》，篇中主人翁是
一個神經質的女子，她在現在這不尋常的時代裏，要求個安身立命之所，因
留下種種可以感動的痕迹。」這是對《蝕》最早的介入文字，爲讀者理解主
人公章靜的性格提供了初始的預設。隨後，白暉認爲，小說人物雖大半有分
明的輪廓，但結構散漫。〔註1〕錢杏邨則從文學審美本性的角度就《幻滅》的
主題、人物描寫的得失、結構的借鑒以及文本的時代意義等做了具體評價，
進而認爲：「若果作者能把後半部的材料充實起來，把全部稍稍改動一回，那
是一部很健全的能以代表時代的創作！」〔註2〕對於《動搖》，錢杏邨也從上
述介入點上做了具體評價，只是既有認同也有失望。失望在於：「我們若嚴格
的說，這不是一部成功的創作。尤其是機會主義者，仍不免失之於模糊。胡
國光這樣的機會主義者，在革命的過程中，還是渺乎其小的。」此外，「技巧
有一些缺陷」；認同在於：就人物的身份及其刻畫而言，胡國光是「作家最著
力的人物」，而且「就目前的革命文壇的成績看，這是很重要很能代表值得我
們一讀的」。因爲「我們終竟能在裏面捉到革命的實際」。〔註3〕之後，《蝕》
的接受迅速升溫。據筆者統計，自 1928 年 2 月 17 日白暉發表《近來的幾篇
小說：（一）茅盾先生的〈幻滅〉》至 1941 年 12 月 1 日鄭學稼發表《茅盾論》，
有關《蝕》的接受文章（含文學史論述）共 26 篇次，其中從審美視野介入《蝕》
的文章 21 篇，它們構成了《蝕》的第一視野波，也在以下幾個介入點上生成
了《蝕》的接受視野，並對之後接受環鏈的形成產生了重要影響。

1、文本的時代性

　　《蝕》的時代性是最先引發共鳴的接受視野。無論介入者對《蝕》的接
受是滿足還是失望，對文本鮮明的時代特色都表示高度認同。如復三說，小
說雖「通篇寫的只是幻滅的悲哀」，但「把『我們的時代』，很扼要地詳細的
刻畫出來」。〔註4〕張眠月也認爲：「茅盾先生以很流暢的筆調很自然很忠實地
將這個非常的時代描寫出來了」。〔註5〕這與林樾所說：「茅盾的《動搖》和《追

〔註1〕　白暉：《近來的幾篇小說：（一）茅盾先生的〈幻滅〉》，《.清華周刊》1928 年
　　　　　第 2 期。
〔註2〕　錢杏邨：《幻滅》，《.太陽月刊》1928 年第 3 期。
〔註3〕　錢杏邨《動搖》，《太陽月刊》1928 年 7 月停刊號。
〔註4〕　復三：《茅盾的三部曲》，1928 年 12 月 23 日《文學周報》第 7 卷第 348 期。
〔註5〕　張眠月：《〈幻滅〉的時代描寫》，1929 年 3 月 3 日《文學周報》第 8 卷第 10 期。

求》是有時代性的作品。他對於時代的轉變，和混在這變動中的一般人的生活，是看得很明白的，所以他能夠寫得這樣深切動人」，〔註6〕以及常風所論：「他確是窺測到在現實之前理想的『幻滅』，捉住了『動搖』的時代，描寫了熱情的『追求』」，「這書描寫範圍的廣博，人物的眾多，題材之豐富於時代意義與精神，在新文學作品中是罕有其匹的」，〔註7〕均異曲同工。即便錢杏邨否定文本的革命性，也不否定《追求》「抹著極濃厚的時代色彩」。〔註8〕可以說，《蝕》的時代性是最先達成共識的接受視野，鮮有爭議，之後的介入也只是對其時代性內涵的補充與完善。因此，在 1937 年後的接受視野中，《蝕》的時代性被普遍認可並很快確定爲既定視野。

2、人物的心理刻畫

　　成功的人物心理刻畫是《蝕》另一個同時被認定的既定視野。小說一發表錢杏邨就認爲，《幻滅》「把整個的小資產階級的病態心理寫得淋漓盡致，而且敘述得很細緻」。〔註9〕《追求》「心理分析的工夫是比《動搖》下得更深。他很精細的如醫生斷脈案解剖屍體般的解析青年的心理。尤其是兩性的戀愛心理，作者表現的極其深刻」。因此，「在作者過去的三部著作之中，我感到的，作者是一個長於戀愛心理表現的作家」。〔註10〕賀玉波儘管對文本的閱讀效應極爲不滿，但也不得不承認「青年男女的戀愛心理的分析，尤其是他的特長」。〔註11〕李長之也確認在技巧上，茅盾「不特是具體的實際上的動亂他寫得好，心理上的戰鬥，起伏，動亂，也寫得頗滿人意。他在心理方面，就擅長寫一種心理過程」。〔註12〕王豐園稍有保留：「茅盾站在小資產階級的立場，暴露出這一時期的小資產階級的『動搖』，『幻滅』以及追求愛的憧憬，他深刻的解剖『中間人』的心理變幻，這是作者在創作技術上一部分的成功。」〔註13〕需要說明的是，由於《蝕》中的主人公多爲女性，茅盾擅長通過人物心理刻畫反映時代風貌的藝術個性，之後被生成爲茅盾擅長通過女性人物的

〔註6〕　林檝：《〈動搖〉和〈追求〉》，1929 年 3 月 3 日《文學周報》第 8 卷第 10 期。
〔註7〕　常風：《論茅盾的創作——從〈蝕〉到〈子夜〉到最近的〈泡沫〉》，《書人月刊》1937 年 1 期。
〔註8〕　錢杏邨：《追求——一封信》，《，泰東月刊》1928 年 4 期。
〔註9〕　錢杏邨：《幻滅》，《太陽月刊》1928 年第 3 期。
〔註10〕　錢杏邨：《追求——一封信》，《，泰東月刊》1928 年 4 期。
〔註11〕　賀玉波：《茅盾創作的考察》，《讀書月刊》1931 年 1 期。
〔註12〕　李長之：《論茅盾的三部曲》，《清華周刊》1934 年 3～4 期。
〔註13〕　王豐園：《中國新文學運動述評》，北平新新學社 1935 年版，第 108 頁。

心理刻畫反映時代風貌，而這一創作個性成爲既定視野後，又成爲衡量茅盾小說創作成敗的重要標尺之一。

3、文本的意涵

這是《蝕》的接受視閾中最具分歧的接受視野。由於文本最初以三部曲的形式先後面世，故接受視野因接受者介入點的不同而不同。錢杏邨將《幻滅》視爲「一部描寫在大革命時代及革命以前的小資產階級女子的遊移不定的心情，及對於革命的幻滅，同時又描寫青年的戀愛狂的一部有時代色彩的小說」。〔註14〕李長之斷言《幻滅》和《動搖》寫的就是「小資產階級的不長進」。〔註15〕林樾認爲《動搖》是「一篇表現革命時期的轉變，和一般從事革命工作的人在轉變期中心理動搖」的作品，〔註16〕而復三則說，「《追求》就是描繪著革命失敗後青年的灰頹生活和各各不同的心理變態」的一部小說，「這是三部曲連綴著一線的思想」。〔註17〕域外學者前蘇聯人鮑里斯·王希禮指出，《動搖》「既反映了由於資產階級的革命理想的破產相關聯的對革命的幻滅，也反映出了在『左派空話家』腳下面的基礎的動搖，以及要從資產階級世界觀的破產相中找尋出路的毫無目的追求。」〔註18〕上述視界雖不交融，卻爲《蝕》接受視野的不斷新拓開啓了通道。

4、文本的文學史地位與文本的經典化

《蝕》雖然是茅盾的處女作，但其非凡的創作起點及文學史意義還是爲接受者慧眼所識。復三在《追求》剛刊完就做出了如下斷言：「如果說文藝的使命，不僅是反映時代，還能影響時代，其內容不僅再現過去，還要預示未來，那麼我相信——至少在這三部曲自有它永久的價值，在中國文學史上也佔有特殊的位置。」〔註19〕王哲甫更將其寫入《中國新文學運動史》中，以「近年來文壇上稀有的傑作」之語將《蝕》首次披載於「文學史」。〔註20〕與他們視野交融的還有常風，他說：「在當時，三部曲《蝕》確是一部偉著。我們還願固執一點陋窳的偏見：直至今日在茅盾先生的全部作品中，它還是

〔註14〕錢杏邨：《幻滅》，《.太陽月刊》1928 年第 3 期。

〔註15〕李長之：《論茅盾的三部曲》，《清華周刊》1934 年 3～4 期。

〔註16〕林樾：《〈動搖〉和〈追求〉》，1929 年 3 月 3 日《文學周報》第 8 卷第 10 期。

〔註17〕復三：《茅盾的三部曲》，1928 年 12 月 23 日《文學周報》第 7 卷第 348 期。

〔註18〕〔蘇〕鮑里斯·王希禮：《俄文本〈動搖〉序》，李岫：《茅盾研究在國外》，湖南人民出版社 1984 年版，第 226 頁。

〔註19〕復三：《茅盾的三部曲》，1928 年 12 月 23 日《文學周報》第 7 卷第 348 期。

〔註20〕王哲甫：《中國新文學運動史》，北平傑成印書局 1933 年版，第 78 頁。

最好的一部。」雖然「經過時間風雨的浸『蝕』，這部書的色彩，似乎有點凋落浸湮，沒有以前那樣鮮豔了，但是它確是一部應當被人們看重的書。」〔註21〕他在《幻滅》發表 10 年後確定茅盾的代表作是《蝕》而不是《子夜》，極具挑戰意義。限於論題，常風沒有充分地展示其論斷。這一獨特而富有前瞻性的論斷，直到 1961 年夏志清在其《中國現代小說史》中才得以呼應與延伸。

與此同時，接受者們還在文本的結構、文本的借鑒關係、以及人物性格及意義等介入點上進行了展示，雖限於時代的因素沒有充分展開，但也見仁見智。

總之，1928～1941 年間《蝕》的接受是《蝕》的介入點及接受視閾初步生成的階段，接受者們在文本的時代性、人物的心理刻畫、文本的意涵等介入點上展示了《蝕》的接受視閾，為《蝕》的具體化提供了深化的路向。其中，《蝕》的成就在於文本的時代性與人物的心理刻畫為眾多接受者所公認，成為《蝕》的既定視野。這是《蝕》接受史上的重要收穫。文本意涵等接受視野雖因時代所限沒有充分擴展，但卻為之後的具體化提供了有待新拓的期待視野，為《蝕》接受環鏈的形成提供了重新連結的起點──雖然這一連結在 40 年後才開始真正得以實現。

二、1951～1963：接受視野的重構與轉向

1951 年 5 月，老舍、蔡儀、王瑤、李何林等四人奉中央教育部之命起草《〈中國新文學史〉教學大綱》。這份由李何林執筆當年秋季即在全國中文系推行的教學大綱，詳盡地規定了中國新文學教學的指導原則和基本框架，確立了中國新文學史教研的新格局。其中，茅盾的創作被列入第三編第七章第二節，以「本時期（1927～1937）的小說」為題，與葉紹鈞、王統照同列「透視現實」一節中。這一帶有權力話語性質的導向性討論結果，2 個月後由北京新建設雜誌社以《中國新文學史研究》為名出版。隨後，王瑤的《中國新文學史稿》（上冊）（1951）、蔡儀的《中國新文學史講話》（1952）、丁易的《中國現代文學史略》（1955）、張畢來的《新文學史綱》（第一卷）（1955）、劉綬松的《中國新文學史初稿》（上下）（1956）等相繼出版，茅盾和他的創作成為高校中文系師生預設的期待視野，《蝕》的接受路向也由此重構並轉向。

〔註21〕常風：《論茅盾的創作──從〈蝕〉到〈子夜〉到最近的〈泡沫〉》，《書人月刊》1937 年 1 期。

1、對文本接受效應的重構與定向

早在《蝕》發表初期，錢杏邨就以文本的悲觀結局為由否定文本的接受效應，指責作者表現出的思想是悲觀、幻滅的，是不需要的。〔註22〕賀玉波直言茅盾「產生了一篇消沉、悲觀、充滿了灰色幻滅的作品，而這種作品卻在革命勢力中散佈了大量的毒氣，使一部分意志薄弱的革命戰士灰心而退縮。這就是作者留給我們的壞影響了！」〔註23〕20年後，這一接受視野重新被發掘並最終定向。丁易認為：「這篇小説的悲觀色彩實在是太濃厚了，全書到處充滿了病態的人生，灰色的暗影。作者似乎只看到人生的悲慘的一面，只看到由於盲目的追求以致失敗的人們，而忽視了真正追求到革命並從事實際革命工作的許多革命人物。」〔註24〕劉綬松也認為：「由於作者當時對歷史動向缺乏正確的分析和認識，對革命前途有了悲觀失望的情緒，所以在這部作品中，沒有刻畫一個正面的積極的人物，對當時的小資產階級知識分子的那種不正確的思想感情也沒有進行有力的批判，所以結果是讓悲觀失望的情緒充滿了整個作品，損害了作品的反映時代的真實性。」〔註25〕與之視界交融的還有樊駿等。〔註26〕與20年前的那場劍拔弩張式的充滿火藥味的介入相比，這次的視野交融雖然多了許多平和，但潛勢於讀者面前的依然是貌似理性下的一種不容質疑的權力話語，特別是經過高校學者的強定性輸入，這一斷言成為左右那個時代的主流視野，直到新的歷史時期才重新轉向並得以修正。

2、對文本真實性的介入與展示

與否定《蝕》的接受效應幾乎眾口一詞不同，文本真實性的介入呈現出三種截然不同的視野：一種是真實論，因為「作者到底還是歷史地真實地反映了那個時代的精神面貌與社會矛盾，深刻細緻地刻畫了那個時代的小資產階級知識分子的精神生活，所以《蝕》仍然是一部優秀的現實主義作品。」〔註27〕一種是不真實論，因為作者「偏重於現實的現象，沒有顯示現實的本

〔註22〕錢杏邨：《追求——一封信》，《，泰東月刊》1928年4期。

〔註23〕賀玉波：《茅盾創作的考察》，《讀書月刊》1931年1期。

〔註24〕丁易：《中國現代文學史略》，作家出版社1955年版，第297頁。

〔註25〕劉綬松：《中國新文學史初稿》（上），作家出版社1956年版，第350頁。

〔註26〕樊駿：《茅盾的〈蝕〉和〈虹〉》，《文學研究集刊》（4），人民文學出版社1956年版，第231～252頁。

〔註27〕張白山：《談茅盾的〈蝕〉》，《文藝學習》1955年11期。

質，所以不容易使人透過現實的醜惡，認識偉大的將來。」〔註28〕具主導地位的是片面眞實論。絲鳥就認爲：「《蝕》的主要成就在於：它較眞實地反映了大革命時期的一部分小資產階級知識分子的思想狀態，在一定程度和一定範圍內反映了當時的某些歷史眞實（特別是揭露了當時的黑暗面）。這也就是這部作品到了今天還有其現實意義，還能吸引住相當多的讀者的根本原因。」〔註29〕饒有意味的是，幾乎所有的持片面眞實論的介入者都既肯定文本的一定的眞實性，又小心翼翼地爲茅盾尋求開脫的理由。樊駿說：「茅盾把靜女士等人放在這些色彩鮮明的前面活動著，他們的歡樂和苦惱、希望和幻滅，也就同時都是這樣的現實的產物。這就不僅使人物具有一定的歷史的眞實性，使小說具有豐富的時代色彩和生活氣息，而且，也給這些具有內心矛盾的人物追求、動搖、幻滅的悲劇，提供了有力的客觀的依據。這都是《蝕》的主要成就。」「但是，《蝕》同時有顯著的缺點。首先它所反映的現實是不夠全面的。當時革命雖然受到了嚴重的挫折，但並沒有因此終止。它在更爲艱苦的條件下，開闢自己的道路，並在新鬥爭中壯大自己。而在小說中，無論是直接地還是間接地都看不到這樣重要的事實。這不能不影響到它反映現實的眞實性。」不過，「這並不是說，小說所描寫的小資產階級知識分子的悲劇不眞實；而是說，在當時的現實條件下，他們完全有可能走另一條道路，那就是堅持鬥爭，而且也的確有許多人走上了這樣的道路。」雖然如此，小說還是有積極意義，就是讓讀者看了後放棄他們那樣的方式，去尋求另外的出路。〔註30〕張畢來的維護更有意味，他說：「茅盾『三部曲』中所寫的知識青年及其命運，在當時是很普遍的。難道『五四』以來，就沒有正確、積極的革命知識分子麼？沒有在黨的正確領導下進行革命工作的知識青年麼？對，有的。但我想，我們既然是在研究文學的歷史，就必須同時著眼於作家的創作方法的發展情況。因此，我們此時就暫且不必爲這些知識分子在文學裏受到無視而抱不平。不然，我們的不平，首先要從工農大眾被無視的事實開始。這時的茅盾的思想，還不能正確地批判他所反映的現實。他的創作方法，同樣，也就不能正確地反映現實。不過，他的思想，他的創作方法，

〔註28〕蔡儀：《中國新文學史講話》，新文藝出版社 1953 年版，第 130 頁。

〔註29〕絲鳥：《從〈蝕〉到〈子夜〉——在創作方法上的一個躍進》，《論〈林海雪原〉的創作方法》，湖北人民出版社 1959 年版，第 68 頁。

〔註30〕樊駿：《茅盾的〈蝕〉和〈虹〉》，《文學研究集刊》（4），人民文學出版社 1956年版，第 231～252 頁。

此時正處於轉變的前夕。」〔註31〕論者並沒有機械地從世界觀與創作方法等量齊觀的視野去苛求作家，而是以理解的胸懷去寬容，從文學的與發展的眼光去審視，實在難能可貴。

此外，由人物的選取與塑造的不足所延伸的作家世界觀改造等視野也被認定爲既定視野。〔註32〕

1951～1963 年間《蝕》的接受是在特殊的歷史語境下展開的，官方導引與文學史視野是這一時期《蝕》的接受的最大特點。官方意識形態的刻意強化與接受者批評尺度的轉化，使眾多介入者更多地定向於文本的意識形態性與人物的階級屬性，定向於作家的世界觀與創作立場，以「階級的」代替「人性的」，以「理想的」代替「現實的」，以「寫什麼」代替「怎樣寫」，致使重構與轉向的接受視野偏離了文學審美本性的基石，淪爲權力話語的「既定視野」，其結果就不是新視閾的打開，而是第一視野波中第一路向的「合法」延伸。所不同的是，彼時由《從牯嶺到東京》生發，此刻由《蝕》而變異，看似各具視野，實則殊途同歸。其實，最初的接受者在生成《蝕》的期待視野時，是恪守文學的標尺且極爲簡略而平實地予以展示的，幾無權力話語的印痕，如李何林在其所撰寫的《左聯成立前後十年的新文學》一文只是寫茅盾的《蝕》「留下了大革命時期小資產階級知識分子在革命的大時代中幻滅、動搖、追求的行迹」。〔註33〕而王瑤甚至沒有用「小資產階級」這一字眼，而是說「書中所寫的主人多是男女青年知識分子，穿了戀愛的外衣，寫出大革命時期的青年心理和革命失敗後的迷惘，人物和故事結構都寫得很費心思，特別是女子心理的描繪，是爲許多人所稱道的。」〔註34〕但隨著王著《中國新文學史稿》的被批判，權力話語的強勢介入則不可逆轉了。客觀地說，1951～1963 年間《蝕》的接受，較之 1928～1941 年間的接受不僅沒有多少推進，反而大大地向後退了一步。本來，文學史的考察無疑爲《蝕》的經典化創造了條件，而且歷史也的確爲之提供了可能的契機，但時代的迫壓使接受者介入的尺度非但沒有守住科學的力點，反而佔據機械的陣地，所奉行的自然只能是教條主義的理念而非科學主義的眼光。

〔註31〕張畢來：《新文學史綱》（第一卷），作家出版社 1955 年版，第 209 頁。
〔註32〕葉子銘：《論茅盾四十年的文學道路》，上海文藝出版社 1959 年版，第 51～69 頁。
〔註33〕李何林：《中國新文學史研究》，北京新建設雜誌社，1951 年版，第 84 頁。
〔註34〕王瑤：《中國新文學史稿》（上），開明書店 1951 年版，第 224 頁。

三、1979～2010：視閾的新拓、生成與深化

　　1979 年 7 月，夏志清的《中國現代小說史》中文版由香港友聯出版有限公司出版。這部在海內外引起重大反響的小說史關於《蝕》的視野重構，不僅為茅盾研究界所熟知，也為諸多接受者所廣泛引徵：「綜觀這三部曲（其中以《追求》尤甚），茅盾所表現的虛無主義，在精神上和海明威、赫胥黎及伊夫林·瓦（Evelyn Waugh）等名家的早期作品，實在是一脈相承。所不同的，上述那幾位英美作家所注意的是第一次大戰後和同時脫離了維多利亞時代精神價值後所產生的道德瓦解。茅盾的三部曲更富自然主義的色彩，但他對國共合作失敗後和同時傳統道德式微後的青年人的行止，作了同樣深入的探討。雖然《蝕》的文字稍嫌濃豔，趣味有時流於低級，然而在中國現代的小說中，能真正反映出當代歷史，洞察社會實況的，《蝕》可算是第一部。尤其難能可貴的是它超越了一般說教主義的陳腔濫調。在這本作品裏，我們處處看到作者認識到人力無法勝天這回事。」〔註 35〕雖然這一重構曾引發激烈的對話（至今仍時有波瀾），然而無論反駁還是維護，接受者們都不得不認同其所展示的視野打開了文本的意義潛勢，不得不認同其所呼應的接受視野生成了有待跨越的新視閾，接續了有待新拓的接受環鏈，為文本的接受樹立了新的風向標。以此為風向，以時代為契機，《蝕》的審美接受重新出發，一批富有創見意義的接受成果為接受視閾的新拓與接受環鏈的形成提供了深化與超越的基點。

　　新拓之一：「時代女性」形象的定向及其具體化。「時代女性」一詞出自茅盾 1933 年撰寫的《幾句舊話》一文中，是指那些參加了大革命但又對大革命抱有「幻想」和「懷疑」的青年知識女性，如章秋柳等。「時代女性」也是代表茅盾小說創作重要成就的人物系列。之前雖有對「時代女性」中的某個形象予以介入的文章，但明確以「時代女性」為視野並將其具體化還是始於這一時期。錢誠一指出，茅盾作品裏的各色人物中，以「時代女性」的形象最引人矚目，茅盾通過對《蝕》三部曲「時代女性」心靈歷程的刻畫，繼續著魯迅開拓的探求中國知識分子正確道路的歷史課題。〔註 36〕陸文採將「時代女性」分為三類：「憤憤然要革命了」的；「徹底擺脫了傳

〔註 35〕夏志清：《中國現代小說史》，香港友聯出版有限公司 1979 年版，第 125～126
　　　　頁。

〔註 36〕錢誠一：《時代女性的「二型」——〈蝕〉三部曲女性形象試論》，《杭州師院
　　　　學報》1982 年 3 期。

統的封建禮教和道德觀念」的；有「向善的焦灼」、「幻滅的悲哀」和「頹廢的衝動」的。這是她們的「時代特色」，也是她們既消極又積極、既有「時代感」又有「時代病」的矛盾心理之所在。〔註 37〕擴展這一視野的還有唐沅，他以個人主義的視野分析了三種不同性格的女性及其表現。〔註 38〕而曹安娜將《蝕》中的慧、孫舞陽、章秋柳和《虹》中的梅女士為作一個形象群進行透視，探求了形象個體間的必然聯繫、形象類的本質特徵，及其在現代文學中的地位。〔註 39〕其它如丁爾綱的《丁玲的莎菲和茅盾的「時代女性」群》〔註 40〕、王超冰的《茅盾前、後期小說中時代青年形象之比較》〔註 41〕、王嘉良的《探索一代小資產階級命運的人物世界——簡論茅盾小說的「時代女性」形象系列》〔註 42〕等，也在橫向或縱向比較中對此作了補充。不過，最具新拓意義的是趙園，她以大革命後出現的「新女性」這一形象類型中最突出的精神標記，即在人物的兩性關係方面、在性道德的獨特姿態上，和正是在這一方面顯示出的尖銳的性格矛盾上為介入點，揭示出茅盾小說中「新女性」的四類矛盾：一是「性道德方面的反傳統的徹底性與道德的虛無主義」矛盾；二是「理想主義」與「現在主義」的矛盾；三是「對於時代義務、社會責任的自覺與利己主義、個人本位主義」的矛盾；四是「雄強與脆弱的統一」的矛盾；並將這四者集中起來，全面地概括這一「形象群」的基本特徵，〔註 43〕視閾開闊，分析獨到，立論頗具張力，堪為展示《蝕》之「時代女性」視野的定向與跨越之作。經過上述諸學者的展示與接受視野間的相互彙融，呼應，「時代女性」的特質、意義、地位等基本要素已達成共識，「時代女性」形象的定向及其具體化工程

〔註37〕 陸文採：《論〈蝕〉的「時代女性」形象》，《遼寧師大學報》1984 年 3 期。

〔註38〕 唐沅：《歷史風暴中的「時代女性」》，《現代文學講演集》，北京師範大學出版社 1984 年版，第 186～198 頁。

〔註39〕 曹安娜：《〈蝕〉和〈虹〉中的「時代女性」》，《茅盾研究論文選集》（下），湖南人民出版社 1983 年版，第 424～446 頁。

〔註40〕 丁爾綱：《丁玲的莎菲和茅盾的「時代女性」群》，《山西大學學報》1984 年 4 期。

〔註41〕 王超冰：《茅盾前、後期小說中時代青年形象之比較》，《中國現代文學研究叢刊》1986 年 3 期。

〔註42〕 王嘉良：《探索一代小資產階級命運的人物世界——簡論茅盾小說的「時代女性」形象系列》，《學術研究》1987 年 2 期。

〔註43〕 趙園：《大革命後小說中的「新女性」形象群》，《茅盾研究》（第 2 輯），文化藝術出版社 1984 年版，第 80～99 頁。

一度完成了由有待實現的期待視野向定向、深化的既定視野的轉換、生成
過程，這也是《蝕》的審美接受史上第三個被定向的既定視野。直到陳建
華《革命與形式──茅盾早期小說的現代性展開》一書的出版，〔註 44〕茅
盾「時代女性」形象塑造的「陌生化」成就、時間意識與長篇小說敘事結
構之間的關係、以及文本所展示的身體、時尚和現代都市空間的聯繫等，
才有了新的敞開。

　　新拓之二：政治隱喻與藝術表達的定向與具體化。《蝕》是沈雁冰在大革
命處於低潮時對政治現實內部複雜張力的文學想像，「茅盾」的筆名亦由此而
來。但是，這種創作上的書寫在表面層次上的敘事（即社會的），與它們深層
結構層次上的寓言（即政治的）關係如何，通過這一層面可以透視出作者對
革命抱有怎樣的觀察與理解，以及由此作者建構了怎樣的表達圖式等，長久
以來無人給出令人信服的視點。受夏志清與錢杏邨接受視野的影響，經過二
十餘年的探索，陳幼石在《蝕》的政治隱喻與藝術表達間生成了新的交融點。
〔註 45〕她以「《蝕》之謎」為命題，將文本的素材和歷史的材料與形式的建構
相對應，將作家的心理矛盾和文本的多層次、深結構與客觀的藝術呈現相勾
連，以考據學的視野和俄國形式主義的方法追根溯源，啟動了《蝕》的接受
視閾，堪稱 90 年代《蝕》接受的最大亮點。尋著這一路向，安敏成探究了茅
盾借助小說探索真實世界晦澀的本性與令人失望的某種觀念間的創作心理，
探究了茅盾小說文本常常以二元對立的方式展開人物關係，卻沒有將他們設
計成劍拔弩張式的對立，而是更喜歡將對子放置於暫時的聯繫之中，探討這
些相互制約的觀念產物的依存關係，進而認為《追求》實際上是「茅盾繼續
探討在一個政治話語變得無比可疑的混亂社會中個人反應」，〔註 46〕具體而富
有張力。一般而言，海外學者重實證，國內學者重演繹，海外學者因史料和
背景材料掌握不足，往往著眼於形式，國內學者雖無史料之憂卻輕視小說形
式的重要性。陳幼石在盡可能掌握史料的基礎上，考究文史之源脈，以文證
史，以史證文，無疑為《蝕》的接受開啟了新的通道。儘管這種「索引」的
視野或許會沖淡文本的藝術價值，如安敏成就認為「只有將它看作是一部心

〔註 44〕陳建華：《革命與形式──茅盾早期小說的現代性展開》，復旦大學出版社 2007
　　　　年版。
〔註 45〕陳幼石：《茅盾〈蝕〉三部曲的歷史分析》，社會科學文獻出版社 1993 年版。
〔註 46〕安敏成：《現實主義的限制：革命時代的中國小說》，江蘇人民出版社 2001 年
　　　　版，第 133～149 頁。

理現實主義作品，三部曲的魅力才會最好地被説明」，〔註47〕但陳文的確爲《蝕》接受視閾的新拓與接受環鏈的形成提供了深化與超越的基點，例如，陳幼石在《序》中提出，關於《蝕》三部曲的基本矛盾是：「美麗動人的理想（共產主義革命事業）和醜惡難堪的現實（革命事業未能實現它的目的）之間的矛盾」；茅盾筆下的婦女類型，「不僅僅是『新』女性的現實主義的描繪而已，而是一般被他用來構造共產主義運動在政策和執行的層次上的不同又並行的發展。他們在愛情和性方面的所作所爲，不但反映了年青的資產階級知識分子對這個題目的態度，並且還以寓言的方式也表達了茅盾自己對革命的理想，對黨內不同派別的評價，以及對中國共產黨在二十年代的坎坷與成敗的認識」等〔註48〕。其所生成的期待視野很快定向爲既定視野，至今無人超越。在其新見迭出的背後，再次印證了他山之石，可以攻玉這一樸素而深刻的學理。

這一時期《蝕》的接受還在文本的性愛書寫、女性主義視野、文本的主題與意涵以及《蝕》的作家接受等方面，生成了有待實現的接受視閾。如三枝茂人的《茅盾的性描寫與〈蝕〉〈野薔薇〉中的性愛》〔註49〕、李蓉的《在身體中尋找『眞實』——重讀茅盾小説〈蝕〉》〔註50〕、李鈞的《超越五四的努力——重讀茅盾 1930 年代的三部長篇小説》，〔註51〕等。其中，韓國學者全蘇雨的《三部曲小説文體敘事模式及時代女性形象與革命話題——〈蝕〉的作家接受分析》一文尚有新意，如他認爲：「這個藝術模式的最大文學史意義或者説有生命力的開創性，最重要的表現在兩個方面：首先，《蝕》是第一個成功地將悠久的言情小説類型與二十世紀以來新興的『革命』話題小説加以融合的現代作品；其次，《蝕》又是具有轉變風氣意義的承前啓後的劃時代性作品。」〔註52〕但總體而言，沒有取得更大的突破。

1979～2010 年間《蝕》的接受是在新的歷史時期展開的，經過了新拓、定向、深化的歷史進程後，《蝕》的接受視野進入多向延展與豐富敞開階段，

〔註47〕 安敏成：《現實主義的限制：革命時代的中國小説》，江蘇人民出版社 2001 年版，第 133～141 頁。

〔註48〕 陳幼石：《茅盾〈蝕〉三部曲的歷史分析》，社會科學文獻出版社 1993 年版，第 1～16 頁。

〔註49〕《中國現代文學研究叢刊》1992 年 2 期。

〔註50〕《浙江學刊》2007 年 4 期。

〔註51〕《齊魯學刊》2007 年 6 期。

〔註52〕《茅盾與二十世紀》，華夏出版社 1997 年版，第 56 頁。

眾多富有學術價值的期待視野不僅刷新了讀者的接受視野，而且很快被定向並成為眾所周知的既定視野，彰顯出《蝕》接受的學術進展。但是，收穫並不意味著結束，無論是既定視野還是有待實現的接受視野，都不斷期待著接受者去打開，去豐富，去完善，去跨越，特別是那些有待實現的接受視野，將面臨著接受者更大的挑戰。例如：《蝕》、《虹》、《子夜》的比較視野。長久以來，佔據主導地位的既定視野是：《子夜》優於《虹》，《虹》優於《蝕》，《子夜》為茅盾的代表作。前文已述，常風對此並不認同，夏志清乾脆排出新序列：《虹》優於《蝕》，《蝕》優於《子夜》，《虹》是茅盾「作品中最精彩的一本」。〔註53〕而樂黛雲則提出「雙峰論」，即：「《蝕》和《子夜》代表著茅盾創作的兩個高峰，它們都從不同的方面取得了不同的成就。」〔註54〕目前這一視野已被多數接受者認同。但是，這種「中和」的視點是否切近文本的實際？提升《蝕》的視野是否意味著對某種「既定視野」的冒犯進而危及文學史秩序的重構？顯然有待於探討。與之相關的是《蝕》的文學史意義。邱文治和佐藤一郎認為，《蝕》是茅盾早期的優秀創作，也是自《蝕》發表前新文學最出色的長篇小說。〔註55〕但是，《蝕》的結構不統一已成為目前普遍認可的既定視野，《蝕》缺乏貫穿始終的主人公又是不爭的事實，僅憑立意與文字的長度認定其長篇小說的文學史地位，是否難以服眾？更何況，自 1922 年 2 月張資平的《沖積期化石》到 1930 年 5 月《蝕》止，新文學已湧現出長篇小說近 50 部，孫夢雷的《英蘭的一生》、蘇雪林的《棘心》、葉聖陶的《倪煥之》和柔石的《二月》等，若以長篇小說的美學特質來看，並不遜於茅盾的《蝕》。接受者沒有構建準確的參照系便生成有待實現的期待視野，美好的願望只能有待於更加努力的實現了。再如，幻滅現象與幻滅主題。大革命失敗後，在劇烈的社會現實面前，許多青年知識分子倍感失望，流露出幻滅的思緒。這是一種時代的普遍現象，表現幻滅也成為當時流行的創作主題。葉聖陶的《倪煥之》，柔石的《二月》、汪錫鵬的《結局》等，都是這一主題的客觀呈現。將《蝕》視為「某種中國式的世紀末的苦惱」，〔註56〕雖無不可，但單一地重

〔註53〕夏志清：《中國現代小說史》香港友聯出版社有限公司 1979 年版，第 126 頁。

〔註54〕樂黛云：《〈蝕〉和〈子夜〉的比較分析》，《文學評論》1981 年 1 期。

〔註55〕邱文治：《〈蝕〉的主客觀感應及其歷史地位》，《天津師專學報》1986 年 2 期；佐藤一郎：《中國現代長篇小說的出發點——論茅盾的〈蝕〉》，《中州學刊》1993 年 5 期。

〔註56〕楊義：《中國現代小說史》（第 2 卷），人民文學出版社 1986 年版，第 98 頁。

合茅盾的文本表述是否簡化了展示的路向？是否忽視了時代因子所造就的複雜的文學譜系？同樣值得探討。更讓接受者感到棘手的是茅盾的「出路」與「絕路」。當年茅盾的辯詞：「我想來我倒並沒動搖過，我實在是自始就不贊成一年來許多人所呼號吶喊的『出路』。這出路之差不多成爲『絕路』，現在不是已經證明得很明白？」〔註 57〕引爆了左翼革命文學內部的一場論爭。但是，即便撇開當年左翼批評者機械的眼光和意氣用事的成份，你也無法否認它是茅盾當時對革命形勢的一種自我認識，無論錯誤也罷，正確也罷，它確實出自於茅盾之口而非他人所強加。因此，當 20 年後歷史重新給出新的證明時，茅盾自然遭遇了前所未有的尷尬。然而，今天的人們似乎同樣迴避著這一尷尬，在《蝕》的接受中一味地淡出歷史，以文本釋文本，是否也是「這出路之差不多成爲『絕路』」呢？爲賢者諱，固然可以理解，但如果無視茅盾的歷史觀，遮掩作家與歷史的潛在的複雜糾結，誤讀在所難免，而《蝕》的接受也很可能是一個永遠無法破解的謎。但是，《蝕》還是謎嗎？！

　　歷史已爲《蝕》接受視閾的敞開提供了契機，而我們所要做的就是迎難而上，迎接挑戰。這也許是推進《蝕》接受進展的唯一選擇。

〔註 57〕茅盾：《從牯嶺到東京》，《小說月報》1928 年 10 期。

第二章　在生成與融彙中——1929～2010年《棘心》的傳播與接受研究

　　屈指算來，從 1929 年 5 月《北新》刊載第一篇《棘心》的廣告至 2010 年，《棘心》的傳播與接受已走過了 80 個年頭。80 年來，《棘心》的傳播與接受可分為 1929～1946 的初興期和 1980～2010 的復興期二個時段。初興期《棘心》的傳播與接受雖然時空相對有限，但依然為《棘心》的文學史建構預設了有待實現的接受視野。上世紀 80 年代後，《棘心》的傳播與接受重新出發，大眾傳媒當仁不讓地成為傳播與接受的先行者與重要載體，90 年代以後，一批啟人心智的接受視野顯示了《棘心》傳播與接受的豐碩成果，不僅徹底擺脫了「蘇雪林是誰」的尷尬，也使重構《棘心》的文學史意義成為現實。那麼，80 年來《棘心》的傳播與接受是如何走過這一歷程的？在重構《棘心》的文學史意義時有哪些期待視野有待進一步完善？

一、初興期（1929～1946）的傳播與接受

　　1929 年 5 月，上海北新書局決定出版蘇雪林的長篇處女作《棘心》，為配合發行，同月 16 日出版的《北新》第 3 卷第 9 號同時刊出《棘心》廣告：「『No struggle no drama』勃廉基爾曾這樣的解釋戲曲。日本廚川白村說『不但戲曲如此，人生也是如此。人生兩種力的衝突有如鐵石相擊之迸出火花，奔流給磐石擋住，飛沫就呈虹彩，我們正因有生的苦悶，也因有戰的苦痛，所以人生才有生的功效。』書中主人公杜醒秋女士是個理性感情都很發達的青年，遠赴外國讀書遭了家庭許多不幸，又和未婚夫決裂，幾乎走上出家的一條路。慈母的愛，和求學的野心，愛情的失望，互相衝突，直到難解難分的地步，作者以深沉的魄力，寫出她那內心的苦悶，是鐵石相擊的火花？是飛沫的虹

彩？請讀者自己去鑒賞。全書三百餘頁，用黃印書紙印，由許聞天先生繪插畫十四幅尤爲精美絕倫。」這段頗具文採的介入文字雖然不足 300 字，卻是《棘心》傳播與接受的第一篇文字。全文以勃廉基爾的名言：「沒有衝突就沒有戲劇」爲引，以廚川白村的人生格言爲據，以知識女性、域外生活、痛苦愛情、母女衝突、難解難分等極具吸引力的創作訴求激起讀者的好奇心，以文本藝術價值的不確定性激發讀者的購買欲望，再輔之以許聞天精心設計的插圖作爲新穎的閱讀元素，爲《棘心》的傳播策劃出一個充滿期待的營銷氛圍。果然，這一招非常奏效，小說初版 3 千冊，4 個月內銷售一空，9 月即再版 3000 冊。據筆者統計，至 1937 年 5 月，上海北新書局共印行《棘心》8 版，具體的版次及印數如下：1929 年 9 月 2 版，3001～6000 冊；1930 年 8 月 3 版，6001～8000 冊；1931 年 5 月 4 版，8001～10000 冊；1932 年 3 月 5 版（5～8 版無印數）；1932 年 8 月 6 版；1935 年 9 月 7 版；1937 年 5 月 8 版。與此同時，鄒韜奮、方英、草野等紛紛撰文予以呼應，拉開了《棘心》傳播與接受的序幕，也在以下幾個介入點上生成了《棘心》接受的新視野：

1、如詩如畫的醉心於自然的藝術描寫

《棘心》剛一出版，鄒韜奮就發表文章予以肯定。他認爲，這部以慈母愛女至誠至愛爲中心的小說，文筆優美，情感眞誠，「隨筆寫來，處處動人心弦。」[註1] 這是《棘心》接受的第一篇文章。方英也認爲：「在她的著作裏，關於自然描寫最多，而技術的成就特好，這一點也足證明她的『醉心自然』。」「只要遇到自然，她就感到『暢心樂意』」。[註2] 草野同樣感歎作家在表現母親之愛、異性之愛、故國之戀三方面，「描寫精巧，表現的微妙，在技巧上都有相當的成功。」[註3] 王哲甫則將她與同時代的作家相比較，認爲蘇雪林在《棘心》中「描寫女主人公的思想，性格，最爲眞切，而文字的秀麗與流暢，爲其他作家所不及」。[註4] 趙景深更是對蘇雪林的描寫藝術讚不絕口，將她與徐志摩、冰心相比較，突出她的美質：「她的文辭的美妙，色澤的鮮麗，是有目共賞的，不像志摩那樣的濃，也不像冰心那樣的淡，她是介乎兩者之間而偏於志摩的，因爲她與志摩一樣的喜歡用類似排偶的句子，不惜嘔盡她的

〔註 1〕 鄒韜奮：《介紹一本好書〈棘心〉》，1929 年 6 月 28 日《生活》周刊第 4 卷第 35 期。
〔註 2〕 黃人影編：《當代中國女作家論》，上海光華書局 1933 年版，第 141 頁。
〔註 3〕 草野：《現代中國女作家》，北平人文書店 1932 年版，第 72 頁。
〔註 4〕 王哲甫：《中國新文學運動史》，北平傑成印書局 1933 年版，第 231 頁。

心血。她用她那畫家的筆精細的描繪了自然，也精細的描繪了最純潔的處女的心。」〔註 5〕可以說，《棘心》文筆優美，尤其是如詩如畫的醉心於自然的藝術描寫，爲接受者所普遍認可，至今亦無爭議。這是《棘心》接受最先爲接受者所公認的既定視野。

2、醒秋形象的時代特質

這是《棘心》接受第二個爲接受者所認可的既定視野。小說一發表，方英就一針見血地指出：「在蘇綠漪所表現的女性的姿態，並不是一個新姿態──五四運動當時的最進步的資產階級的女性的姿態。」「在蘇綠漪筆下所展開的姿態，只是剛從封建社會裏解放下來，才獲得資產階級的意識，封建勢力仍然相當的佔有著她的傷感主義的女性的姿態。她筆下所展開的，是這樣的人物。」這一斷言準確，深刻，至今仍爲眾多的接受者所引徵。他同時還對醒秋的性格特徵作了較爲深入的剖析。他說，杜醒秋「是一個神經質的女性青年。她的性格是脆弱的，雖然在有一些時候也顯得堅強；她的行動是『浪漫不羈』的，雖然在有一些時候表示的非常規律。這個女性，雖說具有『慷慨悲歌的氣質』，『含有野蠻時代男人的血液』，但在《棘心》一書裏，終於不免是一個『多愁善感』的女性。」〔註 6〕這一視野雖也道出了醒秋的某些性格特徵，但卻不及他對作家創作情態與醒秋形象時代特質的斷言那樣令人歎服，之後（包括至今）的一些接受者雖不乏對醒秋形象特質的具體展示，但因切入角相似，難免重合於方英的接受視閾，鮮有實質性的突破。因之，方英的《綠漪論》成爲《棘心》早期接受最有影響的接受文獻。

3、作者的創作意圖與作品的主線

《棘心》具有濃厚的宗教氛圍，古月注意到了這一點。他說：「作者的企圖，在表現希伯來與希臘思潮的衝突」。「全書的骨幹在描寫醒秋和秦風的一段糾葛及醒秋皈依宗教的一段曲折。作者用力地所描寫的醒秋的母愛和醒秋對其未婚夫叔健的愛憎，便成了全書的烘托了。」他同時對作者表現醒秋皈依宗教的描寫勉強以及呈現分裂狀感到失望。〔註 7〕但沒有任何回應。

客觀地說，初期（1929～1946 年）的《棘心》傳播範圍看似廣闊實則較

〔註 5〕趙景深：《蘇雪林和她的創作》，《海上集》，上海北新書局 1946 年版第 162～173 頁。

〔註 6〕黃人影編：《當代中國女作家論》，上海光華書局 1933 年版，第 137～147 頁。

〔註 7〕古月：《讀了〈棘心〉》，1929 年 12 月《金屋》第 1 卷第 7 期。

窄小，就傳播地域與傳播者而言，主要限於上海的文人及國內天主教友和留學海外的神職界人士中。這一點，不僅是因爲傳播與接受者及其媒介均在上海，在蘇雪林本人的表述中也可得到印證：「不意此書因我自述在法國皈依公教，也多介紹公教教旨及敘述法國公教徒如馬沙吉修女及我的補習老師海蒙女士德行之超卓，大爲愛好。國內天主教友和留學海外的神職界竟相向北新購買。此書訂價一元，初版三千冊，不久售罄而再版，於是三版四版，十餘年盛況不衰。」〔註8〕由此可知，十餘年來《棘心》暢銷不衰的主要原因是大量的教友購買所致，而非純文學因素。抗戰開始後，時局陡轉，《棘心》的出版傳播便隨之落入低谷。也正因此，這一時期的文本接受並不湧躍，爲數不多的幾位接受者也僅是對作品得失予以較爲普泛的展示，雖然在作品的自然描寫及主人公形象的時代特質方面生成了接受者公認的既定視野，構成初期《棘心》接受的重要收穫，但相對的冷寂卻是不爭的事實。隨著蘇雪林高調反魯，遠赴臺灣，以及大陸出版政策的調整，《棘心》的傳播與接受在大陸徹底停滯。1957 年，蘇雪林在臺中光啓出版社出版了《棘心》增訂本，並在自序中闡述了《棘心》的主旨：「介紹一個生當中國政屆蛻變時代，飽受五四思潮影響，以後竟皈依了天主教的女性知識青年，借她的故事的進展，反映出那個時代的家庭、社會、國家以及國際各方面的動蕩變化的情形；也反映出那個時代知識分子的煩惱、苦悶、企求、願望的狀況，立身處世行藏的標準，救國家救世界途徑的選擇，是採取了怎麼不同的方式。」但大陸看到這段文字則是 1980 年以後的事了。

二、復興期（1980～2010）的傳播與接受

1980 年，臺北成文出版社有限公司出版了陳敬之的《現代文學早期的女作家》一書，在《蘇雪林》一章中，論者對《棘心》的藝術成就予以了全面而充分的肯定。他首先認同作者在增訂本中所闡發的主旨，繼而說：「這部小說雖是作者個人的自敘傳，而同時也是那個時代一般知識青年的思想、意志、生活和行爲的一種綜合反映。亦唯如此，所以這部小說雖係以表現作者的母愛，兩性愛，和國家民族的愛爲其描繪的著重點；但其中對於立身行己，治學致思，以至於人生宗教等問題，亦多所探究闡發，足以使青年讀者知所借鑒。基此種種，不但知其主題正確，內容充實；而由於

〔註 8〕蘇雪林：《蘇雪林自傳》，江蘇文藝出版社 1996 年版，第 71～72 頁。

其所使用的體式又係以傳記小說出之，故於人物典型的塑造，情節的安排，殊亦顯得自然靈活而富有眞實性。至於描述的手法上，不管抒情、寫景、敘事、說理，無不意到筆隨，恰到好處，則尤爲此書的最大特色。」〔註9〕這是臺灣最早傳入大陸的關於《棘心》的接受文字。雖然由於論著所限，作者沒有展開「闡發」與「借鑒」的依據，但還是爲大陸重新敞開了《棘心》接受的意義潛勢與期待視野。隨後，沈暉發表《論皖籍臺灣女作家蘇雪林》一文，率先在大陸展開了對蘇雪林創作的全面重評。在文中，他策略地以「愛國主義」與「現實主義」爲定向的支點，將蘇雪林的創作巧妙地預設在時代的語境中。他說：「蘇雪林在《棘心》中寫母親寫母愛，始終把她與祖國聯繫起來，由寫對母親的眷戀來寄寓自己對祖國命運的繫念」。《棘心》的成功與可取之處在於，「作者以濃重的抒情色彩，眞實地再現了『五四』後期一部分小資產階級知識女性，在舊的理解逐漸被否定，新的認識又未能確立時那種脆弱而有所顧忌，仿徨而帶有傷感的精神面貌，作爲一個時代的記錄，是應該受到珍視的。同時《棘心》揭露了舊中國軍閥混戰給國家與人民帶來了災難，表現了作者對人民苦難生活的關切和對祖國命運的擔憂，顯示了「五四」以後新文學創作的現實主義特色，這也是要給予肯定的。」〔註10〕顯然，論者「適宜地」過濾了文本中濃厚的宗教氛圍，將文本中淡抹的愛國色彩與反戰內容濃抹放大，以現實主義的「眞實性」作爲「護身符」，將一個全新的蘇雪林和全新的《棘心》觀展示在接受者面前，不僅提供了新的時代語境下蘇雪林研究的新期待，也使隨後問世的「退坡論」〔註11〕成爲歷史的印痕。此後，《棘心》的傳播與接受迅速展開。

　　大眾傳媒當仁不讓地成爲傳播與接受的先行者與重要的傳播載體。1987年12月，上海書店率先影印出版了《棘心》的初版本，首印5000冊。隨後，安徽文藝出版社於1989年6月出版沈暉編輯的《蘇雪林選集》，印行2000冊，《棘心》赫然在列。二者形成《棘心》傳播的第一次衝擊波。1996年，安徽文藝出版社在蘇雪林百年華誕之際，再次出版沈暉編輯的4卷木《蘇雪林文

〔註9〕　陳敬之：《蘇雪林》，《現代文學早期的女作家》，臺北成文出版社有限公司1980年版，第138～139頁。
〔註10〕　沈暉：《論皖籍臺灣女作家蘇雪林》，《安徽大學學報》1985年3期。
〔註11〕　楊義：《中國現代小說史》，人民文學出版社1986年版，第285頁。

集》，印行 3000 冊，《棘心》收入第一卷。〔註 12〕1998～1999 年，在百歲老人蘇雪林回訪故鄉及逝世前後，國內再度掀起「蘇雪林熱」，不僅又出版發行了《棘心》單行本，還出版發行了作家的選本與文集。〔註 13〕這些選本都毫無例外地將《棘心》作爲重點作品收入其中，形成聲勢浩大的《棘心》傳播潮。在故鄉安徽，廣電媒體隆重報導了蘇雪林老人回故鄉的盛況，使《棘心》成爲蘇雪林文學創作的代名詞。特別值得一提的是，安徽人民廣播電臺 1999 年 9 月 18 日首播的蘇雪林老人的愛國情懷與創作成就的廣播文學節目《棘心不死綠天永存》，不僅深受廣大聽眾的歡迎，還獲得了中國廣播文藝節目一等獎。〔註 14〕由此可知，通過印行單行本、選本、文集以及運用現代傳媒等方式，全方位最大限度地擴大了《棘心》的影響，雖然這一傳播方式呈現出階段性與時效性。

與出版界的時效性與階段性傳播特點不同，《棘心》的接受呈平穩發展的態勢。就接受的主體而言，主要集中在專家學者與青年學生間，接受視閾也發生了轉向，由單純的對《棘心》文本的審美感悟轉向對文本價值意義的生成與認同，即：對其新文學史地位的謀求與確立。因此，展示《棘心》的文學史意義及醒秋形象的藝術特質，就成爲接受者實現跨越的主要視野。

（一）《棘心》的文學史意義

《棘心》是蘇雪林文學創作的代表作，展示《棘心》的文學成就，意在謀求並確立蘇雪林在新文學史上的文學地位。張文榮以蘇雪林與淩叔華創作風格的異同爲介入點，考察蘇雪林的創作在「五四」時期女作家群中的意義，持論有據。作者認爲：「淩、綠的創作，在『五四』那一特定的歷史時期，打破了我國傳統和諧、勻稱、整齊的審美規範，吸取了西方審美形式和審美風格的營養，不尚追求曲折離奇的情節波瀾，卻大多是事態的

〔註 12〕此書選用的《棘心》不是初版本而是作者 1957 年的增訂本。之後的選本亦多如此。

〔註 13〕單行本如，傅一峰選編：《棘心》，北京燕山出版社 1998 年 2 月版，印行 8000 冊；於青編：《棘心——蘇雪林作品經典》，北京群眾出版社 1999 年 9 月版，印行 5000 冊；選本如，傅一峰選編：《蘇雪林文集》（中國現代才女經典文叢）（上下），北京燕山出版社 1998 年 2 月版，印行 8000 冊；2001 年 4 月第 2 次印刷，印行 8000 冊；劉納選編：《蘇雪林代表作》，華夏出版社 1999 年 10 月出版，印行 4100 冊；等。

〔註 14〕《棘心不死綠天永存——介紹皖籍女作家、教授、學者蘇雪林》，《中國廣播》2001 年 4 期。

寫照和情感的自然表露，情節的淡化以及文字的散文化、詩化，在優美中
透出空靈、細膩中漾出清逸，接近其它女作家而又自有風格。凌淑華長於
用線條，用疏談的筆墨駕輕就熟地勾畫人物；綠漪則講究西洋繪畫的空間
透視感，作品中充滿了光的質感，流露出濃郁的詩情畫意。兩人的作品顯
示各自在對人物、景物、線條、光感上美學風格的差異。相同的是：她們
二人的創作和表現，皆得力於嫻熟的繪畫技巧，且先後到西方鑽研過文學
和繪畫藝術，其作品往往蕩漾著迷惘與悵然的氛圍，總能喚起讀者一種溫
情脈脈的哀憐與眷戀。她們的創作不啻是對中國現代文學作出了自己創造
性貢獻。將她們的作品從被遺忘的角落裏打撈出來、使她倆和『五四』時
期的女作家群——冰心、廬隱、馮沅君等同樣裁入史冊，才是公正的歷史
和歷史的公正。」〔註 15〕論者視野開闊，分析到位，令人信服。徐玉齡在
考察了蘇雪林的早期創作後認為：「《棘心》是反映新舊轉換時代女性追求
的第一部長篇小說，具有發端的意義。」〔註 16〕董太和從宗教的視野介入，
將《棘心》視作一部「蘇老早年為表達宗教給她以大無畏的精神和毅力使
她在家庭和自身種種問題的思考上作出她認為最合理的抉擇而隱而不露地
所寫的一部天主教文學或宗教文學，並開了宗教文學先河之作品。」〔註 17〕
李玲則從反對將蘇雪林定向為「閨秀派」作家的角度對其文學史地位作了
維護：「從創作《棘心》的二十年代開始，蘇雪林就根本不是一位封建守舊
的「閨秀派」作家。她以自己獨特的創作豐富了新文學的面貌，在二十世
紀的中國文學史中應該有著她較為重要的一席之地。」〔註 18〕沈暉又補充
道：「《棘心》是作者的自敘傳，以自己留學法國的經歷，展現五四後知識
女性在新舊文化交替、新思想舊道德碰撞時面臨人生抉擇的心路歷程，開
新文學描寫留學生生活長篇小說之先河。」〔註 19〕上述視界雖各有所異，
但確認《棘心》的文學史地位卻是接受者一致的認同訴求。

〔註 15〕 張文榮：《女性眾態寫真與自我寫真——論凌淑華、綠漪的文學創作》，《蘭州
　　　　　大學學報》1990 年 2 期。
〔註 16〕 徐玉齡：《略談蘇雪林的早期創作》，《安徽教育學院學報》1992 年 1 期。
〔註 17〕 董太和：《緬懷蘇雪林教授及其〈棘心〉》，上海教區光啟社 1994 年 3 月《天
　　　　　主教研究資料彙編》第 33 輯。
〔註 18〕 李玲：《蘇雪林屬於「閨秀派」嗎敍——蘇雪林〈棘心〉重評》，《福建論壇》
　　　　　1996 年 2 期。
〔註 19〕 沈暉：《論蘇雪林與五四新文學》，《中國文化研究》1999 年冬之卷。

（二）杜醒秋形象的典型性

確定《棘心》的文學史地位，還須認定主人公杜醒秋形象的典型性。楊劍龍認為，杜醒秋的形象具有一定的典型色彩。〔註20〕孟丹青則直接斷言：「蘇雪林的《棘心》深刻反映了二十世紀初知識分子在新舊道德觀、價值觀激烈交鋒時所產生的普遍的思想苦悶，仿徨與動搖，反映了他們最後不同的道德判斷與選擇，折射出動蕩不安的時代氣息，並且塑造了杜醒秋這個典型人物形象，為現代文學作出了自己的一份貢獻，並且佔據了一席之地。」〔註21〕王宗法也給予應和：「她是一個新型知識女性，她那種旺盛的求知欲、強烈的進取心、出眾的才華，正是『五四』思潮哺育出來的新女性所具有的典型特徵。值得注意的是，杜醒秋這些富於時代性的特點，是與她的獨異個性融合在一起的，從而與當時某些概念化的女性形象區別開來，成為特色鮮明的『這一個』。」「當我們在世紀末的今天重讀這部作品，尤其是從20世紀中國文學史的角度來審視這部小說，就不能不感到：這部小說的主要價值不在於母親形象的塑造，而在於知識女性杜醒秋性格的刻畫，因此而開拓了20年代小說創作的新生面。」〔註22〕顯然，上述視野雖然有新的建樹但同時也具有更大的挑戰性。

復興期的《棘心》接受還在文本的細讀以及研究方法的轉換上展示了有待實現的接受視閾，但總體而言沒有太多的亮點。

復興期《棘心》的傳播與接受取得了顯著的成績，特別是文本傳播實效顯著，前後二次強有力的衝擊波使蘇雪林和她的《棘心》不再成為陌生的話題，為文本的接受與深化奠定了良好的基礎。時代的語境使深入細緻的文本探討，鮮明而充滿張力的視界交鋒，多向開掘與多方呼應的接受環鏈成為現實，一批有待實現的期待視野，特別是對《棘心》文學史意義的展示與維護，成為這一時期最具時代意義與學術價值的接受視野，也因之使復興期的《棘心》接受與初興期的淺表卓然有別，彰顯出《棘心》接受的學術進展。但是，生成並不意味著認定，它們同樣面臨著實現跨越的挑戰。例如，《棘心》的文學史視野。有論者將《棘心》視為「反映新舊轉換時代女性追求的第一部長篇小說，具有發端的意義」。〔註23〕但據筆者統計，截止1929年5月，新文

〔註20〕 楊劍龍：《基督教文化的皈依，儒家文化的回歸——評臺灣作家蘇雪林的小說〈棘心〉》，《嘉應大學學報》1998年2期。

〔註21〕 孟丹青：《從〈棘心〉看蘇雪林的道德立場》，《江蘇社會科學》1999年5期。

〔註22〕 王宗法：《蘇雪林論》（上），《華文文學》2000年第2期。

〔註23〕 徐玉齡：《略談蘇雪林的早期創作》，《安徽教育學院學報》1992年1期。

學共出版長篇小說 36 部，〔註 24〕這其中「反映新舊轉換時代女性追求的」長篇小說就有張資平的《飛絮》（1926 年 6 月）、《苔莉》（1927 年 3 月）、《最後的幸福》（1927 年 7 月）、孫夢雷的《英蘭的一生》（1927 年 9 月）、汪錫鵬的《結局》（1929 年 1 月）等 5 部，「第一」的結論顯然有欠妥當。同樣值得推敲的還有「開新文學描寫留學生生活長篇小說之先河」說。〔註 25〕眾所周知，新文學第一部長篇小說《沖積期化石》（1922 年 2 月）就是一部以留學生為主人公，在較為廣闊的背景下展示與比較中日兩國及兩國青年或同或異的社會現狀、生活境遇、人物命運的文本，雖然結構混亂，但其開拓之功卻不可抹殺，更何況張聞天表現留美學生王鈞凱愛情與革命的長篇小說《旅途》也於 1925 年 12 月就刊行於世。即便以女作家為坐標，陳學昭於 1929 年 2 月出版的以留學生生活為題材的《南風的夢》，是新文學史上第一部由女作家創作出版的長篇小說。論者沒有建立起準確的文學史參照就生成有待實現的期待視野，不能不令人感到遺憾。再比如，醒秋形象的典型性。前文已述，早在《棘心》刊行之初，方英的斷言就成為《棘心》接受的既定視野為眾多接受者所公認，但有的論者將醒秋重新定向為「一個新型知識女性，她那種旺盛的求知欲、強烈的進取心、出眾的才華，正是『五四』思潮哺育出來的新女性所具有的典型特徵」，〔註 26〕或者認定「在新與舊的衝突中，從對舊禮教、舊道德的顧忌，到完全走向新思想、新道德的追尋，是她身上清晰可見的思想發展軌跡。」〔註 27〕或可再思。誠然，醒秋具有時代的新因素，但保留更多的或者說占主導地位的毫無疑問是傳統的思想與觀念，推斷她為「五四」思潮下的新女性的典型，或者言及「完全走向新思想、新道德」，恐難以令人信服。對此，蘇瓊的反駁更具有代表性。她說：「蘇雪林創作於 20 年代的作品，尤其是小說《棘心》，深刻地反映出新舊文化交替之際，知識女性特有的道德困惑」。「最初醒秋之去國離家，完全符合娜拉的『出走』模式；最終的妥協回歸，卻宣告了她的新思想在舊倫理面前的全線潰敗。這是與五四時代知識女性所傚仿的『娜拉』式截然不同形態的『逃離』。我們不無遺憾地看到，以反

〔註 24〕陳思廣：《中國現代長篇小說編年》（1922～1949），秀威信息科技股份有限公司 2010 年版，第 1～39 頁。

〔註 25〕《論蘇雪林與五四新文學》，《中國文化研究》1999 年冬之卷。

〔註 26〕王宗法：《蘇雪林論》（上），《華文文學》2000 年第 2 期。

〔註 27〕李玲：《蘇雪林屬於「閨秀派」嗎敘——蘇雪林〈棘心〉重評》，《福建論壇》1996 年 2 期。

對舊道德、提倡新道德爲旗幟的五四新思想的龍種，在蘇雪林那裏只收穫了跳蚤。她清楚地知道時代賦予的使命，卻無法承受背離舊道德框定的軌道所要支付的代價──名譽。醒秋以一種女兒心態愛母親、愛自然、愛神，正因爲她對他們有所依賴，她需要向之乞援並將感情寄寓其中，以求得精神解脫。她躲進母愛的翅膀、走向神的天國、渴望歸隱自然，換言之，即逃避社會、逃避現實。孰不知在激進的五四，如果沒有走向新的陣營，其最終結局就只能由保守而退回到傳統。」〔註28〕至於眾多的接受者將焦點集中在「醒秋是什麼」而不是「塑造得怎樣」，並以之作爲人物成功與否是具有典型性的標誌，是否還有舍本求末之嫌呢？

　　總之，80年來《棘心》的傳播與接受在生成與融彙過程中成績顯著，無論是初興期特定範圍的傳播與既定視野的生成，還是復興期全國範圍現代媒介的傳播以及多向視野的展示，都令人感到欣慰。雖然復興期對其文學史地位的確認與定向在知識性的視野中出現了不應有的錯位與誤讀，以至於無法生成接受者所公認的既定視野，美好的願望有待於更加努力的實現，但唯有在多向視野的修正、補充、完善中才能生成有待實現的既定視野，才能推進《棘心》傳播與接受的學術進展。這也是《棘心》傳播與接受的必然之旅。

〔註28〕蘇瓊：《悖離‧逃離‧回歸──蘇雪林20年代作品論》，《南京大學學報》2003年1期。

第三章　《倪煥之》接受的四個視野

　　談到1929～2010年葉聖陶長篇小說《倪煥之》的接受史，我們不能不從學界所周知的四個視野——扛鼎之作、教育——革命小說、小資產階級知識分子和現代人狀態說起。雖然「扛鼎之作」至今尚未定論，「教育——革命小說」與「小資產階級知識分子」因衍生於特定的時代與政治語境而最終淡出了人們的接受視野，「現代人狀態」方打開文本意義潛勢的新疆闊，但它們畢竟呈現出《倪煥之》接受的發展軌迹，確立了《倪煥之》接受的基本視閾，形成了接受者對《倪煥之》具體化的既定期待，顯示了《倪煥之》接受的學術水平，成爲《倪煥之》接受突破困惑、實現跨越所必須面對的接受視野。爲什麼會產生這樣的既定期待？它們爲我們介入文本帶來了怎樣的影響？《倪煥之》的接受如何才能突破困惑、實現新的跨越？這便是本章試圖解答的問題。

一、扛鼎之作

　　1928年1月20日，葉紹鈞的長篇小說《倪煥之》始刊於《教育雜誌》第20卷第1號，至12月20日第12號全部刊完。這是葉聖陶先生創作的第一部也是唯一的一部長篇小說。1929年5月12日，茅盾發表《讀〈倪煥之〉》一文，認爲：「把一篇小說的時代安放在近十年的歷史過程中的，不能不說這是第一部；而有意地要表示一個人——一個富有革命性的小資產階級知識分子，怎樣地受十年來時代的壯潮所激盪，怎樣地從鄉村到都市，從埋頭教育到群眾運動，從自由主義到集團主義，這《倪煥之》也不能不說是第一部。」而且「這樣有目的，有計劃的小說在現今這混沌的文壇上出現，無論如何，

不能不說是有意義的事。這樣『扛鼎』似的工作，如果有意識地繼續做下去，將來我們大概可以說一聲『五卅』以後的文壇倒不至於像『五四』時代那樣沒有代表時代的作品了。」〔註1〕這便是「扛鼎」一詞的由來。但是，錢杏邨對此並不認同。他說：「茅盾說，《倪煥之》是十年來的扛鼎之作，但我們卻不能說出《倪煥之》是如何的『扛』法。」〔註2〕「如其說是『十年來的代表時代的扛鼎之作』，我們不如說是結束了因五四的沖激而覺醒、而革命的青年。因為對革命的階段沒有明瞭的認識，看不慣革命的流血，顫慄消沉於恐怖之前，毀滅了他們的生命，終於在一九二七年毀滅了他們的生命，結束了他們的前途的扛鼎之作」。〔註3〕顯然，錢杏邨與茅盾的視野並不相同。之後，就《倪煥之》的時代性而言，大致形成了「扛鼎說」與「非扛鼎說」兩個陣營。贊成者有：蘇雪林、王瑤、楊義等，〔註4〕人數雖不算多，但因其擁有較高的學術地位，影響久遠；反對者有：朱明、舒又謙等，〔註5〕雖未成陣式但也是一個應予以回應的聲音。

那麼，《倪煥之》是否為「扛鼎之作」呢？我們先看茅盾的視野。茅盾之所以提出「扛鼎說」，理由有二：一是第一部將寫作的時代背景放在十年內的小說；二是第一部有意表現一個人受十年的壯潮所激蕩，「從鄉村到都市，從埋頭教育到群眾運動，從自由主義到集團主義」這一時代壯行的長篇小說。這兩個「第一」是當時長篇小說創作所未曾有過的。誠然，截止1929年8月前的中國現代文壇，長篇小說創作確實沒有出現像葉聖陶的《倪煥之》這樣將人物置於十年的時間跨度中予以展現的作品，也沒有在如此廣闊的時代背景下表現人物長度的長篇小說，對此，茅盾的斷言無疑是準確的。但錢杏邨又緣何予以反駁呢？原因仍然有二：一是自茅盾發表《從牯嶺到東京》後，錢杏邨就與茅盾的文學觀念、立場、方法等產生了嚴重的分歧，對茅盾的文

〔註1〕 茅盾：《讀〈倪煥之〉》，《文學週報》1929年第8卷第20期。

〔註2〕 剛果倫（錢杏邨）：《一九二九年中國文壇的回顧》，《現代小說》1929年第3卷第3期。

〔註3〕 錢杏邨：《批評與分析：關於〈倪煥之〉問題》，《文藝批評集》，神州國光社1930年版，第185～188頁。

〔註4〕 見蘇雪林：《新文學研究》，國立武漢大學1934年版，第162頁；王瑤：《中國新文學史稿》（上），北京開明書店1951年版，第228頁；楊義：《中國現代小說史》（第1卷），人民文學出版社1986年版，第322頁。

〔註5〕 見朱明：《讀〈子夜〉》，《出版消息》1933年第9期；舒又謙：《從兩方面批評》，《紫晶》1934年第6卷第2期。

學主張一概不由分說地予以反對。當他看到茅盾在《讀〈倪煥之〉》一文中重審無產階級的文學觀，重樹小資產階級的文學理想，繼續捍衛他在《從牯嶺到東京》中所表達的小資產階級的文學理念時，條件反射式地反駁就成為他堅守其文學立場的「本能性」反應；二是茅盾所依據的尺度是題材時間的長度，並非題材的表現力度，也就是說，小說表現了一個特定的時間範圍，而不是作家在這一特定的時長範圍內所展現的藝術表現力。而題材的長度並不代表藝術的力度，更不代表藝術的高度，只有長度與力度的完美結合才彰顯出藝術的高度，才具有「扛鼎」的資質。茅盾將長度等同於力度，等同於高度，自然欠其周密，也就給錢杏邨的反駁提供了罅隙。當然，錢杏邨的反駁具有鮮明的立場與強烈的反諷意味。其實，茅盾對《倪煥之》時代性的認識是另有判斷的。依據他對時代性的界定：「所謂時代性，我以為，在表現了時代空氣而外，還應該有兩個意義：一是時代與人們以怎樣的影響，二是人們的集團的活力又怎樣地將時代推進了新方向，換言之，即是怎樣地催促歷史進入了必然的新時代，再換一句說，即是怎樣地由於人們的集團的活動而及早實現了歷史的必然。在這樣的意義下，方是現代的新寫實派文學所要表現的時代性！」他認為：「時代的空氣，不用說是已經表現了的了……時代給與人們的影響，在倪煥之身上也有了鮮明的表現……但是倪煥之究竟是脆弱的小資產階級知識分子，時代推動他前進，他卻並不能很堅決地成為推進時代的社會活力的一點滴。」〔註6〕這說明，茅盾對文本時代性的把握是掌握著審美的尺度的，與《倪煥之》題材的廣度性所對應的「扛鼎」標尺並不統一，這也反映出茅盾評判《倪煥之》藝術貢獻的內在矛盾。一方面他從「寫了什麼」與「怎樣寫」的視野肯定《倪煥之》的開拓性意義，另一方面又從「寫得怎樣」的視野判定《倪煥之》還存在著某些不足，這就為後來者的維護帶來了難題：若以文本的時間長度斷言，標尺難以對榫；若以文本的力度斷定，又明顯存在瑕疵。於是，「扛鼎之作」僅成為文本時代性的一個表稱而尷尬地存在於《倪煥之》的接受視閾中，是否具備這一特性至今懸而未決。

二、教育小說與革命小說

　　《倪煥之》始刊於《教育雜誌》的「教育文藝」欄目，又是以鄉村小學教師倪煥之、校長蔣冰如等為主人公描寫他們十年來的半生歷程，被視為「教

〔註6〕茅盾：《讀〈倪煥之〉》，《文學周報》1929年第8卷第20期。

育小説」自在情理之中。茅盾就説，稱《倪煥之》爲「教育文藝」，「名副其實」。不過，他同時又將倪煥之視爲「一個富有革命性的小資產階級知識分子」，他所走過的道路是尋求革命的道路，雖然他「不是個大勇的革命者」，也「『不中用』，然而正可以表示轉換期中的革命的智識分子的『意識形態』。」〔註7〕可見，在茅盾眼裏，《倪煥之》雖是「教育小説」，但同樣具有「革命小説」的意味。而在錢杏邨看來，「把前十九章當作教育小説讀，那是一部很有力量的反封建勢力的教育小説」，後半部則是革命小説。〔註8〕蘇雪林也認爲，「前半部記述倪煥之小學教師的生活和學校的一切情形，更富有『教育小説』的氣氛，因而有人以此與魯索《愛彌兒》並稱……書中五四運動和五卅運動更寫得酣暢淋漓，有聲有色」。當然，也有作者乾脆認爲，《倪煥之》是好的革命文學，「從這一點上，《倪煥之》獲得了它的意義和價值」。〔註9〕也有一些接受者將《倪煥之》作爲思考在中國如何更好地實踐鄉村教育的經驗藍本，〔註10〕但大體而言，將《倪煥之》視爲「教育——革命小説」是《倪煥之》題材接受的中心視野。也就是在這一基礎上，茅盾所指出的《倪煥之》前後結構不均衡，即：「就故事的發展而言，就人物的性格的發展而言，《倪煥之》的前半部都比後半部寫得精密。在前半部，我們看見倪煥之是在定形的環境中活動；在後半部，我們便覺得倪煥之只在一張彩色的布景前移動，常常要起空浮的不很實在的印象。又在人物描寫上，前半部的倪煥之，蔣冰如，金佩璋都是立體的人物，可是到了後半部，便連主人公倪煥之也成爲平面的紙片一樣的人物，匆匆地在布景前移動罷了。因此後半部的故事的性質雖然緊張得多，但反不及前半部那樣能夠給我們以深厚的印象。」〔註11〕以及剛果倫的探因：「你看《倪煥之》的前十九章寫的是如何的開闊，自然，而以一個教育家的態度在分析教育界的情勢。但一牽涉到政治方面，他就不免立刻的顯示出他的隔膜以及他的局促來了。不僅他對於政治沒有正確的估量，科學的分析，對於參加了政治漩渦裏的『倪煥之』的思想與行動的轉變，他也就不能很科學追尋他的背景而加以描寫，只能作浮面的描繪了。他也只

〔註7〕茅盾：《讀〈倪煥之〉》，《文學周報》1929年第8卷第20期。

〔註8〕錢杏邨：《批評與分析：關於〈倪煥之〉問題》，《文藝批評集》，神州國光社1930年版，第185～188頁。

〔註9〕佚名：《倪煥之》，1930年1月20日《大公報·文學副刊》。

〔註10〕林嘉惠：《從鄉村教育的立場看》，《紫晶》1934年第6卷第2期。

〔註11〕茅盾：《讀〈倪煥之〉》，《文學周報》1929年第8卷第20期。

有用十一二章的地位來寫五四、五卅，一直到 1927 的年代了；他也只能用一場講演來描寫五四，一個示威來描寫五卅，以一次的白色恐怖來嚇暈倪煥之了。」〔註12〕為接受者所認可並轉化為既定視野，偶有的異議並未引起絲毫的響應。〔註13〕

那麼，將《倪煥之》視為「教育小說」，或「革命小說」，或「教育——革命小說」，會對其接受產生怎樣的影響呢？

先看「教育小說」視野的接受。自《倪煥之》問世以來，教育小說就是一個主要的介入點，但並無系統的展示，潘懋元的《從中國現代教育史的角度看〈倪煥之〉》是第一篇系統地從教育視野展示《倪煥之》教育意涵的論文。作者的主要觀點是：1、《倪煥之》的歷史價值，正是成功地反映了實用主義教育學說及其方法在中國推行的命運，從而在一定程度上揭露其錯誤的實質。2、《倪煥之》這部小說在現代教育史上深刻的意義，還在於它借助於生動而現實的藝術形象，有力地批判資產階級改良主義教育思想的錯誤，從而教育了千千萬萬的青年和教育工作者，直到今天，也仍然有它的教育意義。3、《倪煥之》通過金佩璋和上海的女子中學密司殷等所受的教育，反映當時女子教育的變化發展。4、在《倪煥之》中，作者分析了受「五四」運動所影響的、要求進步、追求理想的三種類型的知識青年及其所走的道路，並且從他們的相互對照中反映了在這個歷史時期知識青年精神面貌的複雜性及其所走的道路的多樣性。正因這樣，才更顯示這部作品的時代性和教育意義。5、《倪煥之》，從中國現代教育史的角度來看，它不但現實地反映了從五四運動前後到大革命時期的教育情況，而且生動地描繪了當時的教育活動和形象地刻畫了當時的教育思想鬥爭，是中國現代教育史這門課程的一部有價值的參考書。〔註14〕論者全面深入地從教育學的視閾考察了《倪煥之》的創作價值，提出了不少富有啟示意義的視野，雖然在今天看來個別視野有其時代的局限性，但它代表了 1929～1979 年間教育小說視野的接受水平。令人遺憾之處在於，由於作者完全從教育學的視閾考慮《倪煥之》的文本價值，偏離了《倪煥之》作為文學的審美本性，至使後來的接受者難以從文學的視野中與之承接，從而成為一個單閾的接受閾值。持「教育小說」觀的還有萬嵩。他認為：

〔註12〕剛果倫：《一九二九年中國文壇的回顧》，《現代小說》1929 年第 3 卷第 3 期。
〔註13〕佚名：《倪煥之》，1930 年 1 月 20 日《大公報・文學副刊》。
〔註14〕潘懋元：《從中國現代教育史的角度看〈倪煥之〉》，《廈門大學學報》1963 年 1 期。

「這個長篇的前半部主要是描寫倪煥之對『理想教育』的探索，後半部則是描寫他對做一個『革命教育者』的追求，前後內容雖然有別，但從題材的性質看，仍然是教育的題材。」因此，作者所塑造的系統的教育工作者的形象體現出文本的審美價值。〔註15〕視野看似有新意，但深度顯然不足。

再看「革命小說」視野的接受。受時代思潮的影響，將《倪煥之》視為「革命小說」是 1951～1981 年間佔據主導地位的接受視野。方白率先肯定作者「寫出從辛亥革命到五卅運動這一期間某些小資產階級知識分子的真實面貌和他們走向革命的曲折道路，這正是小說成功的地方。」〔註16〕陳尚哲也指出：「否定了個人主義和改良主義的思想，指出知識分子所應走的正確的道路，即群眾的革命鬥爭的道路；當革命遭到失敗後，受著嚴重的血的考驗的時候，肯定了革命的未來的希望，這就是『倪煥之』這本小說所體現出來的基本思想，也就是它在思想上所獲得的最根本的成就。」而對黨的組織活動和黨的領導方面寫得模糊不清，不生動明晰，如王樂山，更看不見它如何在革命運動中起組織作用和領導作用，是這部作品的局限，也影響了作品的真實性與思想性。〔註17〕這一視野在 70 年代末仍然有接受者予以維護：「通過倪煥之、蔣冰如新教育試驗的失敗結局，形象地宣告了改良主義的破產，並提出了『有組織地』去改造社會的問題。這是長篇小說《倪煥之》在主題思想上取得的一個重大成就。」「它形象地啟示人們特別是知識分子：倪煥之所走的道路，是一條死胡同；主觀上要求革命的知識分子，如果還想沿著倪煥之的道路走下去，其結局，也只能是悲觀絕望，碰壁而死。葉聖陶描寫的這個人物及其生活道路的思想意義就在這裏。」〔註18〕這與蔣運榮的總結頗為相似：「從整體來看，從發展上看，倪煥之所走的道路是一條通向革命的道路。小說的成功之處就在於它典型地概括了二十年代傾向革命與進步的小資產階級知識分子所走過的道路：從自由主義到集團主義，從埋頭教育到群眾運動。如果說確實存在著『一條死胡同』的話，那應該是在倪煥之埋頭於教育改革之時，而不是他已經走上群眾運動之後。真正的『死胡同』是『教育救國』，

〔註15〕萬嵩：《中國現代「教育小說」的高峰：〈倪煥之〉》，《西北師大學報》1988年1期。

〔註16〕方白：《讀葉聖陶的〈倪煥之〉》，《文藝報》1953年第15期。

〔註17〕陳尚哲：《論葉聖陶〈倪煥之〉》，《躍進文學研究叢刊》第1輯，上海新文藝出版社，1958年版，第116頁。

〔註18〕金梅：《「五四」前後小資產階級知識分子思想歷程的真實寫照——讀葉聖陶的長篇小說〈倪煥之〉》，《文史哲》1979年3期。

這已被『五四』運動以來的歷史所一再證明了的。」〔註19〕這些視野在今天
看來早已失去了新拓的意義，也失去了駁辯的價值，但作為一個歷史的印痕，
它記錄著《倪煥之》接受曾經走過的歷程。

最後看「教育——革命小說」視野的接受。這是一個令接受者最為尷尬
的接受視閾。前文已述，教育視野雖起始並不系統但在 60 年代中期畢竟有
了較顯力度的成果，革命視野也一度成為時代的主導視野，而「革命——教
育」視野則基本是前二者視野的綜合性生發，並無實質性的超越，且僅在金
梅肯定《倪煥之》的藝術價值時發揚光大：「《倪煥之》的主要成就在兩個方
面。一是通過主要人物倪煥之和他的『同志』、小學校長蔣冰如，在鄉鎮試
驗所謂新教育的過程——他們的幻想、奮鬥和最終失敗，形象地宣告了盛行
於『五四』前後的所謂『教育萬能論』等改良主義思想的破產，從反面印證
了只有變革社會制度，中國才能有真正出路的真理。二是通過倪煥之這個小
資產階級知識分子典型人物的生活道路和思想演變，描繪了從『五四』運動
到一九二七年大革命失敗這十年間的歷史面貌，和活動於這一歷史過程中的
一部分小資產階級知識分子的思想面貌和精神狀態。」「通過倪煥之、蔣冰
如新教育試驗的失敗結局，形象地宣告了改良主義的破產，並提出了『有組
織地』去改造社會的問題。這是長篇小說《倪煥之》在主題思想上取得的一
個重大成就。」〔註20〕當「革命」一詞不再時尚，接受者也不再將倪煥之的
人生之路看作是尋求革命的既定之旅，而看作是對自身理想的一種苦尋，一
種心靈的季動時，「革命」一詞失去了原有的光環，「教育——革命」的視閾
也隨之轉換。對此，楊義對《倪煥之》藝術價值的評價就很有代表性：「小
說以小學教員倪煥之在人生道路上的摸索探求為主線，眉目清晰地勾勒出自
辛亥革命前後、到『五四』運動、再到『五卅』運動和大革命失敗這十餘年
間社會狀況和時代思潮的變遷，並在這個廣闊的背景下，展示了教育界形形
式式知識分子的精神面貌，著重捕捉了以倪煥之為代表的進步知識分子由企
圖以教育改造社會，到接受組織民眾以轉移社會的觀念這個相當完整的心靈
歷程。」〔註21〕它表明，以「革命」的視野審視《倪煥之》藝術品格的接受

〔註19〕蔣運榮：《讀〈倪煥之〉》，《東北師大學報》1981 年 3 期。
〔註20〕金梅：《「五四」前後小資產階級知識分子思想歷程的真實寫照——讀葉聖陶
　　　　的長篇小說〈倪煥之〉》，《文史哲》1979 年 3 期。
〔註21〕楊義：《中國現代小說史》（第 1 卷），人民文學出版社，1986 年版，第 319～
　　　　320 頁。

視閾已沉入歷史，「教育——革命小說」的接受也轉換爲「教育——理想（或心靈）小說」的新視閾。這不僅是接受視野的轉換，更是接受觀念的轉換，也標誌著《倪煥之》接受視野重構與轉型進入了新的歷史階段。

三、小資產階級知識分子

小資產階級知識分子是接受者對倪煥之這一形象的身份說明，如前所引，這一稱謂最早出自茅盾，上世紀 50 年代後至 80 年代初期成爲標識倪煥之身份且稍顯貶義的代名詞，80 年代中後期「小資產階級」的帽子無形飄落，倪煥之的身份遂以「知識分子」稱之。1950 年代，是意識形態的轉型期，舊時代的知識分子往往被稱爲小資產階級知識分子。知識分子與資產階級相伴聯，在一元化指導思想確立與二元對立的時代語境下，小資產階級知識分子便成爲改造與批判的對象。自然，有關倪煥之形象的接受也被先驗地置於改造與批判的歷史語境中。爲了更好地說明這一問題，我們先援引毛澤東同志關於知識分子的一段名言：「廣大的知識分子雖然已經有了進步，但是不應當因此自滿。爲了充分適應新社會的需要，爲了同工人農民團結一致，知識分子必須改造自己，逐步地拋棄資產階級的世界觀而樹立無產階級的、共產主義的世界觀。世界觀的轉變是一個根本的轉變，現在多數知識分子還不能說已經完成了這個轉變。我們希望我國的知識分子繼續前進，在自己的工作和學習過程中，逐步地樹立共產主義的世界觀，逐步地學好馬克思列寧主義，逐步地同工人農民打成一片，而不要中途停頓，更不要向後退，倒退沒有出路的。」〔註 22〕毛澤東的這一關於知識分子的基本認識，在當時無疑是具有指導意義的接受視野。依照這一指導思想，接受者開始重新審視小資產階級知識分子倪煥之的形象，小說的得與失也圍於對這一指導思想的闡釋與比照上。也正因此，下列視界重合視野交融的尷尬成爲那個時段極爲普遍的現象。「倪煥之的確是一個典型的五四時代的小資產階級的空想家」；〔註 23〕「倪煥之的形象……反映出資產階級改良主義在中國的破產，反映出受著資產階級思想羈絆的小資產階級知識分子越來越被革命運動所吸引，反映出小資產階級知識分子走向革命的過程是一個艱苦的自我改造的過程」；〔註 24〕「倪煥之是個有理想、有熱情而不切實際、感情脆弱的小資產階級知識分子，他曾經

〔註 22〕毛澤東：《關於正確處理人民內部矛盾的問題》，1957 年 6 月 19 日《人民日報》。
〔註 23〕方白：《讀葉聖陶的〈倪煥之〉》，《文藝報》1953 年第 15 期。
〔註 24〕姚紅：《談談〈倪煥之〉》，《文學書籍評論叢刊》1959 年第 5 期。

隨著時代的潮流掙扎向前，但所經歷的道路是曲折的，前進的速度是遲緩的，而且最後終於還是沒和革命的主流結合，在消極失望的情況下含悲死去。在辛亥革命至大革命那階段，像倪煥之這樣的人物在現實中為數是不少的。倪煥之這人物有著廣泛的代表性，他身上所體現的歷史內容是非常豐富的。相當真實地創造了一個具有歷史性的小資產階級知識分子的典型人物，這就是這本小說的主要成功和價值所在」〔註25〕以及「葉聖陶塑造的倪煥之這個典型形象，還包含著這樣一層更深刻的意義，即：有理想，有熱情的小資產階級知識分子，只有克服了倪煥之似的性格感情上的那些弱點，才能避免倪煥之所遭到的悲劇結局。而克服那些弱點的道路，就在於實行和工農群眾相結合。」等。〔註26〕於是，對倪煥之形象的否定也隨之而來。例如：「倪煥之雖然是一個有相當典型意義的知識分子，但還不是一個成功的血肉豐滿的知識分子的典型；就倪煥之的整個形象來看，仍舊是發掘得不夠豐富和深厚的。作者沒有很好的通過對人物內心深處各種矛盾的揭露，使形象的思想和性格變得愈加複雜化與深刻化。」〔註27〕不過，這種從某種既定的理念出發預設人物的接受視閾進而斷定文本得失的接受模式雖在50～70年代極為盛行，但在 80 年代年代已開始轉向。馮光廉就認為：「實際上，倪煥之正是這樣的帶矛盾性的小資產階級知識分子：在革命的高潮中，他較多地看到了革命的積極的一面，思想比較明朗，樂觀；而在革命進入低潮、環境變得極為險惡的時候，又苦悶消沉，感性的認識，不能切實地轉化為理性的自覺，感情上對工人的熱烈讚頌，不能真正地轉化為堅定的信賴。這正是小資產階級知識分子思想特性的一種表現。我們以為，應該按照這樣的思想分寸，來考慮『全然兩樣的人』的內涵的規定性，實事求是，力求做到既不拔高，也不壓低。」〔註28〕80 年代中期後，這一理念的接受模式漸行漸遠，終至淡出，人們對倪煥之的接受重新回到知識分子——回到現代人的視閾中來。

〔註25〕公蘭谷：《葉聖陶的〈倪煥之〉》，《現代作品論集》，中國青年出版社 1957 年版，第 47 頁。

〔註26〕金梅：《「五四」前後小資產階級知識分子思想歷程的真實寫照——讀葉聖陶的長篇小說〈倪煥之〉》，《文史哲》1979 年 3 期。

〔註27〕陳尚哲：《論葉聖陶〈倪煥之〉》，《躍進文學研究叢刊》第 1 輯，上海新文藝出版社，1958 年版，第 125 頁。

〔註28〕馮光廉：《含蘊豐富　寓意深長——〈倪煥之〉最後一章蠡測》，《山東師院學報》1980 年第 6 期。

四、現代人狀態

「現代人狀態」是德國學者顧彬提出的新視野，是他從現代性的視閾對《倪煥之》進行解讀後給出的閾值。他將小說放入 20 世紀世界現代化的視野中，審視中國人在現代觀念的衝擊下產生的現代人狀態，從而使《倪煥之》有了全新的解讀。他認為，《倪煥之》是一部表現現代人內心意義失衡與彷徨的書，小說不僅指出主人公倪煥之在面對中國社會向現代性轉換中所承受的不能解脫的彷徨，而且揭示出現代性在根本上改變了中國作為一個詩歌古國的內在基礎——民族文化的整體感。他說：「這部小說是中國現代小說的最初代表作之一。盧卡契的基本思想是：由於整體性的終結，即『生活的內在意義』瓦解了，人變成了一個尋覓者和一個浪遊者。在他與上帝的分離中，在他的先驗性的無家可歸中，人認識到他自己和他的整個存在都是成問題的。」以此觀倪煥之，他便處於「現代性的無家可歸」之中和徘徊在想像和現實之間的根本性的、不可調和的衝突中。「面對這個衝突，現代人驚慌失措。他深知：他已不能在『此時此地』的生活中得到滿足和實現」，他感到徹底空虛而不可依靠。關於過去的可能性和昔日的希望的記憶使現在索然無味，希望已經惡化成為致命的無聊的內在空虛，在未來的某一點上結束。因此，「他失敗了，失敗來自於他內心的彷徨，而不是外在的阻礙。」「在倪煥之這個形象上，葉聖陶描寫了一個處於持續變動的世界中的現代人的狀態。年輕抗議者在現實中不是去尋找一個新的堅固的意義以接替已經瓦解的舊秩序。他的生活只是對人生舞臺上的表演者的模仿和自畫像。在整部小說中，不斷重複出現『人生如戲』的寓言。……伴隨著每次對意義的新尋找，倪煥之不斷改變表演場景。這表明，不僅永恒的基本統一破裂了，而且任何可以短暫依靠的統一也喪失了。這個失敗的歷程是一個從夥伴（學校），通過婚姻（與金佩璋結婚），到集體（革命）的過程。它終止於中國知識分子開始重新確立他們的位置。在拯救個體自我設計中，個體自由的成份減少，國家民族解放的成份增加。」「主人公倪煥之是意義不斷喪失的一個活標誌；生活為他的目的提供的一切意義都被他內心的空虛毀滅。」「在充滿鬥志的瘋狂的倪煥之身上，同時是生活著預言家和閒聊者、演員和觀眾。」「在這個意義上，《倪煥之》的結論尤其值得考慮。敘述人不是簡單地否定在一系列事件發展中的那個問題成堆的主人公，而是讓過去的朋友和同事，教師蔣冰如來表明：只有堅持在一個小地方工作、關心和教育孩子，才能為未來建設一條真正新的和有希望的道路。當時占主導地位的精神主張有價值的教育是

爲革命服務的教育。葉聖陶批判了這種精神,他的批判匯合了兩個重要的思想:歌德式的通過工作克服痛苦的座右銘和魯迅『救救孩子』的呼喊。」〔註29〕顧彬的這一視野令人茅塞頓開,彷彿柳暗花明般敞亮了《倪煥之》接受的新視閾,爲重構倪煥之形象的衡定性與經典性打開了通道。它使接受者不再局限於教育與革命的表象之爭,也不再深陷於政治與階級的陷阱之中,而是將視野調向世界範圍內的人的現代化的語境中,思考倪煥之作爲一個現代意義上的人在現實與精神的雙重困擾下產生的精神現象與時代焦慮,思考一個現代人如何從物質到精神、從理想到現實、從個人到家庭、從家庭到社會的過渡與轉換中所應完成的身份認同,他所經歷的幸福與快樂、失望與憂愁、痛苦與迷惘、焦灼與悲傷,是現代人邁向現代世界時必須直面的精神體驗與現實困惑。不幸的是,倪煥之在這個時代的精神歷練中內心準備不足,未能適應並扛住這一風暴的衝擊從而體現出現代人迎立時代的精神脈相,但它留給後人的思考依然是久遠的:面對現代,倪煥之們是否已做好了準備?他們是否眞正進入了現代?什麼樣的精神脈相才是倪煥之們所應生發與具有的現代人狀態?他的悲劇將引發出我們怎樣的思考?等,一系列發人深省的問題。這就使《倪煥之》的接受呈現出開放的視閾,顯示出巨大的闡釋力。毫無疑問,這是目前爲止《倪煥之》接受最具新拓的基點,是倪煥之形象的解讀最具「人學」意義的有效視閾。

　　綜上,「扛鼎之作」由於接受的標尺不一,僅成爲文本時代性的一個表稱尷尬地存在於《倪煥之》的接受視閾中,是否具有這一特性至今懸而未決;「教育小說」則多著眼於文本所展示的教育內涵,不免偏離文學的審美軌道;「革命小說」又將文本的審美意涵維繫在革命的意義上且過於理念與主觀;「教育——革命小說」時過境遷視野不再。這種各據視野、視界分化的接受場閾,使得《倪煥之》的接受雖起步早但卻進展緩慢,視界重合、視點重複、時過境遷成爲《倪煥之》接受令人遺憾的存在。顧彬的「現代人狀態」視野將小說放入 20 世紀世界現代化的語境中,從現代性的視閾審視中國人在現代觀念的衝擊下產生的現代人狀態,使《倪煥之》獲得了全新的解讀,實現了《倪煥之》接受的新跨越,爲《倪煥之》的接受打開了新疆閾。我相信,隨著這一視野的進一步豐富與敞開,《倪煥之》的接受必將開啓新的一頁。

〔註29〕顧彬:《德國的憂鬱和中國的彷徨:葉聖陶的小說〈倪煥之〉》,《清華大學學報》2002 年 2 期。

第四章 張資平長篇小說接受
研究的三個關鍵詞

　　1959 年 12 月 2 日,在安徽白茅嶺勞改農場服刑改造的張資平,因病去世,在孤苦與寂寞中走完了他 66 年的人生歲月。這位曾紅極一時的作家此刻風光不在,子女成群的他全由政府料理了後事。但是,張資平這個名字無論在他生前還是身後,始終是一個聚訟紛爭的話題。雖然這個爭論曾因「漢奸文藝」的罪名而一度無聲,但隨著時間的推移,張資平的名字又悄然回到了人們的視野,特別是近年來似有升溫之勢,張資平的一些作品得以重印,其文學史意義得以重新發掘。照理說,傳播接受中的見仁見智極為正常,對於曾是「漢奸」的張資平的文學創作進行重評也並非不可理喻,只要這個評價是客觀的,符合實際的,是尊重歷史的,並無不妥。但是,有些接受者認為:「張氏巨大的文學成就和深遠的歷史影響與已有的文學史評價極不相稱」,〔註 1〕甚至斷言說:「在現代文學史上,他是佔有重要的一席,無論怎麼抹煞,也是辦不到的。沒有對他的正確評價,一部現代文學史就很難說是公正、客觀與完整的」,〔註2〕則又走向了另一個極端。之所以會出現這一視野,我以為,除卻論者的主觀性傾向以外,還與接受者對張資平其人其作的一些重要現象如改作的失察,以及對張資平三角戀愛小說的藝術價值及其先鋒性的理解偏頗有關。鑒於張資平的長篇小說創作代表了他的藝術成就,而「改作」、「三角戀愛」、「先

〔註 1〕 巫小黎:《張資平小說思想價值與歷史影響的再認識》,《廣東社會科學》,2006
　　　　 年第 6 期。
〔註 2〕 譚元亨:《重新釋讀「五四」時期情愛小說——兼論張資平及其情愛小說的歷
　　　　 史評價》,《廣州大學學報》2002 年 9 期。

鋒」三詞又恰恰關聯張資平其人其文的文學價值與歷史地位，故本章以長篇小說爲中心，圍繞張資平小說接受研究的三個關鍵詞探析其創作得失，並就其文學價值及其地位做進一步的探討。

關鍵詞之一：改作

　　「改作」是談及張資平的小說創作首先面臨的重要問題。我們知道，張資平的小說創作起始於 1920 年 11 月在《學藝》雜誌第 2 卷第 8 號上發表短篇小說《約檀河之水》，之後又於 1922 年 2 月出版了新文學第一部長篇小說《沖積期化石》，但這並沒有引起人們過多的關注，僅有翼野發表了 700 餘字的小文《讀〈沖積期化石〉之後》，但沒有說出什麼所以然來。〔註3〕《約檀河之水》得到了郁達夫的讚賞，《沖積期化石》卻遭到了批評家的批評，一致認爲情節冗長，結構散漫。如朱自清在 1922 年 3 月 26 日致俞平伯的信中說：「《沖積期化石》結構散漫，敘次亦無深強的印象，似不足稱佳作。」〔註4〕茅盾以「損」的筆名寫道：「今年春看《沖積期化石》，覺得反差些，那中間原有幾段極能動人，但是那回憶太長，結構上似乎嫌散漫些，頗有人看得嫌膩煩。」〔註5〕成仿吾在給郭沫若的信中也認爲：「這篇小說，Composition 上有大毛病，首尾的顧應，因爲中間的補敘太長，力量不足。並且尾部的悲哀情調，勉強得很。作者的議論也過多，內容也散漫得很。」〔註6〕可以說，《沖積期化石》的結構散漫是不爭的事實。儘管如此，此時的張資平仍在勉力創作，還出版了短篇小說集《愛之焦點》（1923）、《雪的除夕》（1925）、《不平衡的偶力》（1926）等，但直到長篇小說《飛絮》的發表，張資平的大名才不脛而走，成爲青年人追捧的對象。對此，楊家駱說，張資平「初期的創作如《沖積期化石》、《愛之焦點》等出版後，一班青年尚對之平平，自本書出版後，方得到許多青年的熱烈歡迎，稱爲現代戀愛小說的典型作家」。〔註7〕的確，《飛絮》發表後，張資平迅速躥紅，上海創造社出版部也在半年內將《飛絮》印刷三次，印數達 4000 冊。至 1931 年 4 月共印行 12 版，26000 冊，若包括至 1934 年 3 月上

〔註3〕 見本書附錄一。
〔註4〕 見《朱自清全集》第 11 卷，江蘇教育出版社 1998 年 3 月版，第 120 頁。
〔註5〕 損：《〈創造〉給我的印象》，1922 年 5 月 11 日上海《時事新報・文學旬刊》37 期。
〔註6〕 《通信：致沫若》，1922 年 12 月上旬《創造季刊》第 1 卷第 3 期。
〔註7〕 楊家駱：《民國以來出版新書總目提要》，1936 年 5 月辭典館初版，第五～74 頁。

海現代書局印行的 6 版、1936 年 5 月復興書局再版和 1936 年 10 月上海開明書店印行的 7 版，總印數當在 5 萬冊左右。這在當時絕對是一個值得誇耀的數字。但是，關於《飛絮》的創作，張資平在《序》中這樣寫道：「暑期中讀日本《朝日新聞》所載『歸ル日』，覺得它這篇描寫得很好。暑中無事想把它逐日翻譯出來，弄點生活費。因為那時候學校無薪可領，生活甚苦。天氣太熱又全無創作興趣。每天就把這篇來譯，一連繼續了一星期。但到後來覺得有許多不能譯的地方，且讀至下面，描寫遠不及前半部了，因之大失所望，但寫了好些譯稿覺得把它燒毀有點可惜。於是把這譯稿改作了一下，成了《飛絮》這篇畸形的作品。後來因為種種原因及怕人非難，終沒有把這篇稿售去。本社出版部成立後，就叫它在本社出版物中妄佔了一個位置，實在很慚愧的。」「總之這篇《飛絮》不能說是純粹的創作。說是摹仿『歸ル日』而成作品也可，說是由『歸ル日』得了點暗示寫成的也可。」1926 年 10 月 5 日《創造月刊》第 1 卷第 1 期《飛絮》的廣告也說該作是「女性第一稱，自敘體的長篇創作，是作者讀了一部日本小說，受著感興而寫成」。可見，這是一篇帶有改寫性質的長篇創作，結構均衡當與作者仿照《朝日新聞》所載長篇小說《歸ル日》的篇幅有關，其故事線索一改《沖積期化石》的紊亂而為明瞭，人物亦由模糊而為較清晰，在表現手法上亦擅於細緻地刻畫人物心理，並對人性弱點亦能展開較為深刻的藝術揭示，應是巧於「借鑒」的結果。因此，《飛絮》雖是張資平的第二部長篇，與《沖積期化石》相比亦有質的提高，但因是改寫非原創，其藝術地位不宜高估。同樣，《愛力圈外》也是一篇改寫之作。小說一發表就有人指出該作並非張資平原創，張資平只好於 1929 年 12 月 1 日在他主編的《樂群》月刊第 12 期上，刊載了這樣一條文壇消息：《〈愛力圈外〉不是張資平的創作》。全文如下：「在樂華書店出版的《愛力圈外》一部是張氏由一篇日本小說翻案來的，一部是他自己加添上去的。關於這項，他寫了一封信來要本欄代為聲明。今將來函抄後：『《愛力圈外》一部分是據一篇日本小說翻案的，曾在原稿後聲明，要求樂華書店印出，但後來給樂華書店刪去未印，只好借《樂群》月刊的國內文壇消息欄代聲明一下，以重責任。前在《大眾文藝》發表一部分時，亦曾請該刊主編者在編後裏聲明。又及。』」同時又刊登另一條消息「張資平太忙了」為其暗尋託詞。讀者看到張資平承認《愛力圈外》是改寫之作，也就不再予以深究，但張資平卻認為風頭已過，立刻就在一個月後即 1930 年 1 月再版 2000 冊，至 1932 年 12 月已印行 7 版，

發行 13500 冊,對「改寫」一事更是諱莫如深了。更有甚者,張資平將日本沖野岩三郎的同名小說《群星亂飛》翻譯後,直接署名出版,不僅至 1937 年 5 月已印行 5 版,而且 1943 年 6 月又由長春大東書局改名《一代女優》繼續出版,徹底喪失了一個文化人的道德操守而蛻化爲一個唯利是圖的小人。其實,張資平的改寫並非始於《飛絮》,早在其創作初始(1924 年)就已現端倪,〔註 8〕只是因爲未被及時察覺,而後變本加厲直至厚顏無恥。一些研究者失察於張資平的改作現象,並對這些改寫之作予以好評,〔註 9〕甚至有學者以此反駁他人指責張資平以生物學的觀點和眼光觀察、描寫人的性本能和性心理,〔註 10〕就有待於再思了。以上僅是筆者所知所舉,由於材料所限,目前尚無法統計出張資平一共有多少部(篇)小說是改寫之作,如若不少於本文所論及的這些,那麼,當如何評介張資平的文學史地位呢?

關鍵詞之二:三角戀愛

眾所周知,「△」是魯迅在《張資平氏的「小說學」》中對張資平戀愛小說書寫的經典概括,雖說不能完全涵蓋張資平長篇創作的全部,但大體是準確的。據筆者統計,在張資平創作的十餘部長篇小說中,除《沖積期化石》、《脫了軌道的星球》與《明珠與黑炭》外,其它均與三角戀愛甚至多角戀愛有關。如《苔莉》寫苔莉與國淳、謝克歐的情欲糾葛,《最後的幸福》寫魏美瑛與淩士雄、黃廣勳、松卿、阿根間的靈肉衝突,《愛之渦流》的女主人公陳梅仙先後與文俊英、羅洪元、羅啓元三個男人有染,《紅霧》中的麗君先後委身於李梅苓、耿至中、嚴子璋、陳編輯等等。問題不在於這些作品寫了幾角戀愛(中外文學史上寫三角戀愛的名作不勝枚舉,即便是同時代的郁達夫也寫過不少三角戀愛的小說),而在於張資平以怎樣的邏輯起點書寫了主人公之間的戀愛關係,在思想藝術上是否體現了新文學的水平?代表了新文學的高度?

首先,在邏輯起點上,張資平小說書寫的是人性中惡的充滿原欲欲望的本能的性愛,而非人性中善的充滿理性的情感火花,兩性間之所以產生情愛多是源於肉體的本能的衝動,因此,佔有或滿足就成爲主人公首要的情愛需

〔註 8〕 於九濤:《是模仿還是改編——關於張資平的〈梅嶺之春〉及其他》,《書屋》,2004 年 8 期。
〔註 9〕 范伯群、曾華鵬:《論張資平的小說》,《文學評論》1996 年 5 期。
〔註 10〕 張華:《論張資平的小說創作》,《文史哲》1999 年 4 期。

求，也是生活的全部意義，而性愛的失落就是人生最大的痛苦，是人生不幸的本源。正值盛年的美瑛將生存的全部意義歸結為得到滿足的性生活，當自己的婚姻無法實現這一意願時，她很快將妹夫黃廣勳作為滿足的對象，看到黃廣勳只是為圖一時的快樂，她又移情於昔日的情人松卿以求「性」福（《最後的幸福》）。菊筠決意與男傭筱橋同居是因為她聞到了一種三個月所未能聞到的男性所特有的刺激性氣味（《愛力圈外》）。而克歐追求苔莉的動因是難以抵擋她雪白膨大的乳房的誘惑，而一旦苔莉託付於他，他便無節制地貪圖享受，直至染病而雙雙殉情（《苔莉》）。這種將人等同於動物，將人的情愛起點等同於原欲的實現與性欲的滿足的觀念，完全背離了「五四」反封建的時代精神而淪為小市民庸俗層面上低級媚俗的描寫，其審美性自然大為降低。後來張資平乾脆直寫肉欲的戀史，甚至是亂倫的戀史、動物的戀史，其低下無聊的品味早為世人所唾棄，更奢談新文學的水平，高度。對此，朱壽桐說：「所有的男女都是上述面孔，他們的思想動機和意志行動也基本一致，這便是我們為什麼不逐個地分析張資平的代表作品，而僅僅用點示法來例舉實證的原因。張資平終於只能描畫出青年男女各一副這樣的面孔，終於只能摹寫出他們這種共同的『愛情心理』，終於只能述說出他們這樣一般的性格風貌。而且，他們之間的『愛』的表示總不外乎直接或間接的挑逗……『愛』的實現也不外乎男的要求——女的拒絕——男的感到灰心，意氣消沉——女的趕忙安慰，賣情陪俏：俗不可耐的『四部曲』！顯然，這方面的小說都是在一種定型的表現趣味指導下的一種固定程序的生產物，有如機軋模鑄一般，絕無『創作』的痕跡。而張資平這些作品還多得令人不堪卒讀。這些作品固然不能稱為過得去的文學作品，考慮到它們是在作家『創作』意識基本喪失的情況下『生產』出來的，我們甚至可以討論它們可否算是文學！」〔註11〕

其次，在情節處理上，張資平多將女主人公置於多個男性之間，以婚姻錯位為起點展開靈與肉的衝突，而且女主人多是婚後性生活得不到滿足，男人則是能在此方面填補她的空虛；女主人公多是性感早熟，富有曲線美，男人則是身健體魄，富有剛性美；於是吸引，於是同居，於是享受，於是染病，於是殉情。不僅中國人之間因之生情而生變，日本將門之女花子與高麗商人李明年、日本巡捕池田名竹、中國留學生丘景山之間也因之生變而淪落，實

〔註11〕 朱壽桐：「脫了軌星道的星球——論創造社作家張資平」，《文學評論》，1989年 1 期。

在令人匪夷所思。如果說這類情節的設置僅僅是個別現象或可理解，但張資平將其固化爲「張資平模式」，甚至變本加屬地以專編多角亂愛爲能事，杜撰錯性亂倫爲榮耀，不僅故事情節大同小異，牽強附會，人物關係組裝拼貼，生拉硬套，而且枝蔓橫生，支離破碎，實在令人難生美感。

最後，在創作情態上，張資平的藝術著眼點是性愛本身，是刺激的快感，是男女本能的自然呈現，這種「性趣」使他以自然主義的手法大寫性感官的享樂，以獵奇、粗鄙、媚世的心態展示俗陋的情的衝動與欲望的張揚，甚至大肆渲染遺傳本性對女性的作用，表面上看來是以「愛的名義」張揚欲望的旗幟，實際上卻書寫著荒誕不經、毫無情感可言的亂倫之愛。這種低下的寫作趣味以至於有的學者情願用「男女小說」概括他的寫作情調，也不願用「戀愛小說」作爲張資平這類創作討論的中心詞。〔註 12〕更爲惡劣的是，爲了趕時髦，張資平臆添「革命」的內容，如畫家叔愷介紹梅仙加入左聯（《愛之渦流》），牧師余約瑟當炸彈隊的分隊長（《上帝的兒女們》）、商人李明年參加革命（《天孫之女》），等，但這些情節不僅生硬，突兀，而且與主題無關，僅是作者諷刺革命、發泄不滿的手段，這就令人作嘔了。又如，張資平被「腰斬」的言情小說《時代與愛的歧路》，本是寫青年男女參加時代的所謂革命團體，遊行活動都是於世無補的事情，是歧路；而青年男女的性苦悶得不到正確的解決而發生遊移，也是愛的歧路。且不說小說的立意俗氣不堪，人物的精神起點庸俗低下，只說作者以「革命」的元素行「意淫」之實，以「引狼入室」的模式及女人公主動勾引的套路兜售亂愛哲學的創作情態，就令人反感，加之結構混亂，手法俗套更讓讀者失去了耐心，「腰斬」也在情理當中。頗具諷刺意味的是，張資平的這種標籤式革命書寫連國民黨也不能容忍，以「鼓吹階級鬥爭」爲由予以查禁。〔註 13〕其實，關於張資平創作的滑坡，早在 1931年《明珠與黑炭》出版後賀玉波就做出了斷言：「《明珠與黑炭》是最糟糕的一本創作。無論在形式與內容兩方面，都沒有一點能夠使我們滿意。它簡直不能算作一本完美的小說，只是作者的伙食帳，隨感錄，或雜記。在這本作品裏，他已經顯示他自己的創作力的衰弱。在這本作品裏，他已經告訴我們他自己的思想的貧乏，以及創作的技巧的破產。在這本作品裏，他已經證明

〔註 12〕 朱壽桐：「脫了軌星道的星球──論創造社作家張資平」，《文學評論》，1989年 1 期。

〔註 13〕 《國民黨反動派查禁文藝書目補遺》，見張靜廬：《中國現代出版史料（丙編）》，中華書局 1956 年 3 月版，第 145～164 頁。

他所標榜的創作態度——騙取稿費——的實現。在這本作品裏，他已經把他自己的醜惡的眞面目揭穿，使我們對於他的信仰漸漸消失而無餘。在這本作品裏，他已經告訴我們他自己走到了另一時期，在這時期裏他再也不能寫出什麼較好的作品來，甚至於再也不能寫出任何的作品來。這是無可諱言的事實，並非我們的惡意的攻擊。」〔註14〕事實也的確如此，正是由於他缺乏情緒上的審美直覺，又缺乏理性上的審美自覺，在審美價值問題上，又理論貧乏，思想混沌，除了低俗的趣味而外，他失去了審美意義上的自我，〔註15〕張資平此後的創作每況愈下，直至「腰斬」，直至沉寂。

關鍵詞之三：先鋒

如此說來，張資平的戀愛小說就沒有可取之處嗎？沒有重評的必要嗎？當然不是，這就涉及到我們所說的「先鋒」問題了。公允地說，張資平的前期小說（包括戀愛小說）是有其積極意義的，著名的《苔莉》以及《最後的幸福》就體現出「五四」的時代精神。錢杏邨就說：「《苔莉》裏的克歐是具體的代表了從封建思想裏解放出來的小資產階級智識分子的戀愛問題的內心的衝突；《最後的幸福》技巧的好處，尤其是在描寫從封建思想裏解放出來的女性的性的煩悶，以及生理心理雙方面發展的過程的深刻。」〔註16〕李長之也說：「我們承認，張資平是抓住藝術上的時代的，因爲：像。我們讀他的作品時，我們絕不以爲那時代是不曾有的。他表現的時代，是現代；現代的時代精神，也約略寫得出，那就是理想的禁錮的悲哀，和機械的人生之發覺了的苦痛。」〔註17〕的確，在《苔莉》中，張資平寫活了克歐在苔莉不幸的婚姻面前進退兩難，跋前躓後，踟躕不決，動搖不定的躊躇心理，也寫到了主人公所強調的婚姻的雙重和諧，即：基本的物質條件與必要的精神交流使婚姻賴以維持；忠貞的愛情觀與夫妻和諧的生活內容使雙方尤其是婦女感到身心的愉悅與滿足。如果愛情的結果使其處於失衡狀態，那麼這種痛苦的愛情

〔註14〕賀玉波：《張資平的新近作品》，見《現代中國作家論》第 1 卷，上海大光書局 1936 年 7 月版，第 131 頁。

〔註15〕朱壽桐：「脫了軌星道的星球——論創造社作家張資平」，《文學評論》，1989 年 1 期。

〔註16〕錢杏邨：《張資平的戀愛小說》，《現代中國文學作家》（第 2 卷），上海泰東圖書局 1930 年 3 月版，第 54～60 頁。

〔註17〕李長之：《張資平戀愛小說的考察——〈最後的幸福〉之新評價》，1934 年 4 月 16 日《清華周刊》第 41 卷 3～4 期合刊。

就沒有維繫的必要。這合理的具有現代內核的婚姻觀念無疑具有時代的進步意義。而魏美瑛同樣追求著屬於自己的那份愛情，雖然以身殉情亦再所不惜。由此我們看到，與以往舊時代的青年女性不同，她們已獲得了戀愛自由的權利，家長的干預或他人的阻攔已不能從根本上左右她們爭取愛情解放的道路，雖然她們的選擇存在著彷徨甚至迷誤，但最終支配她們命運的是她們自己。她們追求兩性相吸，兩情相悅，與傳統的發乎情止乎禮的觀念相反，她們是發乎情越乎禮，將所有的陳規陋習都拋之腦後，盡情地享受情的歡愉與愛的滿足，雖然她們的命運多以悲劇結束，但唯其悲劇性的結局才透視出封建禮教吃人的本質，才反映出五四時期青年男女追求愛情婚姻自由的困坷之旅。因此，張資平的性愛小說「有一種強烈的道德建構意識，其中貫穿著對靈肉一致的新的性道德的描摹。這在當時是一種先鋒性的探索。……張資平對新道德的描摹與建構也是他對『五四』那個時代的呼應，新道德實質上就是『五四』傳統中『個人的發現』的體現和深入。」〔註18〕即使結構倍受指責的《沖積期化石》也有其積極的意義。首先，小說的選材與描寫視域極富新意。作者以留學生為主人公，在較為廣闊的背景下展示與比較中日兩國及兩國青年或同或異的社會現狀、生活境遇、人物命運的文本，拓寬了新文學長篇小說的表現域。其次，小說的敘述支點具有劃時代意義。表面看，張資平通過回憶主人公鶴鳴求學時期的種種往事，諷刺了社會的不平，抒發了對親人的深厚感情，但其根本在於以「人的生活為是」，以「人道人義為本，對於人生諸問題，加以記錄研究」的「人的文學」這一新文學的革命主張，首次在長篇小說創作領域得到了真切的落實。雖然作者的人道主義思想尚淺，但以普通的文體，記普遍的思想與事實，以真摯的文體，記真摯的思想與事實的「平民文學」觀，即直面人生的勇氣和服務現實的「為人生」的五四精神，卻實實在在地流貫其中。再次，小說的敘述手法具有現代特徵。《沖積期化石》用倒敘、預敘、插敘、補敘等多種藝術手法表現主題，儘管不很熟練甚至有枝蔓之嫌，但它畢竟使小說在敘述結構上與傳統小說發生了根本性的改變。因此，《沖積期化石》雖然在思想藝術上尚顯稚嫩，但作為新文學第一部長篇小說，其開拓之績功不可沒。但可惜的是，這只是占張資平小說創作中極少的一部分，準確地說只在《沖積期化石》、《苔莉》、《最後的幸福》和

〔註18〕徐仲佳：《新道德的描摹與建構——張資平性愛小說新探》，《中國文學研究》
　　　　2004 年 1 期。

《脫了軌道的星球》四部作品中有部分體現，其它的長篇創作，除能保持文字的流暢外，基本乏善可陳了。特別是進入 20 年代末 30 年代後，當社會的解放與人的解放成為時代的主潮時，而張資平依然沉醉於個性解放，並依舊企圖依靠眼花繚亂的性愛元素作為最後的救命稻草，其結果只能是被時代的浪潮席卷而去，從「先鋒」到「後衛」到「棄兒」也就在所難免了。

　　張資平是一位集複雜性、矛盾性與片面深刻性於一身的作家，也是一位與新文學有一定貢獻的作家，以「漢奸文藝」一棒子打死固然不妥，但大言張資平的創作有「巨大的文學成就和深遠的歷史影響」，若不佔有現代文學史「重要的一席」就不是「公正、客觀與完整的」現代文學史，同樣不妥。只要我們敏察並客觀地審視「改作」、「三角戀愛」、「先鋒」三者之間與張資平長篇小說創作的關係及其影響，就能對張資平小說創作的文學價值與歷史意義予以準確的定位，否則就會做出脫離張資平創作實際的判斷，而這是經不起創作實踐檢驗的。

第五章　認同與觸發——《女兵自傳》的傳播接受研究

　　在新文學的長篇小說傳播接受史上，謝冰瑩的《女兵自傳》是最獨特而又富有啓迪意義的個案。獨特性在於：這是新文學長篇小說接受史上唯一的一部具有革命意味但在兩岸的接受者中，接受視野相近，接受閾值相仿，接受環鏈相承的傳記小說，它由《一個女兵的自傳》與《女兵十年》合集而成，但其接受視野卻導源於《從軍日記》，至《一個女兵的自傳》已基本生成並定向，之後多是既定視野的補充與擴展，鮮有跨越；啓示性在於：雖然接受視野生成於《從軍日記》並形成期待視野，以至《女兵自傳》的接受視野相對集中，接受閾值也相對交融，但卻在新文學特別是傳紀文學、革命文學、女性文學等多個接受向度上彰顯出認同與觸發的範型意義。因此，考察《女兵自傳》的傳播接受歷程就不僅具有透析其接受視閾的生成意義，也具有爲新文學提供多向度鑒照的啓迪意義。

一、前引：《從軍日記》的傳播與接受

　　1927 年 5 月 24 日，謝冰瑩的戰地速寫《行軍日記》在孫伏園主編的武漢《中央日報》副刊上刊出，緊接著，《一個可喜而又好笑的故事》（5 月 25 日）、《行軍日記三節》（6 月 1 日）、《寄自嘉魚》（6 月 6 日）、《說不盡的話留待下次再寫》（6 月 21 日）、《從峰口至新堤》（6 月 22 日）又陸續刊出，轟動文壇。經林語堂譯成英文後，女兵謝冰瑩成爲中國首位走向世界的軍旅女作家。1929 年初，在孫伏園與林語堂的鼓勵下，謝冰瑩將這 6 篇速寫連同新寫的三篇文章《幾句關於封面的話》、《寫在後面》、《給 KL》一起交付上海春潮出版社，

編者在增加了《編印者的話》與林語堂的《冰瑩從軍日記序》後定名為《從軍日記》付排，1929 年 3 月 15 日，《從軍日記》由上海春潮出版社初版，首印 1500 冊。﹝註1﹞1929 年 9 月 15 日，作者在增加了《再版的幾句話》、《出發前給三哥的信》、《給女同學》和《革命化的戀愛》四篇文章後由春潮出版社再版，印數 1501～3500 冊。1931 年 9 月，《從軍日記》改由上海光明書局出版，內文的標題《行軍日記》改為《從軍日記》（《行軍日記三節》也改為《從軍日記三節》），刪去《幾句關於封面的話》，新添《從軍日記的自我批判》。至此，《從軍日記》的編排及內容固定下來，至 1942 年，光明書局共印行 12版（印數不詳），具體版次如下：1932 年 4 月 29 日《從軍日記》改正本 3 版（2 版不詳），1932 年 9 月 20 日 4 版，1933 年 2 月 5 版，1933 年 10 月 6 版，1934 年 10 月 7 版，1936 年 3 月 8 版，1937 年 7 月改排 9 版，1939 年 10 版，1940 年 10 月 11 版，1942 年 10 月蓉版。也就是說，《從軍日記》1929～1942年間在國內一共印行了 14 版。此外，還有兩種譯本問世，即林語堂的英譯本和汪德耀的法譯本，1930 年分別由商務印書館和法國羅瓦羅書局出版（其它不詳）。與此同時，《從軍日記》的接受也同步展開，並在以下視野中生成既定視野。

一、透發著強烈真實感與時代氣息的原生態的本色美。這是由林語堂在《從軍日記·序》中率先確認的。他說：「自然，這些『從軍日記』裏頭找不出『起承轉合』的文章體例，也沒有吮筆濡墨，慘淡經營的痕跡；我們讀這些文章時，只看見一位年青女子，身穿軍裝，足著草鞋，在晨光稀微的沙場上，拿一根自來水筆靠著膝上振筆直書，不暇改竄，戎馬倥傯，束裝待發的情景。或是聽見在洞庭湖上，笑聲與河流相和應，在遠地軍歌及近旁鼾睡的聲中，一位蓬頭垢面的女子軍，手不停筆，鋒發韻流的寫敘她的感觸。這種少不更事，氣概軒昂，抱著一手改造宇宙決心的女子所寫的，自然也值得一讀。」﹝註2﹞這是《從軍日記》接受史上的第一篇文章，因準確地描述出作者的創作樣態及文本的原生態美學意義，至今仍為廣大接受者所引徵，也因之成為《從軍日記》接受史上的經典文獻。荔荔也說：「的確，在作者的文字裏，沒有一處是矯揉造作咬文嚼字的，沒有一處是吮筆濡墨慘淡經營的。它給我們整個的影像，是『活』的，不是『死』的。是『生動』的，不是『固滯』

﹝註1﹞ 作者後來在關於《從軍日記)》的創作談中回憶初版印刷了 1 萬冊，當為記憶失誤，許多人未實察便廣為引徵，以至以訛傳訛，令人遺憾。

﹝註2﹞ 林語堂：《從軍日記·序》，1929 年 1 月 15 日《春潮》第 1 卷第 3 期。

的。她的文字正像一匹懸在高山頂上的瀑布，它根本無所顧慮，無所作態，永遠地活潑地向下隨意地狂瀉。狂瀉，只要我們一閉上眼睛，那種活潑的，天真的它勇往的進取的情景，處處我們隨著她飛騰而轉移著。」〔註3〕毛一波也認為，雖然「她的技巧並不完整」，但「冰瑩這部實生活的記錄，實在能夠表現那時代的青年（不論男女）的努力。她所述的革命青年的勇敢，熱烈而富於感情；並且，又充滿了崇高的理想和遠大的希望。這都是事實，是可以代表那整個時代底革命青年之心理的。」〔註4〕視界交融的還有見深，他不僅為作品樸素無華的本色敘事而感動，更為其中所透出的強烈的時代氣息所共鳴：「在作品裏，她只無修飾的，無技巧地抒述所見，所聞，所思。然而這分明不是筆和墨所寫成的，這裏有的是熱血，悲淚和彌滿的精力所渲染成功的一幅圖畫，使每一個曾經在最近兩年動亂的場合中生活過來的人，喚起了極強烈，極痛切的哀感。」〔註5〕可以說，《從軍日記》透發著強烈真實感與時代氣息的原生態的本色美是最先為接受者所認同並定向的接受視野，在其生成的同時即轉化為既定視野，亦成公論，至今無任何異議。

　　二、革命文學的標杆與紀念碑。1929 年是革命文學鼓譟的時代，但對於什麼是真正的革命文學以及革命文學應該具有怎樣的品格，不同的文學陣營有不同的看法。正如編印者在書中寫道：「革命文學的理論，曾經有時鼓樂喧鬧，有時零零落落傳到我們耳邊來；革命文學催召的符咒，我們也常時聽到。然而革命文學到底是怎般的風味，卻始終叫人感到隔著一層障翳似的，不能體會得分明。文學如果是以情感為神髓的，而革命文學又是革命者情感的宣露，那這一部《從軍日記》的內涵庶幾當的住革命文學的稱號。」〔註6〕這一預言與該書的插頁廣告相呼應，將《從軍日記》樹為「革命文學」的新標杆：「這是革命怒潮澎湃的時候激蕩出來的幾朵燦爛的浪花，是一個革命疆場上的女兵在戎馬倉皇中關不住的幾聲歡暢。這是真純的革命熱情的結晶。如果『革命文學』這個名詞可以成立，我們認為這就是最可貴的革命文學的作品。」衣萍也將《從軍日記》視為出色的革命文學文本並認為；「《從軍日記》給我

〔註3〕荔荔：《讀了〈從軍日記〉後的閒話》，1929 年 4 月 20 日《青海》第 2 卷第 1 期。

〔註4〕毛一波：《從〈春潮〉讀到〈從軍日記〉》，1929 年 5 月 15 日《春潮》第 1 卷第 6 期。

〔註5〕見深：《讀冰瑩女士的〈從軍日記〉》，1929 年 8 月 15 日《春潮》第 1 卷第 8 期。

〔註6〕《編印者的話》，《從軍日記》，上海春潮出版社 1929 年版，第 2 頁。

們的是一幅革命開始進行中的明與暗的影子，這幅影子應該永遠留傳下去的；雖然那時代已經過去了。」〔註7〕對此，李白英極爲贊同，因爲這部作品「全部地反映著一九二七年的革命的情景，反映著當時的農民意識，智識份子的態度，不消說，是那個時代最好的代表紀念品之一。」〔註8〕更具遠見的是見深，他大膽斷言：「二十世紀的中國革命文獻，若有人費心來編纂的話，我敢介紹冰瑩的《從軍日記》做壓卷，雖然在西湖博覽會那樣粉飾升平的場合裏，它是沒有地位的。」〔註9〕眼光敏銳，具有史家氣魂。的確，《從軍日記》雖樸素不事雕琢，但它鮮明的時代特色，濃烈的愛國熱情，高昂的戰鬥精神，它「眞、直、誠」的寫作風格，使它毫不愧色地成爲新文學早期革命文學發展歷程中的一塊紀念碑。也正因此，1931 年 6 月 10 日出版的《讀書月刊》第 2 卷第 3 期刊載了《〈從軍日記〉底榮譽》這一消息：「謝冰瑩女士的《從軍日記》出版後，震動了整個的中國文壇，批評這本書的人不知有多少，一方面是因爲這是一部可以代表時代的實生活的作品，一方面也是女子上戰線的眞實的記錄。這本書是和《西線無戰事》不同的。《西線無戰事》僅僅是站在非戰主義的立場詛咒戰爭，《從軍日記》是站在革命的立場上來鼓勵戰爭的，就是說，爲革命而戰是應當的。現聞此書已由林語堂譯成英文，並有序文介紹，由商務印書館出版。法文本已由汪德耀譯出，在法國出版，法國文學家羅曼羅蘭讀過此書後，甚爲讚賞，曾寫信給汪君表示願意與冰瑩通信，書中曾說此爲唯一可代表中國女性參加實際工作的作品。德文已由夏之華在譯，並聞日本、俄文、世界語都有人在譯，不日即可出版。最近美國哥爾德（Gold）所主辦的《新群眾》（New Masses）曾致謝女士一信，原文大意謂『聞女士之《一個女兵的日記》（即《從軍日記》）已譯成英文，極爲歡快，我們美國的革命文學在中國極受歡迎，並望女士贈送一本給我們的文學圖書館，我們知道一定可以深入到我國的讀者中間去，我們一定在美國的報紙上介紹』。中國底作品在國際上得到如此的光榮底稱譽者，除了魯迅先生以外，謝女士實爲第一人。」

由上可知，《從軍日記》的接受是從本色美與革命文學這兩大視野中拉開

〔註 7〕 衣萍：《論冰瑩和她的〈從軍日記〉》，1929 年 6 月 15 日《春潮》第 1 卷第 7 期。

〔註 8〕 李白英：《借著春潮給〈從軍日記〉著者》，1929 年 6 月 15 日《春潮》第 1 卷第 7 期。

〔註 9〕 見深：《讀冰瑩女士的〈從軍日記〉》，1929 年 8 月 15 日《春潮》第 1 卷第 8 期。

帷幕的，接受者雖認可文本的直露但更認同作者眞率的情懷，認同其契合時代的強烈訴求，認同其符合國家利益與民族利益而彰顯的正義──認同文本因之而流溢的美的質素。因此，視野相對交融且很快生成高度的眞實性、強烈的時代感以及革命文學的紀念碑三個堪稱既定閾值的公論就在情理之中。以至於多年後當接受者再次介入《從軍日記》時，依然由衷地認爲，在文字上留著 1927 年革命蹤迹的，「一是茅盾的三部小說：《幻滅》、《動搖》、《追求》，一是汪靜之的《父與女》中的一篇《火墳》，一是冰瑩女士的《從軍日記》。──雖然《從軍日記》不是一部小說，然而我愛她新鮮而活潑而且勇敢的文格，這不是一些專講技巧結構的文人所能寫得出來的。」〔註 10〕依然由衷地感歎：「《從軍日記》的內容所以動人的地方有三：一、她反映出無數青年爲忠愛國家而矢志革命的熱誠，與廣大群眾竭誠擁護革命政府的決心。二、她的從軍，代表了當日少數新生代的婦女的覺醒，勇敢地爲掙脫幾千年來的封建枷鎖和舊禮教的束縛，投身於革命洪爐，與男子並肩作戰，爲爭取國家與個人的自由，作捨死忘生的奮鬥。當日一同從軍的女兵雖有兩百多人，只有她捕捉住這種劃時代的題材，寫下中國女性昂首邁入新時代的史頁。三、她以親身的經驗，寫出當日婦女所受舊家庭的壓力，婚姻的不自由，爲求獨立生活的艱苦奮鬥，深刻感人。」〔註 11〕這既是《從軍日記》的接受實績，也是《女兵自傳》前接受環鏈初步生成的重要標誌。

二、《一個女兵的自傳》的傳播與接受

　　《從軍日記》的成功給「女兵」謝冰瑩帶來了巨大的聲譽，讀者對這位民國第一位女兵的成長史產生了濃厚的興趣，紛紛希望她能用筆續寫自己不平凡的傳奇，既可爲投身國民革命的將士們樹立前行的榜樣，又可鼓舞尙在生活底層掙扎的廣大婦女們不屈的鬥志。在陶亢德、林語堂等人的再次積極鼓勵下，謝冰瑩開始敘寫自己的人生並陸續發表在相關刊物上。1931 年 7 月，《讀書月刊》2 卷第 3 期刊載《我幼時的學校生活》，內附：一、《近視先生》；二、《未成功的自殺》；三、《小學時代的生活：1、小腳姑娘；2、腐化的蔣婆婆；3、樓上示威》。這些內容後來經過較大修改後成爲《一個女兵的自傳》的第二章《小學時代》，其中《腐化的蔣婆婆》即第五節《第一次鬧風潮》。

〔註 10〕陳敬之：《現代文學早期的女作家》，臺灣成文出版社 1980 年版，第 26 頁。
〔註 11〕黃麗貞：《她塑出「女權運動者」造型》，1988 年 3 月 8 日《中央日報》，19 版。

之後，《讀書月刊》1931 年第 3 卷第 5 期刊載《我的少年時代生活的一斷片》，後作修改後爲第六章第二節《小學教員》。《現代學生》1932 年第 2 卷第 6 期刊載《我的中學生生活》，全文同樣經過較大修改後成爲《一個女兵的自傳》的第三章《中學時代》，其中第一部分改寫爲第一節《中學時代的生活》與第二節《外婆校長》，《倒黴的情書》改寫爲第五節《情書貼在布告處》，《大文學李青崖先生》改寫爲第六節《作文打零分》，《可紀念的幾次鬥爭》改寫爲第七節《鬥爭生活的開始》。《燈塔》1934 年第 1 卷第 1 期刊載《兩個逃亡的女性》，後作爲第六章《飄流》的第三節《恐怖之夜》。這樣零散且間隔時間太長的寫作方式顯然不能滿足讀者急切的期待。爲此，趙家璧乾脆給謝冰瑩直接命題：《一個女兵的自傳》，讓她儘快寫好後交給他出版。在趙家璧的一再堅請與催促下，謝冰瑩終於答應了這一要求，並開始有目的有系統地做起文來。《被母親關起來了——自傳之一章》，刊於 1935 年 1 月 20 日～2 月 20 日《人間世》第 20～22 期；《逃亡》（即：《第一次逃奔》、《第二次逃亡》、《第三次逃奔》），刊於 1935 年 4 月 20 日～5 月 20 日《人間世》第 26～28 期；《自傳之一章》（即：《祖母告訴我的故事》、《我的家庭》）刊於 1936 年 4 月 1 日《宇宙風》第 14 期；《夜間行軍》刊於 1936 年 4 月 20 日《逸經》第 4 期；《一個女兵的自傳》（即：《黃金的兒童時代》、《採茶女》；《紡紗的姑娘》；《痛苦的第一聲》）刊於 1936 年 4 月 16 日～5 月 1 日《宇宙風》第 15～16 期。這是作者首次以書名作爲篇名。《當兵去》刊於 1936 年 5 月 16 日《宇宙風》第 17 期。與最初的信筆寫來後來收入傳記時進行了較大的改動不同，明確爲自傳寫作的這些文字作者在寫作前已做了通盤的思考，在主題的提煉，結構的安排，文辭的推敲，甚至是篇幅的長短等，都進行了細緻的推敲，因此，刊出的文字與後來收入傳記的章節相比，基本未做改動。1936 年 7 月 15 日，《一個女兵的自傳》由上海良友圖書印刷公司作爲良友文學叢書第 27 種出版，首印 3000 冊。全書除「印在前面」外，共 6 章 46 節，從《祖母告訴我的故事》開始，至《奇異的茶房》結束。該書爲軟布面精裝，外加彩印封套，封面首次採用日本引進的照排技術，將謝冰瑩英姿煥發的戎裝照作爲裝幀設計的主元素，書頁選用米色道林紙，內插四幅作者不同時期的照片，形款畢現，不僅再次轟動並引發了書業界裝幀設計的革命，也使《一個女兵的自傳》成爲中國現代傳記文學中最珍貴的記憶之一。1937 年 6 月 15 日，《一個女兵的自傳》再版，3001～4000 冊；1940 年 1 月普及本初版。1943 年 9

月桂林良友復興圖書印刷公司初版，不知什麼原因封面換去了作者的戎裝照，全書也刪去了第六章《飄流》。其間，林如斯、林無雙將其譯成英文《女叛徒》，於 1940 年在美國紐約和英國倫敦相繼出版，以英漢對照的方式由民光書局 1940 年 12 月出版，1941 年 4 月再版；又譯爲《一個女性的奮鬥》（漢英對照）由重慶求知圖書社 1945 年 3 月渝 1 版；上海世界文化出版社 1946 年 6 月初版，1946 年 10 月再版，1948 年 10 月 5 版，1949 年 3 月 6 版。英譯本還有 Tsui 譯的《女兵自傳》，1943 年由喬治·艾倫有限公司在倫敦出版，至 1948 年 6 版；日譯本有甲阪德子譯的《女兵的告白》，東京大東出版社 1941 年出版；岩波書局也以《一個女兵的自白》爲名在東京出版，至 1948 年發行了 5 版。由此，謝冰瑩和她的《一個女兵的自傳》成爲新時代軍旅文學走向全國、走向世界的一面旗幟，「女兵」也成爲謝冰瑩當之無愧的代名詞。而《一個女兵的自傳》也正如良友圖書印刷公司在其廣告詞中所說的那樣：「冰瑩女士是參加實際革命過來的作家，她和身世和經歷，就是一首悲壯的詩，一部動人的小說……」的確，從她的身上，在這部書中，讀者們看到了一個時代女性嚮往新生活的美好願望，看到了一個青年婦女爲求解放毅然邁向革命征程的奮鬥之旅，看到了一個女兵與國家同命運，與時代共呼吸的崇高品質。也正因此，這部不以精雕細刻見長卻以昂揚的時代旋律，樸素眞誠的藝術風格傳世的個人傳記，打動了無數時代青年的心扉，成爲銘記那段歷史的一支豪邁的時代壯歌。

因此，對女兵形象及其意義的展示就成爲讀者接受《一個女兵的自傳》的核心視野。賈鐵軌說：「在這短短五萬字的記述（全書實爲 16 萬字。引者注。），已能夠看到作者怎樣的從那封建勢力籠罩的家庭，掙扎到出走上社會來。相等的，可以看到冰瑩女士所受到的精神上的痛苦，（甚至可以說肉體上的痛苦，）不啻是一個爲大眾而殉難的耶穌；而給未來的姊妹們，換來一條爭取人格獨立，平等，自由的快捷方式。」由本書可以斷定：「冰瑩女士在文學上的成就，是劃時代的，這成就在於她是五四以後的革命的女性。」〔註 12〕素斐也說：「冰瑩這本自傳，寫得很美很有力，讀來像一首雄渾壯麗的詩篇。……從這本書裏我們不僅只看見一個意志很堅定反抗精神很充足的女子，她反抗家庭，反抗學校，反抗社會以至踏上打倒軍閥打倒帝國主義的

〔註12〕賈鐵軌：《謝冰瑩的〈一個女兵的自傳〉》，1936 年 9 月 1 日《女子月刊》第 4 卷第 9 期。

大道；同時也看到舊社會日形崩潰回光反照下的青年男女——尤其是一群一群的姊妹們在如何艱難情形之中不怕危險勝過痛苦普遍地在反封建反帝！」〔註13〕亞峰認爲主人公的性格「代表著一代新青年，代表著站在時代最尖端簇新的新女性，代表著民族革命運動中英勇的戰士的典型而出現在中國歷史舞臺上的。這書的價值，高過一般記述身邊瑣事的傳記者在此，它的特別有興趣，有意味，也就在她那生活的不平凡，她那一生鬥爭的經歷。」〔註14〕堵述初雖然感覺不像讀《從軍日記》那樣激動，但仍認爲小說對封建家庭的暴露淋漓盡致，從中可以看到中國女性成長所經歷的艱苦掙扎的歷程。小說是國民革命時代的紀念碑。〔註15〕郭箴一在其小說史中也寫下了這樣的感觸：「謝氏創作的長處，在於她那一貫的熱情，和革命的精神，猛烈地向著腐舊的社會作戰」。〔註16〕頗有意味的是善秉仁，這位忠實的基督徒儘管不贊同人人讀《一個女兵的自傳》，但還是認爲「這本自傳裏，沒有傷雅的段落，可是思想是強烈革命性的。主張爲爭取人類平等而鬥爭。」〔註17〕上述視野儘管表述各有不同，但都高度認同作者在文本中所弘揚的革命精神，所秉持的女性觀念，所展現的時代風采，即：一個新女性在新舊轉換時代所應有的現代姿態。這也是這本書感人至深、動人心魂的魅力之所在。接受者對女兵形象及其典型意義的揭示，爲廣大接受者所認同，此後均是在此基礎上的擴展與具體化。

與《從軍日記》的接受給出了三個定向閾值不同，《一個女兵的自傳》只在女兵形象的典型性及其意義上生成了既定閾值，其它視野並未充分打開，這並不是說《一個女兵的自傳》不具備闡釋的向度，恰恰相反，接受者高度認同自傳中的女兵形象及其典型性，認同文本因之而彰顯的文學史意義，正是對《從軍日記》生成的期待視野滿足後的維護與深化，其意義潛勢的豐富與敞開看似視界重合，實則凸顯出《一個女兵的自傳》內聚但又頗具張力的接受視界，凸顯出融彙與跨越的接受基點。由此，不僅「女兵」稱號深入人心，謝冰瑩及其文學史地位隨之奠定，《一個女兵的自傳》的期待視野也因之

〔註13〕素斐：《一個女兵的自傳》，1936 年 9 月 16 日《婦女生活》第 3 卷第 5 期。
〔註14〕亞峰：《一個女兵的自傳》，1936 年 11 月 25 日《關聲》第 5 卷第 5 期。
〔註15〕堵述初：《一個女兵的自傳》，1936 年 12 月《瀟湘漣漪》第 2 卷第 9 期。
〔註16〕郭箴一：《中國小說史》，上海商務印書館 1939 年版，第 676 頁。
〔註17〕善秉仁原著，景明譯，燕聲補傳：《文藝月旦》，北平獨立出版社 1947 年 6 月版，第 86 頁。

定向，這也使得後來者重新打開這一接受視野時自然呈現出對這一閾值的豐富與敞開：「她的自傳體小說《一個女兵的自傳》記下了一個天眞、幼稚、倔強的女孩子，在『五四』新思想的薰陶下，她終於從一個封建家庭的少女，變成新時代的女戰士。跳躍在她作品裏的思想和感情，是充滿著一個新女性的青春的活力抒發了她對美的生活的嚮往的激情，我們從作品的字裏行間，可清晰地聽到『五四』運動後中國知識婦女要求個性解放和追求美好生活的心聲，看到了她們在尋求美，探索美、追求美的歷程中跋涉的步履。尤其感到珍貴的，她的作品給我們展現了大革命時代中國女性在時代洪流裏激流勇進的畫面，她們正擔負著和男子一樣挽救民族的命運，出生入死的奔波在北伐戰爭的疆場上，這裏激蕩著那個時代的歷史濤聲，加上作者以眞實的記敘，情眞意切的描繪，給作品帶來了感人的藝術魅力。」〔註18〕至此，謝冰瑩自傳小說的接受環鏈宣告生成。

三、《女兵自傳》的傳播與接受

　　實際上，《一個女兵的自傳》只是計劃中寫作的《女兵自傳》的上部，由於抗戰爆發，作者再次奔赴於民族救亡的最前線，也就暫時擱下了系統敘寫個人自傳的意願。雖然其間也偶有所及並發表在一些刊物上，如，《一個女兵的自傳——第四次私奔》，刊於《大風》1939 年第 57 期；《一個女兵的自傳》（即：第七章《窮困的大學生生活：《開始和窮困奮鬥》和《亭子間的悲劇》，刊於 1940 年 3 月 5～20 日《大風》第 63～64 期；《一個女兵的自傳》（即：《破綿襪》和《飢餓》）刊於 1941 年 9 月 30 日《黃河》第 2 卷第 7 期；《一個女兵的自傳》（即：《解散之後》和《偷飯吃》），刊於 1941 年 11 月 30 日《黃河》第 2 卷第 9 期；《一個女兵的自傳》（即：《情海波瀾》和《做了母親》），刊於 1942 年 7 月 30 日《黃河》第 3 卷第 1 期；《一個女兵的自傳》（即：《探獄》、《慘苦生涯的一斷片》、《南歸》），刊於 1942 年 10 月 30 日《黃河》第 3 卷第 2 期；等，但直到抗戰勝利後作者才集中精力完成了中卷《女兵十年》的寫作。個別章節如《慘痛的回憶——〈一個女兵的自傳〉之一章》，（即：《驚人的新聞》、《多情的米子》），刊於 1945 年 11 月 15 日《讀者》第 4 期。至此，《女兵自傳》總體完成。1946 年 4 月，《女兵十年》由重慶紅藍出版社漢口分社初版，

〔註18〕陸文採、宋子泉：《論謝冰瑩的〈一個女兵的自傳〉》，《遼寧師範大學學報》
　　　　1985 年 6 期。

印行 3000 冊，從《第四次逃奔》開始到《戰區巡禮》結束，共 10 章 50 節。
由於是自費出版加之編校粗疏，書末專附勘誤表一頁以示歉意。1946 年 8 月
重慶紅藍出版社北平分社再版，印 3000 冊；1947 年 1 月上海北新書局新版。
不過，它並非新版，仍是以紅藍出版社的紙型付印，不僅內容完全相同，甚
至連勘誤表都未做任何改動。1948 年，作者將《一個女兵的自傳》與《女兵
十年》合集重排，定名爲《女兵自傳》，由上海晨光出版公司出版，1949 年 1
月合訂本 2 版。全書共 16 章 94 節，是當時最爲全備的版本。1948 年 10 月，
謝冰瑩赴臺。〔註 19〕

　　大陸再次出版她的文字則是 33 年後。1982 年 3 月，閻純德等編選的《臺
港和海外華人女作家作品選》由福建人民出版社出版，印數爲 26610 冊，《一
個女兵的自傳》被節選後收入上卷。1985 年 3 月，徐靖編輯的《女兵自傳》
由四川文藝出版社出版，印行 67100 冊。全書依臺北東大圖書公司 1980 年再
訂本排印，不分章共 81 節，刪去了序與附錄，文字沒有改動。這是大陸時隔
36 年後重新出版《女兵自傳》。緊接著，熊融選編的《女兵自傳（節選）》（百
花青年小文庫），由天津百花文藝出版社 1985 年 6 月出版，印 14300 冊；劉
加谷選編的《謝冰瑩作品選》，由湖南人民出版社 1985 年 9 出版，印 9000 冊，
《女兵自傳》亦節選其中。90 年代後，大陸再次掀起「謝冰瑩熱」，《女兵自
傳》成爲當然文選。除陳漱渝，劉天華直接以《女兵自傳》爲名交由中國華
僑出版社 1994 年 9 月出版，印行 5000 冊外，其它所有的相關出版物都將《女
兵自傳》作爲必選的篇章。〔註 20〕這二次傳播雖然時間稍有間隔，但因持續
時間長，發行範圍廣，發行數量大，傳播效果非常理想，不僅使謝冰瑩及其
《女兵自傳》不再是一個陌生且與謝冰心相混淆的名字，也使《女兵自傳》
的接受環鏈得以承續並有所新拓。

〔註 19〕　《女兵自傳》（修訂版）1955 年由臺北力行書局初版，至 1973 年 4 月 8 版；
　　　　　1980 年 10 站臺北東大圖書公司再訂本出版，至 1992 年 9 月 3 版。以《一個
　　　　　女性的奮鬥》爲名，1969 年 6 月由臺北信興書局出版。

〔註 20〕　如：范橋等編：《謝冰瑩散文》（下）中國廣播出版社 1993 年 9 月版，5000
　　　　　冊，1995 年 4 月 2 印，5001～10000 冊；李家平選編：《謝冰瑩文集》（中國
　　　　　現代才女經典文叢），北京燕山出版社 1998 年 2 月版，2001 年 4 月 2 印，8000
　　　　　冊；李家平編選：《解除婚約》，北京燕山出版社 1998 年 2 月版；艾以、曹度
　　　　　主編：《謝冰瑩文集》（上），安徽文藝出版社 1999 年 8 月版，3000 冊；程丹
　　　　　編選：《謝冰瑩代表作》，北京華夏出版社 1999 年 10 月版，4100 冊，2009 年
　　　　　1 月 2 印；等，都不同程度地收入了《女兵自傳》的主要章節。

　　承續一、文本的眞實性、時代性與革命文學的力作。早在《從軍日記》出版後不久，這一視野就成爲謝冰瑩「女兵文學」的既定視野，對於《女兵自傳》，接受者自然以之爲期待視野並予以展示，不僅臺灣學者對此沒有異議，大陸學者也高度認同。例如，蘇雪林說：「這本洋洋三十萬言的巨著，並不是一個人的傳記，而是中國近半世紀以來奮鬥史的寫眞。這本書的一呼一吸，一滴血液的輸注，一個脈搏的跳動，無不與時代相接合、相呼應。書中有失敗痛苦的呻吟，也有勝利快樂的狂笑；有舊時代黑暗的描繪，也有新中國輝煌的遠景。我們讀了以後不由得要伸出拇指歎一聲：『謝冰瑩女士眞算得一個眞正的革命者，一個時代的女兒！』」〔註 21〕蕭英也指出：「這本書不僅生動的記述了她奮鬥史實，而且很清晰地反映出了時代精神」。〔註 22〕這與陸文採、宋子泉等人的視點：「《女兵自傳》是部生活的眞實性和時代的鮮明性達到統一的佳作」，「整個作品激動著時代的旋律是《女兵自傳》的主要特色」，相互交融。〔註 23〕同樣，認同謝冰瑩自傳小說爲革命文學的力作亦非新見，但此時的介入則是在比較的基礎上展示，在史的基礎上認同，因而視野更爲開闊，視點更爲客觀。陸文採、宋子泉認爲，與蔣光慈的《衝出雲圍的月亮》及郁達夫的《她是一個弱女子》相比，《女兵自傳》在反映整個大革命的氣息上，反映知識女性在時代浪潮中的時代風貌上，顯然更勝一籌。即便與茅盾的《蝕》相比，《女兵自傳》的代精神也比《蝕》更濃，雖然《蝕》的藝術成就在《女兵自傳》之上。「《女兵自傳》中的《從軍時代》寫得不僅具有濃郁的生活氣息，並且將大革命浪潮衝擊下革命青年『追求革命的赤心』生動而形象地描繪了出來。如果說《蝕》留下了大革命時代歷史的篇章和時代的剪影，那麼《女兵自傳》不比《蝕》有任何遜色。《蝕》裏『時代女性』世紀末時代病的苦悶和孤寂，在《女兵自傳》裏女兵的身上幾乎是很難找到的。女兵在追求光明和黑暗勢力鬥爭的勇氣上，她比『時代女性』要更勇敢一點。」〔註 24〕這一視點雖有些保守，但畢竟顯示出接受者認同、擴展的接受視界，理性、客觀的審美眼光。

〔註 21〕蘇雪林：《謝冰瑩與她的〈女兵自傳〉》，1955 年 12 月 1 日《聯合報》，6 版。
〔註 22〕蕭英：《冰瑩女士女兵自傳的精神》，1968 年 8 月《中興評論》第 12 卷第 8 期。
〔註 23〕陸文採、宋子泉：《論謝冰瑩的〈一個女兵的自傳〉》，《遼寧師範大學學報》
　　　　1985 年 6 期。
〔註 24〕陸文採、宋子泉：《論謝冰瑩的〈一個女兵的自傳〉》，《遼寧師範大學學報》
　　　　1985 年 6 期。

承續二、女兵形象及其意義。這同樣不是新拓的視野，但相對於前期的感悟式的展示而言，這時的接受顯得更爲理性，更爲清晰，特別是當接受者寫出這樣的肺腑之語，我們說，它既是接受環鏈的承續，是接受環鏈的深化，更是情感的共鳴，精神的昇華。

《女兵自傳》分別從不同時期刻畫了謝冰瑩反抗個性的滋生、發育和成熟，顯示了謝冰瑩這位頑強的女性在曲折晦暗的人生路上，闖破家庭、社會的重重阻撓和壓制，爲著自身和民眾的解放，「追求太陽一般熱的生活」的精神風貌。作者緊密結合社會實踐來剖析自己的思想經歷，把個人的不幸與民族的不幸聯繫起來，把人生道路的坎坷和社會革命道路的曲折聯繫起來，透過「我」之覺醒、鬥爭、掙扎、反抗，來顯現大革命的崛起、波動、沉淪的複雜歷程。作品以「我」爲焦點，展現了大革命時期反帝，反封建、反軍閥的壯闊圖景，表現了曠古未有的爲民眾作戰的女兵沖決一切舊傳統思想束縛的鬥爭意志，揭示出婦女解放須以社會解放爲前提，個人只有投身改變祖國命運的事業中才能改變自己命運的深刻主題。

通觀整部作品，謝冰瑩在她的青年時代留下了這樣的蹤迹：個人──群體──社會──個人。從個人追求出發邁向進步的群體，從群體出發投身變革社會的事業。大革命失敗，曾使她一度陷入孤獨，但革命給予她思想的力量，使她再次向籠罩著上世紀黑暗的家庭和社會抗爭，重新走向探索前程的奮鬥之途。

作品生動地層現了這一歷程。……在「五四」精神孕育下，變成了青年謝冰瑩強烈的民主主義革命要求。尊重人，理解人，同情人，使每個人（包括婦女，兒童）都得到應有的社會地位和人身自由，反對強制，反對壓迫，反對壓抑婦女和民眾的舊禮教和舊制度，這是青年謝冰瑩強烈的願望，也是這部作品的主旋律。

……

主人公的感情的瀑流，交織著愛和恨的浪花，再現了一個「五四」以來爲自身也爲社會敢於反抗的「這一個」眞實的新女性形象。這個新形象，爲「五四」以後的傳記文學留下了獨特的丰姿，作爲一個審美對象，她同具陰柔陽剛之美。她的剛強，她的決斷，已不再是一個爲了求學而自殺的小女孩的倔強，而是擺脫了數千年封建思想束縛，

從舊式婦女唯唯諾諾，低眉頹眼的從屬形態中挣出，要當一個以天下人之憂爲己憂的大丈夫，即一個新時代與男子有同樣地位，同樣社會責任感的新女性。

……

這種壯美的激情，發自一個從個人感情羈絆中掙脫出的女青年的心懷，顯得何等可貴。人生只有投身社會改革才會消除偏狹，婦女必須爲社會創造價值才能爭行獨立，感情只有融彙進時代的洪流才不會枯竭。巾幗不讓鬚眉，作者通過更多的軍校生活、戰鬥場景，歷史事件，艱險境遇的正面或側面描述，展示了主人公成長爲大革命中一個勇敢女戰士的歷程。〔註25〕

近一個世紀以來，是我國社會變遷最劇烈、也最動盪的時期，有幸生在這樣一個大時代的人，經過時代洪爐的烈焰所鍛鍊，不但堅強壯實，更煥發出熠耀的生命光輝。謝冰瑩從這個大時代走過來時，爲實現自我的理想，以不屈不撓的努力，創造出她年輕時期--段近乎傳奇的生活，《女兵自傳》就是那段經歷的眞實記錄。在這本傳記裏，有關這個原名鳴崗，乳名叫做鳳寶的湖南小姐，她的出生、她的家庭、童年、少年以至成年，她爲爭取受教育而接受裹腳的痛苦，爲爭取婚姻自由而四次逃家，爲實現理想而獻身革命，爲自求獨立而忍餓受寒，她寫她對求知的渴切，對親情的體忍，對世事人情的處理觀會，與隨軍所見的種種等，而一個大時代的社會情態，便隱然縮影在其中。

本書所以能震撼一時，並歷時愈久而愈受國際文壇的重視，因爲我們從這本書中，彷彿看到中國女性像一雙衝破蛋殼兒的小雞，艱難而勇毅地掙扎著，要脫離包裹著她的捆束，雖然軟弱，仍要勉力站起來。

她塑造出一個女權運動者的典型。她是一個永遠的女兵。〔註26〕

當然，對《女兵自傳》的接受不僅有承續還有新拓。

新拓一、女性文學及其地位。作爲一個女兵作家，謝冰瑩帶給新文學的

〔註25〕張樹華、湯本：《一個女兵的自傳》，劉中樹等主編：《中國現代百部中長篇小說論析》（上），吉林大學出版社1986年版，第485～491頁。

〔註26〕劉維：《謝冰瑩創作的風格特色：女的超越、兵的豪壯》，1995年4月12日《中央日報》，第19版。

自然是一種全新的感受，是一種以往文學史上未曾有過的衝擊。這種感受有怎樣的意義？這種衝擊在女性文學史上有怎樣的地位？以往由於現實的距離太近，接受者來不及審視這一視野。當歷史拉開這一距離時，這一視野自然進入接受者的視閾。張對華、湯本認爲：「與同時代的女作家比，謝冰瑩既不同於以歌頌母愛爲主以柔情見長的冰心，也不同於以含羞之筆寫男女戀情的廬隱；既不同於大膽暴露女性戀愛心理的淦女士，更不同於『露出眞面目來描寫一切女作家不敢描寫的——切女性的心理變態』的丁玲。謝冰瑩筆下的愛情和人物形象有著更高的情致和美的內蘊，像是飽漲著生命力的雙翼，即使是在無邊的海上，也不停止振動，像是鼓滿希望的風帆，縱然是在黑夜，也向著遠方的星。美是創造性的生活，《女兵自傳》正是一曲『追求太陽一般熱的生活』的壯美的歌。」〔註 27〕劉唯說，《女兵自傳》「是現代女性思想、人格發展的一面鏡子。」「其所以被人欣賞和傾倒，就是因爲它一掃以往女性文學的閨閣氣，盡洗鉛華，以視野的開闊，文風的清爽和勁健，令看厭了千篇一律才子佳人作品的讀者們神清氣爽，耳目一新。」我們知道，「『五四』女作家首開女性解放風氣，但作爲知識女性，她們思想進步，但步履遲疑，最終仍只是時代激流岸邊的觀潮者。她們以個性意識爲基礎的女性意識使她們的創作視野並非走出女性自我天地，始終徘徊在家庭、學校、個人、情愛的圈子內。因此，她們的創作雖與傳統女性文學有了巨大的飛躍，但仍有藕斷絲連的聯繫，唯美的追求也使她們的風格難以突破傳統的格局。謝冰瑩的創作成就雖然並未達到『五四』女性文學的藝術極致，但在擺脫女性意識的傳統負累和束縛上，卻是最堅決，最徹底的。」因爲「她的創作，不僅表現出對女性的命運的同情，更表現出對社會乃至全人類解放的關注」，「不僅批判了傳統女性人格，還構建了現代女性人格」。〔註 28〕閻純德斷言道：「在中國現代史上，謝冰瑩是一位傳奇女性。她的名字不僅聯繫著國民革命和中國女性偉大抗爭的重大命題，也與中國新文學的發展，尤其是中國報告文學、紀實文學的發生有著血肉關聯。」「她的鼓蕩著時代風雨、歷史脈搏，充滿女性叛逆、愛國愛家和民族氣節的《從軍日記》和《女兵自傳》，更是我們認識中國精神與中國人命運的眞實記錄，也是中國人不能忘記的歷史教科書；作

〔註 27〕 張樹華、湯本：《一個女兵的自傳》，劉中樹等主編：《中國現代百部中長篇小說論析》（上），吉林大學出版社 1986 年版，第 485～491 頁。
〔註 28〕 劉維：《謝冰瑩創作的風格特色：女的超越、兵的豪壯》，1995 年 4 月 12 日《中央日報》，第 19 版。

為中國現代報告文學和紀實文學的開拓者，由於她的辛勤耕耘和成就，而被稱為新文學史上『女兵』文學的老『祖母』。」〔註29〕顯然，關於謝冰瑩女性文學及其地位的視野仍有巨大的闡釋空間期待著來者去補充，去完善，但上述視野還是新拓了謝冰瑩自傳小說的接受視閾，為讀者更為清晰地洞曉謝冰瑩及其《女兵自傳》的文學史意義打開了通道，功不可沒。

新拓二、謝冰瑩自傳小說與外國文學之比較。每個傑出作家的成功都是在汲取中外文學營養的基礎上成長起來的，謝冰瑩也不例外。因此，探討她與外國文學的借鑒關係也成為接受者拓新的另一視野。羅婷、蔣永國認為，她對西方浪漫主義的接受「有三個方面的思想特徵最引人注目：平等和自由、個性主義、叛逆精神。」超越表現在：首先，她吸納西方浪漫主義文學的思想內容，但並沒有走向極端的個人主義，而是具有很強的社會、民族因素。其次，她吮吸西方浪漫主義文學思想時，認同了革命的力量，表現得更加明朗剛健，超越了浪漫主義的傷感情調。最後，謝冰瑩的前期創作體現了浪漫主義和現實主義合流的傾向。〔註30〕也算一得。比較視野的開拓在一定程度上擴展了謝冰瑩自傳小說的研究視閾。

此外，也有接受者們從左翼女性的從軍想像及英雄敘事等視野對《女兵自傳》進行了介入，〔註31〕但總的來說不夠豐富。

《女兵自傳》的接受視野導源於《從軍日記》，至《一個女兵的自傳》已基本生成，在高度的真實性、強烈的時代感、原生態的本色美、革命文學的紀念碑、女兵形象的典型性及其意義上生成了既定視野，為兩岸接受者所公認，之後雖在女性文學及其地位以及作家與外國文學的比較視野上有所擴展，但總體而言不夠豐富，一些視野也有待進一步開拓。例如，在革命文學視野，葉永蓁的《小小十年》與《一個女兵的自傳》之比較就有待於挖掘；在文學史視閾，如何更為準確地明晰謝冰瑩的歷史貢獻並予以定位，依然有待於探討；在作家思想方面，謝冰瑩赴臺以後對《女兵自傳》的修訂以及對大陸出版《女兵自傳》的態度反映出作家怎樣的思想變化，為什麼會如此，

〔註29〕閻純德：《中國第一女兵：謝冰瑩全傳·序》，見石楠：《中國第一女兵：謝冰瑩全傳》，江蘇文藝出版社 2008 年版，第 1～2 頁。

〔註30〕羅婷、蔣永國：《謝冰瑩對西方浪漫主義文學的接受和超越》，《中國文學研究》2010 年 4 期。

〔註31〕常彬：《「忘記自己是女性」——從謝冰瑩、馮鏗創作看 1930 年代左翼女性的從軍想像》，《吉林大學學報》2008 年 2 期；雷瑩 辜也平：《論〈女兵自傳〉的英雄敘事》，《荊楚理工學院學報》2009 年 12 期。

至今仍欲說還休；至於謝冰瑩的後期創作（主要是赴臺以後的創作）與《女兵自傳》的關係，更是無人問津。儘管如此，我們依然認為，上述研究成果顯示了《女兵自傳》的接受實績，為人們解讀 20 世紀中國文學提供了跨越的基點，我們對此感到欣喜。不過，筆者在這裏並不想只止步於《女兵自傳》接受視野的析出與問題，而是想進一步思考，為什麼這樣一部具有革命意味的傳記小說不僅沒有因為時光的流逝而褪去原有的光澤，反而愈久彌香？意識形態的不同為什麼沒有造成兩岸的接受者接受視野截然對立，反而十分相近，接受環鏈相互承續，相生相長？這一新文學長篇小說接受史上絕無僅有的接受現象，觸發於我們怎樣的思索？

　　毫無疑問，歷史已經證明並將繼續證明，《女兵自傳》（包括《一個女兵的自傳》）是新文學史上最受歡迎也最具影響力的傳記小說，是 20 世紀上半葉中國傳記文學最重要的收穫之一。即便再過幾百年，甚至幾千年，人們若想從舊書堆中找出一部作品就可以使這個時代重現，我認為，它一定是：《女兵自傳》。因為從這裏，人們看到了中國大革命的壯麗圖景，看到了為中華民族的新生而奮鬥、拼搏的革命戰士，看到了不畏犧牲、披肝瀝膽的人民大眾，也看到了敵惡勢力反撲的猙獰和兇殘。在這裏，人們懂得了勞苦大眾特別是廣大婦女只有將個人的命運同民族的命運相聯繫，將個人的幸福與國家的幸福相聯繫，將個人求翻身得解放的追求與國家民族求富強求獨立的偉大的歷史要求相聯繫，才能煥發出奪目的光芒，才能體現出歷史的必然，才能升騰起偉大與崇高。它不僅再次證明了傳記文學的生命在於真實性與時代性的統一，在於歷史性與現實性的統一，在於作家的現實主義精神與傳主人性光輝的統一，也再一次向人們昭示：只有那些從生活中來的，從時代中來的，從靈魂的深處湧動出的，從血管中噴濺出的，與人民的希冀相聯通，與時代的訴求相一致，與國家的命運相憂患，與民族的未來共呼吸的文字，才能成為時代的絕響，成為民族寶貴的文學遺產，才能彙入人類精神文明的洪流，永載史冊，光照千秋！無論革命文學、女性文學抑或傳記文學，莫不如是——只要是文學，這就是樸素而顛撲不破的真理。這不僅是《女兵自傳》觸發給我個人的接受感悟，我想，也是無數接受者為之共鳴的群體期待與啟迪。

第六章 未完成的展示——1933～2011年的《子夜》接受研究

　　談及《子夜》的接受，瞿秋白的這句預言廣爲人們所引徵：「一九三三年在將來的文學史上，沒有疑問的要記錄《子夜》的出版」。〔註1〕之所以如此，固然與作者的預判變成了現實，以及作者的理論家地位使人們不能無視這一重要的聲音有關，但我以爲，另一個不容忽視的重要原因是，瞿秋白的這句斷語，爲後來者搭建了一個以文學史爲基礎接受《子夜》價值的思維起點，一個開放地、多向度地闡釋《子夜》意義的話語平臺，一個意猶未盡的言說《子夜》餘響的廣闊空間。特別是當「記錄《子夜》的出版」已不證自明，但如何「記錄」以及「記錄」什麼仍然是《子夜》進入審美接受的期待視野時，瞿秋白的論斷，就成爲人們切入《子夜》的最佳導引。

　　本章以1933～2011年《子夜》的接受與闡釋爲例，梳理並探討《子夜》接受視域間的維護與定向、轉向與放大及挑戰與懸置的接受史脈，以期對新世紀的《子夜》研究有所推進。

一、維護與定向（1933～1948）

　　1933年1月，《子夜》在開明書店印行，旋即轟動文壇。據1933年5月15日《文學雜誌》第1卷第2期以《〈子夜〉的讀者》爲題發表的「文壇消息」稱：「茅盾之《子夜》，不獨此書本身之巨大，爲過去文壇所僅見；即以銷路論，亦前所未見者。據北平晨報月前某日《北平景況》（？）一文中所記，則市場某書店竟曾於一日內售出至一百餘冊之多，以此推測，則《子夜》讀者

〔註1〕瞿秋白：《〈子夜〉和國貨年》，1933年4月3日《申報‧自由談》。

之廣大與熱烈，不難想像云。」不僅廣大讀者爭相購閱，而且參與《子夜》討論的熱情也迅速升溫。據筆者統計，1933～1948 年期間，有關《子夜》的接受文章共 40 篇，而 1933～1935 年短短的三年內就占 28 篇，反響之強烈與集中可見一斑。40 篇的接受文章也創下了中國現代長篇小說的評論之最，也爲 1949 年之後《子夜》的批評奠定了基礎。

　　葉聖陶是推介《子夜》的第一人，他爲配合作品發行親自撰寫並在《中學生》1933 年 1 期上刊登了一則廣告：「本書爲茅盾最近創作，描寫一九三〇年的中國社會現象。書中人物多至八九十，主角爲工業資本家、金融資本家、工人、和知識分子青年四類。書中故事除工業資本家與金融資本家的利害衝突爲總結構外，又包括了許多互相關聯的小結構，如農村騷動、罷工、公債市場上的鬥爭、青年的戀愛等等，成爲複雜生動的描寫。全書三十餘萬言，而首尾經過的時間不過兩月，即此可見全書動作之緊張。」廣告雖然只是有關《子夜》的人物構成、結構安排以及敘述時間的極簡略而樸素的說明，但還是希望以「人物眾多」、「結構複雜」和「動作緊張」三大要素喚起讀者對文本的閱讀期待。不料，這一期待首先在陳思（曹聚仁）這裏變成了失望。他說：「這部長篇小說，比淺薄無聊的《路》的確好得多，要叫我滿意嗎？依舊不能使我滿意」。因爲，《子夜》人物雖多但偏離中心，故事有頭卻多無尾，敘述龐雜又偏移重心，讀完後腦子裏一點反應也沒有。〔註2〕禾金對此也深有同感，他認爲小說在技術上非常失敗。因爲主要的故事發展的太慢，次要的故事太多而雜，而作者的布局又欠周密，給讀者一種奇突而矛盾的感覺。之所以如此，是因爲茅盾抓大題材的能力不夠，他滿心要寫「中國的社會現象」，結果卻只寫成了一部「資產階級生活素描」，或是「××鬥法記」而已。〔註3〕楊邨人也覺得《子夜》在技巧上沒有什麼創新，因此，《蝕》三部曲所有的浪漫主義的氣氛，在《子夜》也特別濃厚。而作者著力於心理的描寫，微細動作的表現和社會經濟的分析，只是文筆的纖麗而已，沒有給人以一種思想上的啓發。〔註4〕門言則從創作心理學的角度認爲，由於茅盾寫的是體驗的傳遞而不是經驗的結晶，其藝術作品的生命力不會長久，在魯迅之下。〔註5〕這與

〔註 2〕陳思：《評茅盾〈子夜〉》，1933 年 2 月 18 日《濤聲》第 2 卷第 5 期。
〔註 3〕禾金：《讀茅盾底〈子夜〉》，1933 年 3 月《中國新書月報》第 3 卷第 2～3 號。
〔註 4〕楊邨人：《茅盾的〈子夜〉》，1933 年 6 月 18 日《時事新報・星期學燈》。
〔註 5〕門言：《從〈子夜〉說起》，1933 年 4 月 19 日《清華周刊》第 39 卷第 5～6期。

焰生認同《子夜》的社會史期待價值，並不看好文本的文藝價值的感知，異曲同工。〔註6〕《子夜》接受在多向的質疑聲中拉開了序幕。

與此同時，對《子夜》的維護之聲也同步展開。余定義不囿於文本寫作技術的高低，而是將《子夜》定向在寫實主義的視野裏，認爲《子夜》把握著一九三〇年的時代精神。〔註7〕朱明則將《子夜》作爲一部超越之作，肯定這不僅是茅盾自三部曲以來的第一篇力作，既使在中國新文學，也是第一次發現的巨大著作。在反映時代精神上，《子夜》可稱爲「扛鼎」之作。因爲它把「複雜的中國社會的機構，大部分都給他很生動地描繪出來了」，何況「茅盾的《子夜》，於形式既能趨近於大眾化，而內容尤多所表現中國之特性，所以或者也簡直可以說是中國的代表作」。〔註8〕連一向對新文學有成見的吳宓也以「雲」爲筆名，撰文盛讚《子夜》的成就。他認爲，第一，以此書乃作者著作中結構最佳之書；第二，此書寫人物之典型性與個性皆極軒豁，而環境之配置亦殊入妙；第三，茅盾君之筆勢俱如火如荼之美，酣恣噴薄，不可控搏。〔註9〕吳組緗更將茅盾與魯迅相提並論，認爲：「中國自新文學運動以來，小說方面有兩位傑出的作家：魯迅在前，茅盾在後。茅盾之所以被人重視，最大原故是在他能抓住巨大的題目來反映當時的時代和社會；他能懂得我們這個時代，能懂得我們這個社會。他的最大的特點便是在此。」〔註10〕

不過，明曉《子夜》創作過程的瞿秋白顯然不希望人們僅將文本的期待視域定在「中國第一部寫實主義的成功的長篇小說」上，而是希望按自己既定的閱讀期待將《子夜》定向在階級論的突破上。在他看來，「應用真正的社會科學，在文藝上表現中國的社會階級關係，這在《子夜》不能夠說不是很大的成績」。〔註11〕隨後，瞿秋白又對《子夜》的閱讀指向與接受範式作了詳細的補充。他說：「在中國，從文學革命後，就沒有產生過表現社會的長篇小說，《子夜》可算第一部；它不但描寫著企業家、買辦階級、投機分子、土豪、工人、共產黨、帝國主義、軍閥混戰等等，它更提出許多問題，主要的如工業發展問題，工人鬥爭問題，它都很細心的描寫與解決。從『文學是時代的

〔註6〕 焰生：《〈子夜〉在社會史的價值》，1933 年 5 月《新壘》月刊第 1 卷第 5 期。
〔註7〕 余定義：《評〈子夜〉》，1933 年 3 月 10 日《戈壁》第 1 卷第 3 期。
〔註8〕 朱明：《讀〈子夜〉》，1933 年 4 月 1 日《出版消息》第 9 期。
〔註9〕 吳宓：《茅盾著長篇小說〈子夜〉》，1933 年 4 月 10 日天津《大公報》。
〔註10〕 吳組緗：《評茅盾〈子夜〉》，1933 年 6 月 1 日《文藝月報》創作號。
〔註11〕 瞿秋白：《〈子夜〉和國貨年》，1933 年 4 月 3 日《申報‧自由談》。

反映』上看來，《子夜》的確是中國文壇上新的收穫，這可說是值得誇耀的一件事。」「我想在作者落筆的時候，也許就立下幾個目標去寫的，這目標可說是《子夜》的骨幹：一，帝國主義給與殖民地中國的壓迫。二，殖民地資產階級的相互矛盾，主要是工業資本與銀行資本的矛盾。三，無產者與資本家的衝突，農民與地主的衝突。」〔註12〕順著這一維度，王淑明直截了當地認定，《子夜》的意圖就是要想企圖解答中國現代社會的性質的，而這種藝術嘗試是成功的。作者「明白地告訴給我們，不但中國，只要是處在半殖民的地位底國家，她要想發展民族資本，都成為不可能，這是一個普遍地通行於半殖民地的社會裏的鐵則，而中國恰恰也是這圈內的一環」。〔註13〕

針對《子夜》的不同指向，侍桁發表了《〈子夜〉的藝術，思想及人物》一文，力圖重構並修正文本的接受視野。在他看來，《子夜》不僅是 1933 年間的重要作品，更是五四後新文學中有著最重要地位的一部偉大的作品，只是作者大規模的表現中國社會的企圖這一構想與讀者的期待並不契合，因此他希望讀者在接受文本的羅曼蒂克色彩的同時修正自己的接受視野。他說：「《子夜》是一本巨大的企圖的書，而因為那成為全書的牽線的主人公被寫得過分地理想化，結果成了一本個人悲劇的書了。從藝術的觀點，這書時常使用著舊的手法，在許多場合上有著自然主義的方法的使用，而在更多的場合，是充滿了羅曼蒂克的氣氛。拿他當作新寫實主義的作品而接收的人們，那是愚蠢的。在思想上，他是非常地隱晦，只有從他的諷嘲的人物或主義上，我們可以反面地去猜想，至於藝術的表現出來的時候，他多少含有觀念論者的嫌疑，從其描寫性欲的場面上看來，這嫌疑是有著充分的根據的。」為表明他接受視野的客觀性，侍桁特意說：「最後，我必需聲明，我不是從無產階級文學的立場來觀察這書以及這作者，如果那樣的話，這書將更無價值，而這作者將要受更多的非難。但我相信，在目前的中國的文藝界裏，對於我們的作家，那樣來考察的話，是最愚蠢，最無味的事。」〔註14〕

對侍桁的修正和有條件的詮釋，何丹仁（馮雪峰）沒有從正面予以解釋，而是從革命文學的意義上予以了反駁。他認為，《子夜》「一方面是普洛革命文學裏面的一部重要著作，另一方面就是『五四後』的前進的，社會的，現實主義的文學傳統之產物與發展。中國普洛革命文學如果不能承繼『五四後』

〔註12〕瞿秋白：《讀〈子夜〉》，1933 年 8 月 13 日《中華日報》。
〔註13〕王淑明：《子夜》，1934 年 1 月 1 日《文學季刊》創刊號。
〔註14〕1933 年 11 月 1 日《現代》第 4 卷第 1 期。

的前進的現實的文學的這個傳統，如果沒有這個基礎，那麼它在現在恐伯還沒有力量產生出像《子夜》這樣的作品；但最重要的是在如果『五四後』的文學傳統不向普洛革命文學的方向發展，如果它不與革命的現實更接近或者竟與之背離，那麼這個傳統現在就絕對不能有《子夜》似的產物。」「《子夜》不但證明了茅盾個人的努力，不但證明了這個富有中國十幾年來的文學的戰鬥的經驗的作者已爲普洛革命文學所獲得；《子夜》並且是把魯迅先驅地英勇地所開闢的中國現代的戰鬥的文學的路，現實主義的創作的路，接引到普洛革命文學上來的『里程碑』之一。」〔註15〕

循照這一指向，作爲左聯重要成員的茅盾於 1939 年在新疆學院闡述了《子夜》的創作意圖與主題，指設了《子夜》接受的新路向。他說：「這樣一部小說，當然提出了許多問題，但我所要回答的，只是一個問題，即是回答了托派：中國並沒有走向資本主義發展的道路，中國在帝國主義的壓迫下，是更加殖民地化了。」〔註16〕1945 年 6 月，王若飛代表中共中央在祝茅盾 50 壽辰的講話上將茅盾的創作道路定爲「中國民族解放與中國人民大眾解放服務的方向，是一切中國優秀的知識分子應走的方向」，〔註17〕茅盾所指設的《子夜》視野理所當然地定向爲「接受指南」。之後，雖有唐湜、林海等人對《子夜》提出不同的認識，〔註18〕但形單勢弱，未能引起任何效應。至此，1933～1948 年間的《子夜》接受的定向工程宣告奠基。

1933～1948 年間的《子夜》接受從質疑聲中起步，經歷了維護、初定向、修正、再修正和再定向的歷程。接受者們對《子夜》的接受視域與期待視野作了初步的闡釋，實現了《子夜》最初的定位與定向工作，爲之後《子夜》的接受打開了通道。但是，我們也應看到，這一時期的《子夜》接受並沒有充分地展示《子夜》的多向視野，一些富有啓迪意義的創見僅感悟式的提及而缺乏交流，沒有形成有效的接受鏈，時代的語境又阻止了本可以擴展的期待視野，終止了多向交流與延伸的可能，使本文的接受呈現爲單向散發式的態勢而難以展開，唯一有限的呼應也緣於同一陣營的相互應和且最終爲「官

〔註15〕 何丹仁：《〈子夜〉與革命的現實主義的文學》，1935 年 4 月 20 日《木屑文叢》第 1 輯。

〔註16〕 茅盾：《〈子夜〉是怎樣寫成的》，1939 年 6 月 1 日《新疆日報》。

〔註17〕 王若飛：《中國文化界的光榮　中國知識分子的光榮——祝茅盾先生五十壽日》，1945 年 7 月 9 日《解放日報》。

〔註18〕 唐湜：《師陀的〈結婚〉》，1948 年 3 月 15 日《文訊》第 8 卷第 3 期；林海：《〈子夜〉與〈戰爭與和平〉》，1948 年 9 月 24 日《時與文》第 3 卷第 23 期。

方」所定向，形成《子夜》接受的「神話」視域，《子夜》接受的多向視野的格局迅速萎縮，諸多尚待展示的問題亦自然被懸置起來。例如，《子夜》文本的藝術水平問題，這也是《子夜》接受者首先發難的問題。公允地說，《子夜》是一部瑕玉互見的作品，接受者們對《子夜》的藝術提出質疑也在情理之中。當時不少論者認為《子夜》的人物形象並不成功，甚至有人認為《子夜》是「一個大失敗」，吳蓀甫「簡直是一個無靈魂的木偶」。〔註19〕就整體構建而言，否定者亦不占少數，雖然有些論點如「《子夜》乍看起來，似乎很好，但仔細考察一下，就近於是無靈魂的雜貨堆」，〔註20〕以及「《子夜》太多特寫的新聞鏡頭，像由許多短篇拼湊起來的，而茅盾先生對人物性格的聯結與推展所構成的畫面也沒有給予一種統一又巨大的精神動力……因而《子夜》就不能不陷於新聞主義的支離又概念化的境地」，〔註21〕有極端化之嫌，但作者表現時代的大企圖與文本呈現間的不平衡是一個客觀存在。但是，「茅盾方向」被確立後，《子夜》也隨之聖化，不同的或否定的意見無論合理與否都淪為批判的靶子，交流自然消解。又如，《子夜》的接受視域與闡釋路向問題，這也涉及到《子夜》的藝術貢獻與文學地位的問題。《子夜》是茅盾經歷了大革命失敗後複雜心境的產物，也是一部有著多種思想傾向的文本，其中既有現實主義因素，也有浪漫主義、自然主義元素，還有頹廢主義傾向，從不同的向度闡釋《子夜》的成就，本是一個極有益的文學課題，而且從文本實際的接受歷程看，最初人們接受《子夜》時，多是從作者在《子夜》初版本《跋》裏自述的寫作意圖——「大規模地描寫中國社會現象的企圖」獲得闡釋路向的。「時代精神把握論」、「現實主義成就論」、「浪漫主義（理想主義）作品論」、「自然主義小說論」等，即是以之為支點的讀解。然而，「階級關係突破論」和「回答托派說」占居主導後，《子夜》的接受隨之徹底轉向，「浪漫主義論」、「自然主義論」等路向也就失去了深化的必然。這不能不說是歷史的遺憾。

二、轉向與放大（1951～1963）

1951年7月1日，北京新建設雜誌社出版了李何林等著的《中國新文學史研究》一書，其中，由李何林先生執筆的《茅盾》一節對《子夜》做出了較高的評價：「新文學中的鴻篇巨製，比較成功的作品，當然要首推他的《子

〔註19〕常風：《茅盾：〈泡沫〉》，《棄餘集》，新民印書館1944年6月版，第58頁。
〔註20〕李辰冬：《讀茅盾的〈子夜〉》，1934年9月22日天津《大公報》。
〔註21〕唐湜：《師陀的〈結婚〉》，1948年3月15日《文訊》第8卷第3期。

夜》。」「《子夜》所描寫的社會背景是：民族工業的破產，世界經濟的危機（1929）的影響，軍閥混戰，農村破產，資產階級本身的動搖及加緊壓榨工作，工人的政治的經濟的反抗鬥爭。作品中寫的是三個方面：投機市場、工廠和農村。從這篇作品中看，作者對於中國當時社會本質的理解是正確的，而他的綜合概括能力，以及很多細節的生動的描寫，表現了作者的天才和智慧。」〔註22〕隨後，王瑤也在其撰寫的文學史中高度肯定了《子夜》的藝術成就：「作者以非常精幹的民族資本家絲廠老闆吳蓀甫爲中心，開頭寫吳老太爺由農村進入都市，隨即死亡，象徵了封建社會的滅亡；然後借著吳老太爺的喪事，把重要人物都露了面，以下藉投機市場，民族工業，和農村破產，工人生活等的聯繫，展開了巨大繁多的場面。革命鬥爭是用側面寫的，主要還要暴露『上層』。絲廠的營業又正需要都市與農村的聯繫，結構是很巧的。那個扼殺工業發展的金融巨子趙伯韜是美帝的買辦，也看出了誰眞正操縱著中國的命脈。最後以吳蓀甫完全失敗了，到牯嶺去避暑完結。書中場面和人物都很多，也有不少的心理描寫；結構穿插很巧，像吳蓀甫、趙伯韜、屠維岳、杜竹齋等幾個人物也寫得很成功，是這一時期創作中的重大收穫。」〔註23〕但是，這種較爲單純的藝術視野顯然與前期的定向視野有所編差，也與期望的既定視野有所偏離。於是，馮雪峰在《文藝報》發表長文，再次重申了從無產階級的立場上確定《子夜》歷史貢獻的必要性。他說：「《子夜》是在無產階級現實主義的號召和影響之下寫作的。」「《子夜》在反映現實上有它不可磨滅的成就，因此它成爲我們文學中優秀的作品之一；雖然還不是已經勝利的無產階級現實主義的作品，但它也盡了開避道路的作用。這是就創作方法的成就上說的；而從現實主義的基本方向說，《子夜》卻已經是屬於無產階級現實主義的作品。」而「《子夜》的缺點，照我瞭解，第一，正像作者自己所說，對於他所要描寫的革命工作者和工人群眾是描寫得不夠深刻，不夠生動、也不夠眞實的。……第二，反映當時的革命形勢反映得不夠深刻，……第三，在某些人物的描寫上是有概念化和機械的地方的；而『性的刺激』在人物描寫上佔了那麼重要的成分，也是一個个小的缺點。」〔註24〕全文轉載於《新華

〔註22〕李何林等著：《茅盾》，《中國新文學史研究》，北京新建設雜誌社 1951 版，第 85 頁。
〔註23〕王瑤：《中國新文學史稿》（上），北京開明書店 1951 年版，第 226～227 頁。
〔註24〕馮雪峰：《中國文學中從古典現實主義到無產階級現實主義的發展的一個輪廓》，《新華月報》1952 年 11 月號。

月報》，不僅爲之後的《子夜》接受定下了基調，也成爲新時代理解《子夜》
文本的指導性文件。〔註 25〕於是，從階級的視野充分展示《子夜》的歷史意
義，從政治的高度竭力贊許《子夜》的傑出成就，成爲這一時期接受者一致
遵循的時代準則，《子夜》的接受視野亦由之轉向並放大。例如，吳奔星在評
價《子夜》的偉大成就時這樣寫道：「一、從思想內容說：《子夜》好比一面
鏡子，反映出一九二七年以後抗日戰爭開始前的一個時期的社會面影，反映
光明與黑暗相激相蕩的情況，而且暗示黑暗面在縮小，光明面在擴大。在黑
暗面上使人看出舊社會在崩潰，在光明面上使人看出新社會在萌芽。」「二、
從人物形象說⋯⋯首先發現工農勞苦大眾身上的革命力量，並且在作品中把
他們當作革命的階級來處理，更重要的是首先寫出黨在階級鬥爭中的領導作
用，把工人階級當作領導階級來看，《子夜》卻是第一部書。雖然《子夜》中
的主要人物，是吳蓀甫、趙伯韜之流，然而它暗示著未來社會的主人公則是
革命鬥爭中的工人和農民。這是《子夜》的特點，也是《子夜》之所以成爲
現代文學史上傑出的作品的原因之一。」「三、從創作方法說：《子夜》基本
上是屬於社會主義現實主義範疇的作品，而且具有由批判的現實主義到社會
主義現實主義的過渡的意義。這就是說對我國現代文學中的社會主義現實主
義的成長，《子夜》有推動和示範的作用，在某種程度上還有促其完成的作用。」
「四、從表現手法說⋯⋯因他運用了概括與分析相結合的手法，也就使得《子
夜》有了不朽的『史詩』般的藝術價值。」「五、從影響方面說，《子夜》是
啟發作家擴充知識投入生活的漩渦裏去的第一部長篇小說⋯⋯是我國現代文
學走向『文學爲工農兵服務』的過程中的里程碑」〔註 26〕這種看似出發於文
本但卻脫離於文本的政治社會學闡釋自然放大了《子夜》的文學價值，也使
得隨後的《子夜》接受文章從思路到文辭大同小異，從觀點到方法如出一轍，
用窺一斑而知全貌來形容並不爲過。對此，我們再以丁易的文學史敘述作爲
典型的實例即可見一斑：

〔註 25〕例如，傅魯認爲，茅盾自己的檢討與馮雪峰的批評都是我們理解《子夜》的
　　　　重要指示。見傅魯：《關於茅盾的長篇小說〈子夜〉》，《藝術生活》1953 年第
　　　　9～10 期；吳奔星援引馮雪峰的意見認可《子夜》的藝術成就。見吳奔星：《茅
　　　　盾小說講話》，上海泥土社 1954 年版，第 188 頁；丁易引馮文肯定《子夜》
　　　　的歷史意義，見丁易：《革命文學的巨著──〈子夜〉》，《中國現代文學史略》，
　　　　北京作家出版社 1955 年版，第 302 頁；何家槐亦認可馮文的觀點，見何家槐：
　　　　《子夜》，《文藝學習》1954 年 7 期。等。
〔註 26〕吳奔星：《茅盾小說講話》，上海泥土社 1954 年版，第 186～190 頁。

　　茅盾的《子夜》是一部革命文學巨著，在中國現代文學史上，是一部出色的作品。

　　《子夜》寫成於 1932 年，正是中國左翼作家聯盟成立後兩年，茅盾是左聯的會員，《子夜》的出色成就，也就顯示了左聯的業績，這在當時，是具有很重要的政治意義的。

　　……

　　他有力地說明了當時中國的一個最重要最基本的問題：那就是帝國主義為了挽救自身的危機，它就要加緊侵略殖民地半殖民地國家，使之更加殖民地化，決不容許他們走向資本主義道路。因此，半殖民地半封建的中國的民族工業，在帝國主義侵略和壓迫之下，不僅不可能得到發展，並且要受到帝國主義的摧殘和控制。……由於作者是通過藝術形式來說明這一問題，再由於作者的高度的藝術才能，又能夠生動、具體地表達出來，這就比較一般闡述這一問題的論文有更好的更大的說服力量。這樣，《子夜》就完全適合了當時革命鬥爭的要求，盡了宣傳革命教育群眾的任務，並進而推動了革命運動。這是《子夜》的重大的歷史意義，也是《子夜》的成就之一。

　　其次，作者既生動地指出了中國民族資產階級的動搖性、買辦性和反動性，同時也形象地描寫了中國革命的主要動力──中國共產黨領導的工人運動和農民運動。……雖然這一些寫得還不夠深入，但作者卻有力地指出了中國革命的主力必須是中國共產黨領導下的工人和農民，只有他們才能夠堅決徹底執行反帝反封建的任務，明確了中國革命前途，在一定程度上鼓舞了當時讀者的革命情緒。這是《子夜》的成就之二。

　　再次，作者很成功地寫出了一些具有歷史意義的人物，如民族資本家吳蓀甫，買辦資本家趙伯韜、以及他們周圍的一些人，並很生動地反映了當時上海社會的這一方面，這是作者對中國現代文學一個巨大貢獻，這個貢獻是別人不曾提供過的。……這是《子夜》的成就之三。

　　最後，作者都是站在革命的，人民的立場去觀察分析的，雖然有些地方還流露了一些小資產階級的思想感情，但那已不是主要的成分。所以《子夜》是一部比較成功的革命文學作品，而且在當時的革

命文學創作中，像這樣大規模的描寫中國社會現象，《子夜》也還是第一部，因而，這在中國革命文學的歷史發展方面，也起了很大的推動作用。這是《子夜》的成就之四。

　　就由於這些成就，《子夜》在中國現代文學史上就有著不可磨滅的光輝。

　　……

　　……正如作者所説，由於他對於革命鬥爭和在鬥爭中的工人群眾及革命者還不夠熟悉，所以分析批判他們的革命工作就不能深入，而且描寫他們的形象，也就不能全面，甚至有一部分歪曲的地方。也正由於這一原因，所以作者反映當時的革命形勢也就不夠深刻……有些地方就不免流於概念化。〔註27〕

當然，這一時期也有個別文章較少政治的機械的眼光，至今讀來仍覺得別開生面，但的確鳳毛麟角，如葉子銘發表於《江海學刊》1962年11期的《談〈子夜〉的結構藝術》一文，雖然作者認爲全書結構有條不紊，渾然一體的觀點可以再思，但全文所表現出來的學理性令人敬佩，特別是在政治一元化的時代語境下更顯得難能可貴。

　　1951～1963年的《子夜》接受是在一元化的時代語境下展開的，更是在階級觀念與政治立場的追問與探究下轉向與放大的，因此對文本社會意義的估量就大於對文本內在藝術的探尋，對作者世界觀與創作方法的定位就大於對文本社會效果的考慮，這就使得剛剛顯露的從藝術視閾審視文本的接受嘗試迅速被探求文本社會政治意義的導向性視閾所制約、所定向，任何企圖超越規定閾值的接受視野都有可能背負誣衊無產階級文學的政治惡名，因此，千人一面，萬人一腔的接受格局就在所難免。不僅原有的未完成的展示不可能得以拓展，即便是有可能交流的視野也因強烈的政治色彩而無法對接。例如，談到作品的不足時，幾乎無一例外的援引1952年茅盾在開明書店出版的《茅盾選集·自序》中所做的檢討，即對工人群眾表現不足，對革命形勢認識不深以及由此造成的結構的游離等，很少從審美的、藝術的視野去剖析文本的美學不足。而談及成就時，則是在政治的視閾中放大拔高，「作爲標誌著沿著社會主義現實主義方向發展的新文學作品來説，《子夜》帶有里程碑的意

<hr>

〔註27〕丁易：《革命文學的巨著——〈子夜〉》，《中國現代文學史略》，北京作家出版社1955年版，第299～303頁。

義」；〔註28〕「《子夜》是一部社會主義現實主義的前驅之作」，〔註29〕等，俯
拾即是。因此，《子夜》的接受表面看來風光無限，但究其根本是借政治外力
之勢而非文本審美之實，是依無產階級文學樣板之尺而非讀者內心審美感受
之度。因此，在政治一元化的接受語境下，視角單一，視閾單向，閾值放大，
格局封閉就成為這一時段《子夜》接受的歷史樣態。當歷史翻過新的一頁時，
這段被單一、定向、放大又意識形態化的接受閾值幾乎都沉入歷史，令人歎
息亦令人悲懷。這也是 1951～1963 年《子夜》接受無法超越的歷史局限。

三、挑戰與懸置（1977～2011）

　　1977 年 4 月，田繪藍在《華中師院學報》上發表《評三十年代的優秀長
篇小說──〈子夜〉》一文，雖然全文殘留著明顯的時代痕迹，但卻標誌著新
時期《子夜》接受邁開了劫後重生的第一步。隨後，《子夜》的接受隨著茅盾
研究的展開而步入正軌，呈現出平穩有序的接受史態。據筆者不完全統計，
1977～2011 年，各類報刊僅發表《子夜》的接受文章就達 300 篇以上，顯示
出《子夜》接受的學術進展。不過，這一時期《子夜》接受最引人注目的是
1988～1996 年間一些接受者在「重寫文學史」觀念的影響下對文本的藝術傾
向與文學史地位的質疑與挑戰──對「主題先行」與「《子夜》範式」的拷辨
與挑戰以及由之引發的反駁與思考。今天，「重寫文學史」雖然不再作為一個
文學口號而存續，但「重寫」的實踐卻依舊在繼續，只是此時的接受者們多
了一份理性，多了一份寬容，多了一份歷史的體悟，多了一份面對的情懷。
當然，也多了一份苦澀與無奈。而隨後的《子夜》接受歷程表明，質疑與挑
戰既是《子夜》接受視野深化的開始，也是《子夜》接受視野懸置與變異的
開端。我們的探討不妨從這開始。

（一）主題先行

　　《子夜》的創作是先有主題然後依之取材還是先有題材再生成主題，至
今仍眾說紛紜。在《子夜》剛剛出版之際，茅盾在《跋》中寫下了這樣一段
話：|一九三〇年夏秋之交，我因為神經衰弱，胃病，目疾，同時並作，足有
半年多不能讀書作文，於是每天訪親問友，在一些忙人中間鬼混，消磨時光。
就在那時候，我有了大規模地描寫中國社會現象的企圖。後來我的病好些，

〔註28〕劉柏青：《〈子夜〉的成就》，《東北人民大學人文科學學報》1956 年 4 期。
〔註29〕葉子銘：《論茅盾四十年的文學道路》，上海文藝出版社 1959 年版，第 132 頁。

就時常想實現這『野心』。到一九三一年十月，乃整理所得的材料，開始寫作。」由之可知，《子夜》的創作應該是因生活之感而生創作之意。然而，茅盾隨後的一段自述又使這一問題複雜化。他說：「在我病好了的時候，正是中國革命轉向新的階段，中國社會性質論戰得激烈的時候，我那時打算用小說的形式寫出以下的三個方面：（一）民族工業在帝國主義經濟侵略的壓迫下，在世界經濟恐慌的影響下，在農村破產的環境下，爲要自保，使用更加殘酷的手段加緊對工人階級的剝削；（二）因此引起了工人階級的經濟的政治的鬥爭，（三）當時的南北大戰，農村經濟破產以及農民暴動又加深了民族工業的恐慌。」「這三者是互爲因果的。我打算從這裏下手，給以形象的表現。這樣一部小說，當然提出了許多問題，但我所要回答的，只是一個問題，即是回答了托派：中國並沒有走向資本主義發展的道路，中國在帝國主義的壓迫下，是更加殖民地化了。中國民族資產階級中雖有些如法蘭西資產階級性格的人，但是因爲一九三〇年半殖民地的中國不同於十八世紀的法國，因此中國資產階級的前途是非常暗淡的。在這樣的基礎上產生了中國民族資產階級的動搖性。當時，他們的『出路』是兩條：（一）投降帝國主義，走向買辦化；（二）與封建勢力妥協。他們終於走了這兩條路。」〔註 30〕這段自述明白無誤地透露出《子夜》的創作是因主題之囿而尋生活之象，特別是當瞿秋白「指導」《子夜》的創作爲人所共知時，主題先行也就成爲接受者病詬《子夜》的一個口實。其實，這一問題王淑明和侍桁早就有所察覺，〔註 31〕只不過朱自清最先點明而已。他說：「這幾年我們的長篇小說漸漸多起來了，但真能表現時代的只有茅盾的《蝕》和《子夜》。……前一本是作者經驗了人生而寫的，這一本是爲了寫而去經驗人生的。聽說他的親戚頗多在交易所裏混的；他自己也去過交易所多次，他這本書是細心研究的結果，並非『寫意』的創作。」〔註 32〕不過，朱自清的這一說明在當時並未引起人們的關注。

　　1951 年，李何林等奉命撰寫新文學教學大綱，在《茅盾》一節中他舊話重提：「《蝕》是先有了生活經驗然後寫的，而《子夜》則是先有了主題思想和一部份經歷，然後去體驗生活並調查研究的。調查研究了許多材料，然後才寫作。和別人是一樣經過了蓄積材料，孕育材料，與寫作的三個過程。」

〔註 30〕茅盾：《〈子夜〉是怎樣寫成的》，1939 年 6 月 1 日　《新疆日報・綠洲副刊》。
〔註 31〕見王淑明：《子夜》，1934 年 1 月 1 日《文學季刊》創刊號；侍桁：《〈子夜〉的藝術，思想及人物》，《現代》1933 年第 4 卷第 1 期。
〔註 32〕朱佩弦（朱自清）：《子夜》，《文學季刊》1934 年第 2 期。

〔註33〕之後金申熊也表示認同：「《子夜》中的許多人物形象以至於情節，場面，都帶有顯著的理論分析的痕迹，比如以吳老太爺的死來說明封建僵屍在資本主義都市生活中的風化；以趙伯韜和尚仲禮的聯盟來標誌帝國主義買辦勢力和封建殘餘勢力的勾結，以李玉亭和秋隼的形象來表現資本主義的經濟和法律爲資產階級的利益辯護和服務（……）。就連作爲各種社會關係的複雜總和的吳蓀甫的形象以及他那個分崩離析的資產階級家庭的描寫，也是經過理論上的分析的。這些人物和情節，有些是以作者的豐富的生活經驗爲基礎的，那麼先進理論的分析就起了積極作用，使人物寫得更加深刻而有概括意義（特別如吳蓀甫的形象），有些則是比較缺乏生活經驗的基礎的，那就很容易看出從理論出發的痕迹。……但是這並不能理解爲作者對作品的某些部分完全缺乏生活經驗，完全是從理論出發，而只是說作者的生活經驗還趕不上主題的要求。這就是我們所說的《子夜》創作上的矛盾。這個矛盾影響於作品最嚴重的，就是已經有許多人指出過的描寫共產黨員和工人運動的地方；此外，第四章描寫農民運動，在全書中有游離傾向，也不能單純看作是結構技巧上的問題。」〔註34〕但1950年代是將「主題先行」當作一個可以被推廣的成功的寫作經驗的時代，加之又是茅盾在創作中的表現，自然無人敢商榷與質疑。

1970年代末，質疑聲再度響起。司馬長風在他的《中國新文學史》（中卷）裏引用了茅盾的「回答托派說」後這樣指責道：「這一段話，如果不特別標明是談《子夜》寫作經過的，人們直覺是馬克思《資本論》中的片斷。這樣的寫作動機，距文學十萬八千里，怎麼會寫出優秀的小說來？」〔註35〕但吳組緗並不認同，他認爲《子夜》的成就主要得力於這種先有正確的主題思想。〔註36〕對此，藍棣之拋出「重磅炸彈」，全面挑戰了這一視野。他以《一份高級形式的社會文件——重評〈子夜〉》爲題，不僅再次明確指出《子夜》是「主題先生」的產物，而且將以前接受者對於《子夜》的讚譽統視爲過譽之辭，呼籲重新評價《子夜》的文學地位。這一過激的視野立

〔註33〕李何林等著：《茅盾》，《中國新文學史研究》，北京新建設雜誌社1951版，第85頁。

〔註34〕金申熊：《略論〈子夜〉》，《新建設》1957年4期。

〔註35〕司馬長風：《中國新文學史》）（中卷），香港昭明出版社有限公司1978年版，第50頁。

〔註36〕吳組緗：《談〈春蠶〉——兼談茅盾的創作方法及其藝術特點》，《中國現代文學研究叢刊》1984年4期。

刻引起軒然大波，也使「主題先行」的問題在「重寫文學史」的口號下顯得格外醒目。藍棣之的主要觀點是：「《子夜》的偉大主題與其藝術魅力，二者表現爲一種分離狀態。」「《子夜》是一部過於笨重的使人望而生畏的作品。」「《子夜》裏那些枯燥乏味的敘述和描寫，僅僅是茅盾爲了表現概念內容而搜集來的『素材』，是並沒有完成的內容。」「《子夜》缺乏主體性體驗，過重客觀觀察與描寫，自然主義創作方法的影響，有迹可尋。《子夜》缺乏時空的超越意識，過於急功近利，是一部缺乏魅力與恒久啓示的政治小說，缺乏深厚的哲理內涵，缺乏對人性、生命和宇宙意識的透視，因而是一部『有底』的作品。」總之，「《子夜》是這樣一部作品：追求偉大，但缺乏深刻的思想力量，也未敢觸及時代的尖銳政治課題；追求氣魄宏偉，但風格笨重；追求嚴謹結構，但過於精巧雕鏤，有明顯的工匠氣；追求革命現實主義，但導致了主體性大大削弱。……《子夜》讀起來就像一份高級形式的社會文件，因而是一次不足爲訓的文學嘗試」〔註37〕藍文的「高級文件」說完全打破了接受者的期待視野，令眾多的接受者一時情態各異。正當接受者欲就此展開進一步的論辯時，時風的轉向懸置了這場本可深化的《子夜》接受。

（二）《子夜》範式

　　1988 年 2 月，王曉明在《中國現代文學研究叢刊》第 1 期發表《一個引人深思的矛盾——論茅盾的小說創作》一文，深入剖析了作爲政治家的茅盾與文學家的茅盾對立而又艱難統一的矛盾性，打開了接受者重思茅盾創作的新視閾。順著這一視閾，汪暉提出了「《子夜》範式」的命題。他認爲，《子夜》範式在對待現實、對待個人以及敘述的方式上構成了對「五四」文學傳統的一次重要的背逆。「因此，構成《子夜》與『五四』小說的第一個區別、也即《子夜》範式的第一個特點的是小說呈現出的政治意識形態的明晰性、系統性，從小說的功能方面說，它大大強化了文學的意識形態的論辯性。中國小說的政治意識形態性和黨派性的傳統是從《子夜》開始得到確立的。」「這種以系統、明晰的社會理論分析社會階層和人物的傾向，使小說家竭力以『科學的』、『不以個人意志爲轉移的』面貌來表現生活，特別是『生活的本質』和『規律』。這樣，在敘事方式上，《子夜》力圖消解作家的個人性和主觀性，

〔註37〕藍棣之：《一份高級形式的社會文件——重評〈子夜〉》，《上海文論》1989 年
　　　　3 期。

從而使得小說的敘事呈現出客觀的、非情感的特徵。（著重號爲原文所有。引者注。）這構成了《子夜》在敘事方式上與『五四』小說傳統的另一重要的分野。」「與小說的政治意識形態的系統性、明晰性和敘事過程的非個人化和非情感化相關的，是《子夜》與五四小說傳統的又一重要差別：反映現實的『整體性』、『時事性』和『共時性』。」「總之，政治意識形態的明晰性、系統性，描繪生活的客觀性、整體性，藝術過程的非個人性和非情感性……正是《子夜》結構形態的基本特徵。這種特徵一方面抑制了五四文學中曾出現過的那種主觀誇大與濫情的傾向，使現代小說以更爲冷靜的態度面對現實、面對個體的有限性，另一方面又在『必然性』的名義下突出了一種作爲既現實又神秘的絕對力量，從而個體只能是一種匍伏於這種超越性的絕對力量之下的可憐而被動的玩偶。一切掙扎、奮鬥、奇謀壯勇，最終都將消解在這種絕對力量的巨網之中。人對現實的超越的激情在此如同遭遇無情而厚實冰塊，迅速地冷卻了。」〔註38〕這一命題因關涉對「茅盾傳統」以及「五四」文學的傳統的重新評價，引發了接受者的進一步思考。不過，更具挑戰性的是徐循華，她將茅盾所構建的「《子夜》模式」概括爲三點：「主題的先行化創作原則」、「人物觀念化的塑造方法」以及「鬥爭化的情節結構法」，並認爲這一模式對之後的現代長篇小說創作產生了深遠的影響。〔註39〕之後孔慶東調整爲：以社會學理論主題爲指導，進行再現式的理性創作，題材上大規模反映某一社會現象以至整個社會，創作手法上採用多線索交叉的一樹千枝型結構，人物眾多，各自以社會學上的代表性組成典型群，從而使形象手段與邏輯手段殊途同歸。〔註40〕沒有實質性的突破。

　　《子夜》是一部彙政治性與文學性於一體的創作文本，以往的接受多從政治的路向高度肯定《子夜》的藝術成就也是不爭的事實。當文學的審美的視閾回歸常態後，《子夜》的非文學因素自然遭遇強有力的挑戰。客觀地說，王文、藍文、汪文與徐文都是努力思考之作，儘管有可商榷之處甚至有偏頗之處，但決不是嘩眾取寵之作。對此陳思和反思道：「八十年代後期，曾經有个少研究者反思過《子夜》的創作模式，這些看法都是有道理的，但那時

〔註38〕汪暉：關於《子夜》的幾個問題，《中國現代文學研究叢刊》1989年1期。

〔註39〕徐循華：《對中國現當代長篇小說的一個形式考察——關於〈子夜〉模式》，《上海文論》1989年3期。

〔註40〕孔慶東：《腳鐐與舞姿——〈子夜〉模式及其他》，《文藝理論與批評》2005年1期。

的反思往往也忽略了問題的另一面，那就是《子夜》中還有作家非常優秀的因素存在，如果我們的解讀更多從這積極的一面出發，並且也指出它的消極的一面，這樣《子夜》會是一個與以往給我們印象截然不同的作品，一部優秀的作品，它的魅力可能就是在這樣不斷地闡釋和不同的闡釋中慢慢地持久地延續下去的。」〔註41〕一些受舊思想觀念束縛的接受者難以接受《子夜》下移的「殘酷」現實，難以理解茅盾研究界竟然會出現如此「出格」的接受視野，紛紛撰文予以駁難，〔註42〕這並非不可理喻。然而，他們的駁難卻存在著明顯的外圍審視多而內在審視不足，理論框套多而實證舉例不足，上綱上線多而學理探討不足的「三多三不足」的缺憾，雖然在特定的語境下顯出強勢，但很快便潛沉於歷史也在情理之中。畢竟論者的駁難內證不足，畢竟人們有過沉痛的教訓。也有的接受者取折中的態度以求得新變，〔註43〕但更多的接受者以冷靜、理性、深入的思考面對亟待解決的難題。例如逄增玉就認為，《子夜》實質上是現代的政治小說，其傾向和價值具有歷史的合理性，符合政治文學的要求，應該予以尊重和承認；但同時《子夜》也存在由政治化追求和創作方法帶來的失誤與局限，它的政治小說的價值和局限交融並存，為文學史提供了值得認真總結的經驗與教訓。〔註44〕這無疑是切合文本也是客觀理性的分析，也是《子夜》接受的一種推進。而王彬彬則從瞿秋白的絕筆書中探析其內心真實的意願，從另一側面駁證了《子夜》在作者心中的文學地位，論者所發現的瞿秋白「指導」《子夜》的寫作、歡呼《子夜》的出版是在「演戲」的視野，令人耳目一新，亦為接受者所首肯。〔註45〕

〔註41〕陳思和：《〈子夜〉：浪漫‧海派‧左翼》，《上海文學》2004 年 1 期。

〔註42〕相關文章見曾文淵：《誰家的「文學評論理論」？——讀幾篇重評〈子夜〉的文章有感》，1990 年 5 月 5 日《文藝報》；莊鍾慶：《也談「重寫文學史」：從所謂〈子夜〉「主題先行」說起》，1991 年 3 月 4 日《光明日報》；丁爾綱：《論東西方文化碰撞中對茅盾的歷史評價》，《茅盾與中外文化》編輯組編：《茅盾與中外文化》，南京大學出版社 1993 年版，第 44～69 頁；曾冬水：「《子夜》模式」辨，《江西師範大學學報》1991 年 3 期。邵伯周：《茅盾幾部重要作品的評價問題》，1996 年 7 月 4 日《文學報》。

〔註43〕石芳慶：《出自生活還是出自理念——從茅盾的創作思想和創作實踐看〈子夜〉的所謂「主題先行」》，《新疆大學學報》1993 年 1 期。

〔註44〕逄增玉：《〈子夜〉的敘事傾向和文學價值的再認識》，《東北師大學報》2003 年 6 期。

〔註45〕王彬彬：兩個瞿秋白與一部《子夜》——從一個角度看文學與政治的歧途，《南方文壇》2009 年 1 期。

　　當然，我們也不無遺憾地看到，由於外在因素的影響，這場頗具意義的討論未能深入下去，「主題先行」與「《子夜》模式」等相關視野竟一不小心成爲「禁區」，成爲討論《子夜》得失的一個無奈繞行的學術「暗礁」，而這對於《子夜》這樣一部承載了較多政治意味的文本而言，又何嘗是解決問題的良方！直行意恐觸礁，迴避難以前行。《子夜》的接受充滿艱難與無奈，阻力重重，任重而道遠！近來，一些學者試圖另闢蹊徑深化《子夜》的接受，如從頹廢的視野考察《子夜》的「現代性質疑」和「繁榮與糜爛同體性」；〔註46〕將《子夜》視爲媒介小說研讀，認爲《子夜》恰恰是一部把關於「多彩的閱讀」的戲劇，在複雜的相互反覆的情況中不斷上演的小說，〔註47〕等，這雖別具一格，但也多是一種思路上的調整而非實質性的推進。因此，若想對《子夜》的接受有實質性的推進，就必須對「主題先行」與「《子夜》模式」（包括「茅盾傳統」）進行再透視與再思辨，而不是無視或繞行。誠然，直面命題阻力重重，因爲它不僅意味著對歷史本相的探尋與考辨，意味著對現代文學舊秩序的顛覆與新秩序的重建，更意味著對一種意識形態所定向的接受公式的挑戰與顛覆，意味著對既定權威觀念的消解與重構──意味著一種主體的涌動與精神的解放，意味著中國現代知識分子積極參與現代中國歷史變革的鼎新意識，意味著中國現代精英階層對現存世界及其舊權力秩序無畏的抗拒與不妥協的表達。它牽一髮而動全身，但我們必須面對，若依然懸置或迴避，《子夜》的接受將成爲未完成的展示──雖然沒有完成的展示。

〔註46〕陳思和：《〈子夜〉：浪漫‧海派‧左翼》，《上海文學》2004 年 1 期。

〔註47〕〔日〕鈴木將久：《上海：媒介與語境──讀〈子夜〉》，李家平譯，秦弓校，《中國現代文學研究叢刊》1996 年 3 期。

第七章 一部經典與三個時代——
1936～2010 年《駱駝祥子》的接受研究

　　在中國現代經典長篇小說的傳播接受史上，《駱駝祥子》的接受最具典型意義。它既沒有像《子夜》那樣被神話定向，也沒有像《圍城》那樣浮沉跌宕，而是始終處於平實穩定的接受常態中，無論是在文學審美觀念開放的時代還是一元化的時代，抑或 1980 年代之後的多元化時代，《駱駝祥子》都保持著較高的關注度，並未受到根本性的衝擊與影響（1980 年代後呈穩中有升的趨勢）。因此，《駱駝祥子》接受的命運實際上較為完整客觀地反映出中國現代經典長篇小說在上世紀 30 年代至今的歷史命運，《駱駝祥子》在接受過程中接受視閾的生成與打開，轉向與過濾，交融與深化，透視出 20 世紀 30 年代至今中國現代經典長篇小說接受觀念的歷史嬗變。所以，從審美的視閾考察 1936～2010 年間中國現代經典長篇小說接受的歷史命運，《駱駝祥子》就具有了「標本」的意義。

一、1936～1948：接受視閾的生成與展示

　　1936 年 8 月 1 日，第 22 期《宇宙風·編輯後記》裏刊登了如下一小段文字：「老舍先生一口氣給本刊寫了八篇《老牛破車》後休息了一陣，現在暑假已到，就把全部工夫放在給本刊寫作上面。除了隨筆之外，更有一個長篇在創作中，名曰《駱駝祥子》，決定在本刊二十五期刊起。老舍先生是中國特出的長篇小說家，《駱駝祥子》就是這長長時間中構思成功的作品，寫作時又在長閒的暑假期，寫作地正在避暑地的青島，其成功必定空前。本刊得此傑作，喜不自勝，就急急忙忙地報告讀者。」這是《駱駝祥子》傳播接受史上最初

的文字。雖然編輯看到的僅僅是這部新作的開頭，但憑著對老舍創作的高度信任，他還是喜不自勝地大膽對它作出了預斷。誠然，書業的預告多帶有商業氣息，誇大性的宣傳比比皆是，但這段預告卻成功地將預言變成了斷言，將「傑作」變成了公論。隨後，在《駱駝祥子》出版之際，《宇宙風》（乙刊）於 1939 年第 3 期再次刊登廣告並以老舍的自得作為自信的籌碼：「《駱駝祥子》是近年來中國長篇小說中的名篇，是名小說家老舍先生的巨著，作者自云這部小說是重頭戲，好比譚叫天之唱定軍山，是給行家看的。」自此，《駱駝祥子》是老舍的「重頭戲」之說廣為播揚。1939 年 3 月，《駱駝祥子》由上海人間書屋出版發行，雖然時逢抗戰，但小說依然獲得了讀者的熱烈歡迎，至 1949 年 2 月共印行 16 版。〔註 1〕與此同時，《駱駝祥子》的接受也隨之展開。據筆者統計，自 1936 年 10 月 25 日聖陶在《新少年》第 2 卷第 8 期發表第一篇接受文章《老舍的〈北平的洋車夫〉》，至 1948 年 11 月 24 日秦牧在《華商報》上發表《哀〈駱駝祥子〉》，1936～1948 年間共有 14 篇文章及兩部論著對老舍的這部「重頭戲」（不含預告、廣告及消息）進行了評介，也在以下幾個方面生成並打開了《駱駝祥子》的審美視閾。

（一）出色的語言藝術

老舍的語言藝術為人所共識，《駱駝祥子》剛刊出第一節，葉聖陶就撰文指出，老舍的語言首先不僅是口頭語言而且是精粹的口頭語言，其次又從幽默的趣味顯示出來。〔註 2〕因是僅看了開頭就匆忙寫的觀感，對於幽默的認識當然是建立在對以往老舍創作的理解上，難免出現偏差，但首肯老舍精粹的語言藝術還是顯出葉聖陶敏銳、精當的藝術判斷力。更進一步予以概括的是司徒珂，他認為老舍「把說話和行文打成一片，口勁與筆鋒相互的聯繫，一扣緊似一扣，所以簡潔，俏麗，明快，機智，真而且美。他是用純粹的本國語言寫小說的中國第一個作者，在他以前沒有如此成功的人，在他之後我沒還沒有發現第二者。」〔註 3〕梁實秋同樣深有所感：「老舍先生的小說第一個令人不能忘的是他那一口純而乾脆的北平話。他的詞彙豐富，句法乾淨利落，意味俏皮深刻。」〔註 4〕可以說，出色的語言藝術是《駱駝祥子》接受史中最

〔註 1〕陳思廣：《〈駱駝祥子〉的版次及其意涵》，《出版史料》2011 年 2 期。
〔註 2〕聖陶：《老舍的〈北平的洋車夫〉》，《新少年》1936 年第 8 期。
〔註 3〕司徒珂：《評〈駱駝祥子〉》，《中國文藝》1940 年第 6 期。
〔註 4〕梁實秋：《讀〈駱駝樣子〉》，《中央周刊》（重慶）1942 年第 32 期。

先爲接受者所認同並生成的既定視野，即便是對《駱駝祥子》持批評意見的接受者，〔註5〕也對此表示認同，而老舍因《駱駝祥子》所展現出的語言才華也被公認爲老舍語言藝術的傑出模板，至今毫無爭議。

（二）成功的人物形象

這是《駱駝祥子》接受中隨後生成卻稍有分化的期待視野。小說剛一出版，畢樹棠就認爲，作者寫駱駝祥子樸實、倔強、死板「含著辣又嚼著甜，軟不是，硬不成的勁兒，實很出色。」〔註6〕祁齡也認爲老舍清晰地揭示出祥子墮落的性格軌迹並指出：「駱駝祥子的一身，不但是每個北平人力車夫的一身，簡直是所有北平的苦力、手工匠人的一身」。〔註7〕司徒珂則以祥子「代表著一群幹苦活的弟兄們的一個典型」相稱。〔註8〕更具慧眼的是梁實秋，他將祥子的得失視爲全書的得失，認定《駱駝祥子》的意義就在於祥子形象的成功塑造。〔註9〕當然，並不是接受者的視野都相互交融，吉力就覺得劉四爺形象最成功，虎虎有生氣，〔註10〕許傑則說：「寫得最成功的，還該算到虎妞」。〔註11〕而王任叔卻認爲老舍是用現象學的方法處理他的人物的，祥子是「在他這一種方法上概括成爲一個世俗的類型，不是典型」。〔註12〕不過，王任叔的視野隨之沉入歷史。

（三）文本的藝術價值

作爲一位傑出的平民藝術家，老舍對於北平的　切——北平之人、北平之象與北平之味爛熟於心，信手寫來，惟妙惟肖。這一創作個性在《老張的哲學》中就爲人稱道，〔註13〕至《駱駝祥子》更達到頂峰。畢樹棠對此讚歎不已，他認爲《駱駝祥子》的藝術價值首先就體現在老舍「寫出了北平的眞美，言語，風俗，習慣，氣象，景物，所有色色形形的調子，無論美醜好壞，

〔註5〕　許傑：《論〈駱駝祥子〉》，《文藝新輯》第1輯，第35～44頁，文藝新輯社1948年版；秦牧：《哀〈駱駝祥子〉》，《華商報》1948年11月24日。

〔註6〕　畢樹棠：《駱駝祥子》，《宇宙風·乙刊》1939年第5期。

〔註7〕　祁齡：《雜談〈殘霧〉並及〈駱駝祥子〉》，重慶《時事新報》1939年12月5日。

〔註8〕　司徒珂：《評〈駱駝祥子〉》。

〔註9〕　梁實秋：《讀〈駱駝樣子〉》。

〔註10〕　吉力：《讀〈駱駝祥子〉》，《魯迅風》1939年第14期。

〔註11〕　許傑：《論〈駱駝祥子〉》，《文藝新輯》第1輯。

〔註12〕　王任叔：《文學讀本》，第192頁，珠林書店1940年5月版。

〔註13〕　知白：《〈老張的哲學〉與〈趙子曰〉》，天津《大公報》1929年2月11日。

都是地道北平的，用北平的滋味一嚼模，就都是美的」。〔註14〕而華思更將老舍對北平圖景栩栩如生的藝術再現作爲全書的中心形象。他說：「這是北平，中國大眾的北平，北平的污濁與活力，北平的美好與醜惡，北平的顏色與味道，這是本書的中心形象，這幅圖是忘不掉的。」〔註15〕顯示出論者敏鋭的藝術感受力。

（四）人性的切入點

《駱駝祥子》是老舍將偶然聽來的二個車夫的故事糅合、擴寫而成的。爲集中精力寫好這部小說，老舍辭去大學教職，一改以往幽默誇張的創作個性，以平易寫實的手法敘述祥子的人生悲劇並以之爲支點帶動全局，取得了巨大的成功。老舍爲什麼能夠成功並使《駱駝祥子》成爲現代文學史上的重要收穫？梁實秋說：「他在另一方向上找到發展的可能了。」「哪一個方向呢？就是人性的描寫。《駱駝祥子》有一個故事，故事並不複雜，是以一個人爲骨幹，故事的結構便是隨著這一個人的遭遇而展開的。小說不可以沒有故事，但亦絕不可以只是講故事。最上乘的藝術手法是憑藉著一段故事來發揮作者對於人性的描寫。《駱駝祥子》給了我們一個好的榜樣。」〔註16〕的確，轉向寫人，即專注於從人性的視角深入發掘祥子的性格特徵及其悲劇意蘊，是老舍準確找到藝術的切入點進而排除幽默，明確目的，從容淡定地創作《駱駝祥子》並取得成功的關鍵緣由，也是理解老舍從三起三落的車夫故事中獲得啓悟並融創康拉德創作神髓的一把鑰匙。不過，這一視野雖早已發現，〔註17〕卻並沒有引起足夠的注意，而學者呼應並新拓梁實秋的這一視野則是在半個世紀以後了。〔註18〕

（五）域外接受心理與文本意義潛勢

1945 年 7 月，《駱駝祥子》英譯本在美國出版，美國新聞處前總編輯華思讀後立即發表文章，高度認同這部表現「一個想到北平謀生的青年農民的偶有的快樂與數不清的煩惱的直樸的故事」，將它視作瞭解中國普通人民的人道主

〔註14〕畢樹棠：《駱駝祥子》。
〔註15〕〔美〕華思：《評〈駱駝祥子〉英譯本》，《掃蕩報》1945 年 8 月 27 日。
〔註16〕梁實秋：《讀〈駱駝樣子〉》。
〔註17〕陳子善：《梁實秋與老舍的文字之交》，《明報月刊》1989 年 278 期。
〔註18〕王潤華：《〈駱駝祥子〉中〈黑暗的心〉的結構》，《中國現代文學研究叢刊》1995 年 3 期；溫儒敏：《論老舍創作的文學史地位》，《中國文化研究》1998 年春之卷。

義及其不可毀滅性的一本「最適當的著作」，認爲它能在美國傳播，是「中美瞭解事業中的一件大事」。他說：「這本書不但把普通中國人民表現得眞實而且平易可解，並且把中國人民寫得溫暖，不單調，謙和而又勇敢，全世界都可以從本書理解到，爲什麼那些深知中國人民的外國人，這樣的珍愛他們。」他認爲，作者在本書的樸素風格中，不朽地雕型出一個好人的形象，一個偉大的民族和一個偉大城市的心靈，具體而微地描繪出一個階級的悲劇，一個長期忍受痛苦的勇敢的心靈，一個動蕩變亂的國家的狼狽之況，使讀過這本書的讀者對於中國普通人民再不會感到陌生，「這不是過獎，是對本書應有的評價。」他對老舍的人物選取以及由之傳達出的意蘊十分讚賞。他還說：「對於美國讀者，選擇一個洋車夫作爲全書中心人物，是值得讚美的一個想頭。從美國人的關於人類尊嚴的混亂的概念說來，我們很自然地以爲，一個人把自己賣做拖別人的牲畜，是墮落到極點了。然而事實上這正是普通中國人民最重要的獨立精神，他雖然獻身於這樣一種低賤的工作，他卻非常有把握，決不會因此失去了人類的尊嚴。把自己賣身做這種工作，絕沒有使他感覺到他比他拉的客人有所不如。駱駝祥子是一個極爲動人的人物，遭受到人類與社會殘酷的痛苦，他受苛待，受折磨，受打擊，但他從沒有失掉驕傲之感，對於他的工作的尊嚴與價值，從未失掉信心。作者清晰地傳達出中國古老文明的這一目不識丁遭受蹂躪的子孫的個人價值與民主的個人主義，作者也就一方面浮雕出這種好人本性中固有的將來的希望，一方面也描繪出那使他陷害於如此狼狽的中國的絕望的情況。」〔註19〕這同樣是極具重構意義的接受視野。然而，華思這一客觀公正而非心存偏見的接受視閾長期以來被遮蔽，也失收於老舍研究的各類史料中，殊不知華思對於《駱駝祥子》故事內核的理解，對於文本意義潛勢的解讀，對於祥子形象的內涵，以及國外接受者對於文本的接受心理的展示等，已開啓了我們認同與重構、修正與跨越的新視閾，例如，將《駱駝祥子》視爲一部捍衛人類尊嚴與價值的小說的視點就充滿張力，但學界至今仍無人呼應，偶有的承續與擴展亦未實現眞正的跨越，令人遺憾。

此外，也有接受者將《駱駝祥子》的成功歸於結構與線索緊嚴以及寫出了祥子的悲劇性等，〔註20〕但也僅是點到爲止。

〔註19〕 〔美〕華思：《評〈駱駝祥子〉英譯本》。
〔註20〕 許傑：《論〈駱駝祥子〉》； 李兆麟：《與劉民生先生論〈駱駝祥子〉》，《上海文化》1946 年第 8 期。

　　1936～1948 年是中國歷史滄桑巨變的時代，也是審美觀念開放交融的時代，《駱駝祥子》的出版雖然相對而言有些生不逢時，但仍有眾多的接受者對這部不以強烈的時代氣息見長而以深刻的人性刻畫取勝的文本投去了審美的目光，接受者各具視野，見仁見智，尤其在語言藝術、人物形象、藝術價值、藝術切入點、域外接受心理與文本意義潛勢等介入點上生成了有待實現的期待視野，爲《駱駝祥子》的接受深化開啓了通道。其中，出色的語言藝術爲接受者所公認，成爲《駱駝祥子》接受的既定視野，之後的補充只是豐富與完善，並無歧義與改變。成功的人物形象雖略有分歧，但總體而言，將祥子視爲小說的中心人物，一個非常成功的人物形象，則是接受者的共識。頗具發散潛勢的是文本的藝術價值，接受者高度認同老舍對北平之象與北平之味入木三分的刻畫，雖然只是稍稍觸及並未充分打開，但卻爲之後老舍創作風格及文學史地位的定向打開了通道，成爲理解老舍之所以爲老舍的標誌性視閾。此外，《駱駝祥子》的人性書寫及其意義也終於在 50 年後得以承續並形成新的接受視閾。但是關於域外接受心理以及文本意義潛勢的接受等因接受視閾的遮蔽而中斷，至今未能形成有效的接受鏈，令人期待。

二、1949～1966：接受視閾的轉向與過濾

　　1950 年 8 月 20 日，老舍在《人民日報》發表《老舍選集‧自序》。在自序裏，老舍檢討了自己創作《駱駝祥子》時處理人物命運的不當以及主題的低沉，並表達了「繼續學習創作，按照毛主席所指示的那麼去創作」的願望。隨之，一向不願修改自己已公開發表的創作的老舍，違背自己的意願，對將要收入《老舍選集》中的《駱駝祥子》做了重大修改，不僅刪除了許多「不必要的」情節，而且刪去了倒數第二章的一半與最後一整章，爲新時代的讀者提供了一個盡可能符合規訓語境的《駱駝祥子》。〔註21〕《老舍選集》於 1951 年 8 月由開明書店公開發行，《駱駝祥子》的改定本也成爲 50～70 年代的通行本。但是，老舍試圖以遮蔽祥子的墮落結局與淒慘命運的方式改變原有的立意與結構的姿態，並沒有在接受者那裏得到認可。王瑤就以舊版本爲例肯定了《駱駝祥子》在老舍創作中的突出地位後，又指出結尾雖傾向於集體主

〔註21〕之後老舍還對《駱駝祥子》做了重要修改，詳見金宏宇：《中國現代長篇小說名著版本校評》，第 130～167 頁，人民文學出版社 2004 年版。

義的進展但思想性較弱的不足。〔註 22〕隨後，丁易、劉綬松、蔣孔陽等人也在其新文學史及相關論著中維護了這一視野。誠然，王瑤的視野形成於小說修改版未刊行之際，但丁易、劉綬松、蔣孔陽的視野則建立在小說修改版發行之後。問題不在於老舍是否對文本進行了修改，而在於接受者如何在文本中生發出新的理想主義色彩，批評作者舊的個人主義思想，藉此彰顯文本「應有的」審美效應。《駱駝祥子》的原版恰恰是介入者生成與過濾這一指向的範本。這是接受者在《講話》理念的引導下探索成功的新路向，也是新的歷史語境下接受者普遍遵循的新範式，它的形成與確立標誌著《駱駝祥子》的接受視閾徹底轉向。

轉向一、對文本的理想主義色彩與審美效應的強調。早在 1948 年 10 月，許傑就對《駱駝祥子》的人物處理進行了批評，認為「在這部作品中，非但看不見個人主義的祥子的出路，也看不見中國社會的一線光明和出路。」〔註 23〕新中國成立後，希求文本的理想主義色彩就成為時代的群體期待，無論是丁易的歎惜：「前途看不出一點光明」，「沒有給受壓迫者以光明的希望」，〔註 24〕還是劉綬松的苛求：「使祥子這樣的人物得到這樣一個結局，是不真實的，是不應該的，故事的結尾太低沉了，太陰慘了！」〔註 25〕或是蔣孔陽的責難：「《駱駝祥子》的整個氣氛，尤其是結尾，就顯得太陰沉了，閃現不出任何一點新時代的陽光」，〔註 26〕都傳達出這樣的信息：在塑造勞動人民的藝術作品中，應當表現出舊社會對他們的欺壓與不平，表現出他們作為被壓迫者不屈的靈魂與高尚的情操，表現出他們對革命的追求與赤誠的嚮往，表現出他們對未來社會的期盼與果敢的追求，當他們為未來感到迷惘的時候應當為他們指明前行的方向或至少暗示出光明的前景。而「未顯示出勞動人民鬥爭的目標和勝利的遠景」則被視為文本的不足，〔註 27〕或不真實的反映。〔註 28〕雖然有接受者對此並不認同，如思齊就認為，不能據此得出作品的結局是不真實的結論，「《駱駝祥子》是一部真實地反映了舊中國社會城市勞動人民的悲慘生活的，具有不可磨滅的社會價值的文學作品。」

〔註 22〕王瑤：《中國新文學史稿》（上），第 232～233 頁，開明書店 1951 年版。

〔註 23〕許傑：《論〈駱駝祥子〉》。

〔註 24〕丁易：《中國現代文學史略》，第 272 頁，作家出版社 1955 年版。

〔註 25〕劉綬松：《中國新文學史初稿》（上），第 374 頁，作家出版社 1956 年版。

〔註 26〕蔣孔陽：《談〈駱駝祥子〉》，《語文教學》1957 年 3 期。

〔註 27〕方白：《讀〈駱駝祥子〉》，《文藝學習》1956 年 6 期。

〔註 28〕劉綬松：《中國新文學史初稿》（上），第 374 頁。

〔註 29〕但佔據主控地位的依然是對文本的理想主義色彩及審美效應刻意強調的時代視野，它同時也衍化爲衡量一部作品眞實與否以及是否具備新質素的重要指標，成爲這一時代具有主流地位的接受視野，直到 1980 年代後才漸行漸遠。也正如此，這一時期一度引發的關於祥子形象眞實性的爭論最終化爲歷史的印痕。

轉向二、對文本的思想內容與藝術傾向的定向。與文本的理想主義相關聯，對文本思想內容與藝術傾向的介入也自然定向在對黑暗社會的揭露與批判、對集體主義觀念的認同和對個人主義（資本主義）思想的批判即證明個人奮鬥的徒勞無益上，文本的價值亦定向於此。蔣孔陽說：「《駱駝祥子》可說是一部對於人吃人的舊社會的控訴書！也就是在這個意義上，《駱駝祥子》具有一定的進步意義和思想價值。」〔註 30〕公蘭谷也予以認同：「作者意在告訴人們這樣一個令人痛恨的事實：在舊社會，勞動人民個人的努力往往是徒然的，勞動人民勤奮、要強，想做個好人，但到頭終不免成爲社會的犧牲，而趨向於墮落。這是作者寫這部小說的意圖所在，也是這部小說的主題思想。」〔註 31〕這與蔡師聖的視野：「小說相當深刻地反映了二十年代舊中國社會的陰森可怕，封建軍閥統治的黑暗和罪惡，作者以同情的態度生動地描寫人力車夫工人的悲慘生活，嚴正地指出祥子逐漸失去生活理想而走向墮落『不是他自己的過錯』，根本原因是舊社會的殘酷和不合理」，以及「《駱駝祥子》主題思想的深度還在於：作者揭示並批判了祥子個人盲目奮鬥道路的錯誤」，〔註 32〕視界交融。這種強調文藝的政治功利性，以揚抑分明、對立統一的接受理念衡定文本藝術價值的群體視野，成爲這一時期的「時代視野」，它不僅左右了這個時代的接受指向，也對《駱駝祥子》的傳播與接受產生了重要的影響。最典型的個案便是梅阡推翻老舍《駱駝祥子》原有的意旨與藝術圖式，按「時代的要求」改編成話劇《駱駝祥子》，並闡述了之所以如此的理由與現實的基礎。〔註 33〕豈料，這一傳播嘗試雖一時引起較大的

〔註 29〕思齊：《〈駱駝祥子〉簡論》，《語言文學》1959 年 5 期。

〔註 30〕蔣孔陽：《談〈駱駝祥子〉》。

〔註 31〕公蘭谷：《老舍的〈駱駝祥子〉》，《現代作品論集》，第 57 頁，中國青年出版社 1957 年版。

〔註 32〕蔡師聖：《略論老舍的早期小說》，《廈門大學學報（哲學社會科學版）》1963 年 2 期。

〔註 33〕梅阡：《談〈駱駝祥子〉的改編》，《戲劇論叢》第 4 輯，第 139～155 頁，中國戲劇出版社 1957 年版。

反響，但終至成爲時代的悲劇與歷史的遺憾。

　　這一時期也有接受者對阮明、曹先生、虎妞等人物形象的不足提出了不同的認識，〔註34〕但在今天看來已無須贅言。

　　1949～1966 年的《駱駝祥子》接受是在新的歷史條件下轉向並過濾的，一元化的審美觀念使接受者在新的時代語境下將文本的審美觀照轉向社會學的、政治學的美學觀照，「政治標準第一，藝術標準第二」的接受導向，使接受者注重彰顯文本的社會效應，注重濾去潛在的不應有的文學雜質，尋求符合新時代標準的文學元素，因此，強調並定向《駱駝祥子》的理想主義色彩與思想傾向就成爲介入者一致的接受視閾，視點交融，視界重合也就不足爲奇了。新標準的確立及其所強調的強烈的意識形態性將文本的審美感知限定在狹隘的政治視野中，無形中隔斷了原有的開放的接受視野，特別是對於《駱駝祥子》這樣一部不表現主流意識形態的非主流文本，強力嗅尋其中的政治意味恰恰不是《駱駝祥子》所透含的接受閾值，這就使得這一時期《駱駝祥子》的接受較之前一時期而言，非但沒有拓寬接受的視閾，深化原有的視野，生成有效的接受環鏈，反而更加逼仄，更加偏離，直至中斷。當然，在新的歷史時代面前，求證歷史來路的合法性，尋求文本意識形態的從屬性，也屬常規，甚至無可厚非，但集體臣服，以立場替代方法，以現實代替歷史，一味地苛求作家，削足適履，以「理想的」要求「現實的」，以「未來的」要求「歷史的」，使介入者的個體視野衍化爲大同小異的群體視野，特別是一些看似已形成了接受環鏈，並短暫地轉化爲「既定視野」，卻隨著新的歷史時期的到來而自然斷裂並沉入歷史深處，文本接受環鏈的生成與接受視閾的新拓，不得不重新從起點出發。歷史的教訓意味而深長。

　　上世紀 30～60 年代，被視爲中國現代有影響的傑出的長篇小說只有茅盾的《子夜》、巴金的《家》、老舍的《駱駝祥子》、丁玲的《太陽照在桑乾河上》、周立波的《暴風驟雨》等少數幾部，經過 1950 年代新文學史的篩選與官方的確認後被經典化，其中《子夜》更被聖化。而人物灰暗，主題低沉，缺乏「時代性」的《駱駝祥子》雖「灰頭土腦」（當然，《家》的境遇也不好），但畢竟是較爲「中性」的一部。《子夜》、《太陽照在桑乾河上》和《暴風驟雨》的經典化，緣於主題的「時代性」與藝術書寫的政治功利性，它們的「升」緣自於它們在政治與藝術之間尋找到了「契合」的基點，緣自於它們對主流中心

〔註34〕公蘭谷：《老舍的〈駱駝祥子〉》，68～71 頁。

話語的積極應和，在「政治標準第一，藝術標準第二」的文藝觀念下，它們贏得非常的聲譽也在預料之中。然而，當文學一旦回歸到文學的場閾中來——回歸到人學的意義上來，回歸到審美的品格上來，政治的功利性的水分就會被無情的擠乾，它們的審美閾值也就不再被無限放大，它們的審美意味也隨之急劇蛻變，從中心置換到邊緣，從天空滑落至地面也就在所難免了。只不過《駱駝祥子》的接受有些「錯位」：在審美觀念開放的時代逢遇戰爭語境，在審美一元化的時代逢遇政治語境。開放的審美觀念將文本視爲作家藝術能力的具體體現，一元化的審美觀念將文本視爲作家世界觀、創作觀的藝術呈現，前者關注「寫得怎樣」，後者關注「爲誰而寫」，二者的錯位自然導致接受視閾的轉換，導致接受視野的隔斷，導致接期待視野的徹底轉型。處在夾縫中「錯位」的《駱駝祥子》自然只能始終處於邊緣中的經典這一尷尬的歷史語境中。

不過，《駱駝祥子》的接受又是幸運的，在開放的時代接受者們給出了新拓的基點，雖然多是印象式、掃描式的把握，但仍爲後來者進一步開啓文本的審美意蘊打開了通道；《駱駝祥子》的接受也是不幸的，「錯位」的接受觀使兩個時代的接受視野無法對接，擴展，深化，而那些看似理性、導向性的接受視閾在歷史翻開新的一頁時，最終淡出歷史。當然，這不僅是《駱駝祥子》的接受命運，也是那個時代「《駱駝祥子》們」的接受命運。

三、1979～2010：視閾的交融與超越

1977 年 12 月，謝昭新在《安徽師範大學學報》發表《談談老舍的〈駱駝祥子〉》一文，這是進入新時期後第一篇關於《駱駝祥子》的接受文章，雖然視點並無擴展，卻標誌著中斷了 14 年的《駱駝祥子》接受重新拉開了大幕。隨後，曾廣燦、樊駿、陳堅、陳奔等紛紛撰文予以呼應，《駱駝祥子》的接受全面起步。隨著 1979 年夏志清《中國現代小說史》的出版以及 1982、1984、1986 年三次全國老舍學術討論會的召開，《駱駝祥子》的接受研究迎來了一個新的高潮。90 年代後則趨向平穩。筆者據中國知網統計，1979～2010 年，海內外學者在大陸共發表專論《駱駝祥子》的接受論文 361 篇（不含影視類的文章），而關涉《駱駝祥子》的文章則在 1 千篇以上，論著近 50 部之多，《駱駝祥子》的接受研究進入了整體拓展的新階段。縱觀 30 年來《駱駝祥子》在審美視閾上的接受史態，主要集中在文本主題、人物形象以及悲劇動因的探

究與思辨上；在接受環鏈上，形成了視界相承、視野相融、影響交流、深化超越的接受態勢。可以說，視野集中，視閾交融，不斷超越是這一時期《駱駝祥子》接受的顯著特點，也因之與前二個時期迥然有別。因此，從審美視閾中三個集中的視野審視《駱駝祥子》交融與超越的接受史態，就成爲我們探究這一時段《駱駝祥子》接受進展的思維起點。

（一）文本主題

　　前文已述，關於《駱駝祥子》的主題，自 1949 年後已基本定向在對舊社會的揭露與批判上。1977～1979 年間，這一視野依然佔據主導地位，如：「作者通過祥子悲慘遭遇的描寫，揭露了吃人的剝削制度，暴露了舊社會的黑暗。」〔註 35〕「《駱駝祥子》，通過對洋車夫苦難生活的描寫，生動而逼眞地展現出一幅舊中國勞動者的悲慘生活圖畫。這是一部勞動者的血淚史，又是一本半封建半殖民地舊中國社會制度的批判書。」〔註 36〕以及「顯而易見，作者的全部藝術描繪都是用來控訴那個強取豪奪的血淋淋的吃人制度的。」〔註 37〕和「這個悲劇有力地揭露了舊社會把人變成鬼的罪行。」〔註 38〕等。1980 年代後，這一視野開始分化，接受者不再單純地從階級的社會批判的視角去審視文本，而是從人學的視角去重新打開文本的意義潛勢，因爲「《駱駝祥子》是一本深含個人情感的小說，在這裏老舍想具體寫出他對個人單純救國的必然徒勞所感覺到的新信念。」而且，「在描寫主角一再拼力設法活下去的時候，老舍表現了驚人的道德眼光和心理深度。」〔註 39〕所以，弗雷德里克‧詹姆遜認爲，祥子的行爲無非反映普通人性中的荒謬執著。〔註 40〕安基波夫斯基則認爲：「老舍以祥子爲例深刻而成功地揭示了農民的心理，並指出他們感到痛苦但終究不能走上與資本主義作自覺的鬥爭的道路。」〔註 41〕對此，韓經

〔註35〕謝昭新：《談談老舍的〈駱駝祥子〉》，《安徽師大學報》1977 年 6 期。

〔註36〕曾廣燦：《一部舊中國勞動者的血淚史》，《北京文藝》1978 年 11 期。

〔註37〕陳堅：《老舍和他的〈駱駝祥子〉》，《語文學習》1979 年 3 期。

〔註38〕唐弢主編：《中國現代文學史》（二），人民文學出版社 1979 年版，第 177 頁。

〔註39〕夏志清著，劉紹銘等譯：《中國現代小說史》，香港友聯出版社有限公司，1979 年 7 月版，第 154～158 頁。

〔註40〕Fredric Jameson，「Literary Innovation and Modes of Production ： A Commentary ，」*Modern Chinese Literature* 1.1（September 1984）：67～77. 轉引自王德威：《寫實主義小說的虛構》，復旦大學出版社 2011 年版，第 165 頁。

〔註41〕〔蘇〕A‧A‧安基波夫斯基著，宋永毅譯，曹素華校：《老舍早期創作與中國社會》，湖南人民出版社 1987 年版，第 150 頁。

太、李輝矯正道：「批判資本主義所導致的金錢罪惡，本是老舍持之以恒的創作主題，在《駱駝祥子》中這一主題卻表現得格外深刻。祥子人格滑墜的過程，也就是一步步被金錢吞掉靈魂的過程。」〔註42〕別具機杼的是王潤華，他通過對老舍與康拉德的比較後確信，《駱駝祥子》從主題、人物、結構都是借鑒康拉德小説的藝術而成。〔註43〕因而它是一部「創新的、探討心靈的小説。它寫一個來自鄉村純樸的原始人與現代都市文明的對立所產生的道德腐蝕與敗壞心靈問題。」〔註44〕受上述視野的啓發，溫儒敏作出了《駱駝祥子》主題的綜合判斷」：「那就是對城市文明病與人性關係的思考。這部作品所寫的主要是一個來自農村的純樸的農民與現代城市文明對立所產生的道德墮落與心靈腐蝕的故事。」〔註45〕這一視野不僅與 56 前梁實秋的人性視野相呼應，也因寫入本科教材《中國現代文學三十年》而影響深遠。近來，有接受者認爲《駱駝祥子》寫的是「一個農民工進城故事」，〔註46〕承續並新拓了華思和安基波夫斯基的接受視野，〔註 47〕而作者所彰顯的與當下現實問題相關聯的視野以及由之所感悟的啓示，令人警醒的同時也爲《駱駝祥子》的接受開拓了新路。也有接受者認爲：「人格的墮落與價值的失落，就是祥子的心路歷程與心靈邏輯。這個邏輯與『人類的努力的虛幻』的悲劇哲學吻合一致，成爲一個生命寓言。」〔註48〕也拓展了文本的意涵。

（二）人物形象

《駱駝祥子》的人物形象雖然較多，但接受者的視線顯然只集中在祥子與虎妞身上，確切地說，只集中在虎妞身上，因爲將祥子視爲一個由純樸的

〔註42〕韓經太 李輝：《中國新文學發展中的老舍》，《文學評論》1987 年 1 期。
〔註43〕王潤華：《老舍小説新論》，上海學林出版社 1995 年版，第 47～72 頁。
〔註44〕王潤華：《老舍小説新論》，上海學林出版社 1995 年版，第 142 頁。
〔註45〕溫儒敏：《論老舍創作的文學史地位》，《中國文化研究》1998 年春之卷。
〔註46〕邵寧寧：《〈駱駝祥子〉：一個農民進城故事》，《蘭州大學學報》2006 年 4 期。
〔註47〕安基波夫斯基認爲：「在《駱駝祥子》中揭示的中國的資本主義化，和很早以前在西方各國所發生的類似進程區別甚少。農村的貧窮化，使他們大批地湧進城市，在那裏加入無產者的大軍。老舍揭示了中國鄉村的破產是怎樣發生的；作家敍述了農民出身的祥子和他無樂趣的童年的艱難，同時也強調了他身上的小資產私有觀念極強的氣質。」見〔蘇〕A‧A‧安基波夫斯基著，宋永毅譯，曹素華校：《老舍早期創作與中國社會》，湖南人民出版社 1987 年版，第 147 頁。
〔註48〕徐德明：《〈駱駝祥子〉和現實主義批評的傲慢與偏見》，中國老舍研究會選編：《世紀之初讀老舍》，人民文學出版社 2007 年版，第 P286 頁。

底層勞動者墮落爲個人主義的末落鬼已成爲學界的共識，並已生成爲既定視野爲廣大接受者所認可，而虎妞的形象則不同，至今仍存在著分歧，而且否定多於肯定也多於理解。陳奔從她的出身、經濟地位及其思想意識上把虎妞歸入壓迫者剝削者的一群，認爲虎妞這樣一個出身於車廠主，以享樂爲生活目的的女人，不僅不可能給祥子帶來好處，相反的是災難。〔註 49〕這與楊義的視點：「她是以畸形而又充滿世俗味的心理作派，去追求自己正當的或非分的，好意的或無恥的目的，這種變態文化心理所造成的悲劇，是連悲劇的自作自受也自以爲得計的。」〔註 50〕以及王靜波和安基波夫斯基將虎妞視爲她父親絲毫不差的複製品及殘酷的金錢規律的犧牲品並無二致。〔註 51〕這一視野至今在劉禾那裏仍然交融：「雖然這個女人的霸氣在某些場合使祥子這樣的男人黯然失色，但從根本上，虎妞就是男性權勢（金錢、地位、性欲）被扭曲的鏡象，這一鏡象是由譴責她偏離女性常規的同一股力量造就的。」〔註 52〕但何振球、袁雪洪卻認爲虎妞的階級屬性與性格都具有雙重性，〔註 53〕龍治民也維護虎妞思想性格的複雜性：「她既深受剝削家庭的薰陶和影響，又深受剝削家庭的摧殘和損害；她既有剝削階級的思想意識，有使人厭惡、應當批判和否定的一面，又有大膽地追求合理的愛情和幸福，勇敢地反抗剝削家庭束縛的精神，有令人可愛、值得同情和肯定的一面。綜觀全書，她值得同情和肯定的一面似乎更突出一些。」因此，「我們既不應把虎妞劃成『剝削者』，更不該把虎妞看作造成祥子悲劇命運的『罪魁禍首』或『重要原因』。如果那樣，不僅歪曲了虎妞作爲剝削家庭的犧牲品、吃人社會的受害者的思想意義，沖淡甚至掩蓋了造成祥子悲劇命運的眞正原因，從而也就會影響人們對作品主題思想的深刻性和作者現實主義描寫的眞實性的認識。」〔註 54〕頗有意思的是，陳思和雖然從祥子的奮鬥道路上否定虎妞的積極性，卻也從文學形象

〔註 49〕陳奔：《試談〈駱駝祥子〉人物形象的設置》，《福建師大學報》1979 年 3 期。
〔註 50〕楊義：《中國現代小說史》，人民文學出版社 1986 年版，第 197 頁。
〔註 51〕王靜波：《虎妞形象再議》，《中國現代文學研究叢刊》1985 年 1 期；〔蘇〕A·A·安基波夫斯基著，宋永毅譯，曹素華校：《老舍早期創作與中國社會》，湖南人民出版社 1987 年版，第 153 頁。
〔註 52〕劉禾著，宋偉傑等譯：《「經濟人」與小說寫實主義問題》，《跨語際實踐：文學，民族文化與被譯介的現代性（中國，1900～1937）》（修訂譯本），生活·讀者·新知三聯書店 2008 年版，第 162-163 頁。
〔註 53〕《虎妞論──〈駱駝祥子〉研究之一》，《蘇州大學學報》1981 年 4 期。
〔註 54〕龍治民：《虎妞其人》，《中國現代文學研究叢刊》1983 年 1 期。

塑造的美學意義上認爲「虎妞不失爲一個市民階級的底層女性的典型」,「是中國現代文學史上最有光彩的女性形象。她沒有經過男性眼光的過濾,是一個血肉分明、活力四射的生命的原生態」。〔註55〕這同樣與 55 年前許傑的視野遙相呼應,也有望得到更多的接受者的認同。〔註56〕其實,虎妞作爲祥子奮鬥理想之路的一個負面角色已爲接受者所共識,虎妞又老又醜的形象對於祥子的愛情來說如同一場災難。但是,爲什麼老舍要塑造虎妞這樣一個令人生厭的形象於祥子呢?誠然,這其中有作家來自市民社會、家庭生活的原型影響,也有作家複雜文化心理的投影以及從中外文化遺產的接受與繼承中,對「悍婦」形象的想像再造,〔註57〕但僅僅如此嗎?顯然期待著來者更深入的思考。

(三)悲劇動因

什麼是《駱駝祥子》的悲劇因素一直倍受接受者所關注。在 70 年代末與 80 年代前期,「社會黑暗說」即社會黑暗是造成祥子悲劇的根本原因佔據了主導地位。之後這一視點得以修正。樊駿提出「社會悲劇與性格悲劇說」,〔註58〕而這一切在宋永毅看來,只是由於經濟觀念的不同,祥子和虎妞發生了衝突,祥子的失敗是得罪了資本主義在半殖民地運行的經濟規律,虎妞的強勢恰是其自卑心理的逆反補償。他進而提出了一個大膽的假設:「如果虎妞稍稍長得美一點,或許就沒有了整部《駱駝祥子》的悲劇!」因此,「祥子的自甘墮落不僅在於外在的社會壓迫,更在於內在的道德壓迫而形成的自瀆心理。」〔註59〕這就是「經濟觀念衝突說」。當然,這只是問題的一個方面。因此,韓經太、李輝依然從社會關係著眼,以社會・金錢・人性爲出發點提出「整體性格說」。他們認爲:「如果說違反人性的生存方式是祥子悲劇的根本原因,那麼金錢主義的罪惡便是演成這一悲劇的直接動力。正是在金錢魔爪的支配下,社會發揮著它絞殺人性的罪惡功能。」而「祥子所代表和象徵著的偉大而堅強的人格是被絞殺於一個罪惡社會所鑄就的整體的性格

〔註55〕陳思和:《民間視角下的啟蒙悲劇:〈駱駝祥子〉》,《中國現當代文學名篇十五講》,北京大學出版社 2003 年版,第 307～308 頁。

〔註56〕謝昭新、閻麗君就認爲,虎妞是老舍塑造的最成功、最出色的藝術典型。《民族文學研究》2011 年 4 期。

〔註57〕謝昭新、閻麗君:《虎妞形象源流考》,《民族文學研究》2011 年 4 期。

〔註58〕樊駿:《論〈駱駝祥子〉的悲劇性》《江漢論壇》1986 年 9 期。

〔註59〕宋永毅:《老舍與中國文化觀念》,上海學林出版社 1988 年版,第 99 頁。

結構之中了。」〔註60〕拓展了這一視野。不過，趙園更願意從環境與人性的雙重因素中探尋祥子的悲劇原因。她說：「小說令人驚心動魄地寫出了，惡魔般的社會環境怎樣殘酷地、一點一點地剝掉祥子的農民美德，將他的性格扭曲變形，直到把這『樹』一樣執拗的祥子連根拔起，拋到城市流氓無產者的行列中。更足以顯示作者現實主義藝術的深刻性的是，作者不止從社會環境，而且從這些人物自身發掘他們悲劇的原因，寫出生活給予這些人物的限制。」〔註61〕同樣顯出深度，只是關於人物自身的悲劇原因作者並沒有詳細予以論述，於是，陳思和在趙園的「環境與人性雙重因素說」的基礎上，就其中人物自身的因素予以了詳盡的補充，並重申了著名的「命運說」。〔註62〕他說：「我們過去分析《駱駝祥子》都是從大的社會背景上來看的，政治的，戰爭的，國家內亂，社會黑暗，等等，其實，這些東西全都可以統一到一點上，那就是『命運』。」在老舍的筆下，「祥子與虎妞的關係構成一張命運之網，虎妞是網上的蜘蛛，祥子是網上的小蟲，而買車的故事只是穿插在祥子墮落過程中的誘惑物。」而虎妞打破了祥子身上傳統的農民的生存的倫理精神，也招致老舍本人的男權者眼光跟一個民間粗野女子之間的觀念衝突。因此，導致祥子悲劇的不是社會而是老舍倫理精神的拒絕和坍塌。因為「雖然《駱駝祥子》生動地寫出了祥子從一個純樸的民間勞動者墮落為個人主義末路鬼的過程，但這過程中祥子始終是被動的，他的精神的掙扎始終像是遭遇一場魔魘，而沒有出現強大的精神掙扎的主動性。再者，從農民轉變為小市民的過程中，祥子自身的民間因素──來自鄉間的純樸的記憶，幾乎沒有發揮出抵制都市文明戕害的健康作用，他身上所反映的民間社會的文化因素，仍然是市民階級進入現代性進程之前的文化道德傳統，因此他被社會發展的車輪所拋棄的悲劇也是必然的。雖然老舍在批判市民階級本身的缺陷時同樣是尖銳活潑，但他仍然是站在市民的立場上去啟蒙市民，精神上不可能給以更高的提升。這也可以說是民間視角下的啟蒙悲劇。」〔註63〕自成一家之說。

〔註60〕韓經太　李輝：《中國新文學發展中的老舍》，《文學評論》1987 年 1 期。

〔註61〕趙園：《老舍──北京市民社會的表現者與批判者》，舒乙主編：《說不盡的老舍：中國當代老舍研究》，北京師範大學出版社 2003 年版，第 55 頁。

〔註62〕徐麟在《論〈駱駝祥子〉的結尾和其他》一文中已提出祥子的悲劇是命運所致，見《中國現代文學研究叢刊》1984 年 1 期，但未引起人們的注意。

〔註63〕陳思和：《民間視角下的啟蒙悲劇：〈駱駝祥子〉》，《中國現當代文學名篇十五講》，北京大學出版社 2003 年版，第 301～318 頁。

　　總之，1979～2010 年來的《駱駝祥子》接受是在新的歷史語境下重新拉開帷幕的，雖然在起始階段依然難以擺脫積習的二元對立思維與階級觀念，將文本簡單地置於揭露與批判的思維模式中，置於壓迫與被壓迫、革命與被革命的歷史語境裏，但很快就被多元的接受觀念與人學思想所打破，文本的人學視角、經濟學視閾、文化思維、原型批評、美學視野、女權主義批評等接受視野紛至沓來，打開了文本的意義潛勢，使《駱駝祥子》的接受呈現出前所未有的令人可喜的逐層遞進、逐步深入的接受格局。在文本的主題上，雖然接受者對《駱駝祥子》的理解見仁見智，但接受閾值卻清晰地呈現出階級與社會——人性與道德——金錢與社會——城市與道德——城市‧人性‧道德‧心靈的嬗變軌跡，呈現出認同、交融、承續、跨越的接受史態。雖然這些期待視野有待生成爲既定視野，但卻各具張力，各呈視界，爲《駱駝祥子》接受環鏈的不斷生成與展開、重構與深化提供了超越的基點。在虎妞形象的展示上，從享樂的資產階級女性到金錢奴役下的犧牲品再到階級與性格的雙重性、複雜性，以及女權主義的捍衛者、底層女性的典型等，同樣顯出接受者多元觀念的敞開與接受視野的不斷深化的接受軌迹。在對悲劇動因的展示上，由外而內即由對社會外在悲劇因素的探尋與思考轉向對人物自身內在因素的發掘與追究的變化軌迹——轉向對人性及其自身弱點的體察（包括對宿命的認識），一目了然。也就是說，對人的精神向度的拷辨成爲這一時期基本的接受視野。因此，此時的接受環鏈就不是斷裂，而是相融，對話，交流，深化。不單是海外學者對大陸學者影響廣泛（如夏志清、王潤華、王德威對大陸視野的波及），而且大陸學者也對海外學者也產生影響（如宋永毅對劉禾的影響）。相通的精神向度使《駱駝祥子》的接受呈現出交融與超越的接受史態，呈現出理解與共鳴的接受場閾。這正是《駱駝祥子》接受步入正軌後穩步推進、邁向成熟的重要標誌。當然，成熟並不意味著結束，相反，它仍然期待著更大的收穫。例如，關於《駱駝祥子》的主題就有待於更深入的發掘，我們前所述的華思的視野至今無人呼應就令人遺憾。對於虎妞，目前的理解也多限於虎妞的美丑、性愛與金錢之間，而未置於一個更大的背景中去思考她作爲一個不幸者的歷史命運，因爲「虎妞不僅是一個在多重文化背景下具有多重文化構成的複雜性格的女性形象，更是一個作爲中國女性命運象徵的重要形象，對這一形象的深層理解是對中國文化中女性命運的理

解。」〔註64〕關於悲劇動因的解讀是一個複雜的命題，目前的視野顯然有待於再思考。例如，有學者就提出從「國民靈魂的社會化過程」去思索祥子的悲劇因素，〔註65〕或許更能發掘《駱駝祥子》的悲劇意義；而著重探討祥子作爲一個國民表現出來的性格悲劇與人性存在，也許也是抵達文本內在最大可能性的一種有益嘗試。〔註66〕此外，就祥子的悲劇而言，近來的接受者潛心於對祥子自身人性因素的探究，但人畢竟是社會中的人，以往強調社會因素而忽略個人因素固然不妥，但一味強調人個因素而忽略社會因素，是否也走向了事物的反面呢？這顯然是一個值得深思的問題。

　　從 1936 年《駱駝祥子》發表到 2010 年，《駱駝祥子》的接受整整走過了75 年。作爲現代文學史上的一個經典文本，它經歷了審美觀念開放時代、一元化時代和多元化時代，經歷了接受視閾的生成與展示、轉向與過濾、交融與超越的三個階段。如果說前一個階段收穫的是遺憾，之後收穫的是教訓，後一階段收穫的是果實，那麼，其中的遺憾與教訓則是歷史的斑駁，而果實則是些許的慰藉。因爲從這時，自在的探尋與自主的感受才從接受者內心油然溢出，文本的視野亦才重構與敞開，交融與超越，接受的環鏈亦才眞正生成與打開，承續與新拓。這既是《駱駝祥子》在三個時代的接受運命，也是一部經典在三個時代的接受運命。

〔註64〕李城希：《性格、問題與命運：虎妞形象再認識》，《文學評論》2009 年 6 期。
〔註65〕吳小美、魏韶華：《「驚人的道德眼光與心理深度——〈駱駝祥子〉論》，《老舍的小說世界與東西方文化》，蘭州大學出版社 1996 年版，第 186 頁。
〔註66〕江臘生：《〈駱駝祥子〉的還原性闡釋》，《文學評論》2010 年 4 期。

第八章　認同與思辨──1976～2010 年 李劼人「大河小說」的接受研究

　　談及李劼人「大河小說」的接受，人們常常以郭沫若在《中國佐拉之待望》中的贊言──「偉大的作品」，「小說的近代史」，「小說的近代《華陽國志》」，「中國的佐拉」等作為定言。〔註 1〕雖然郭沫若在文中並未就此充分的展開，但因他最先敏銳地發掘出李劼人小說「詩」、「史」、「志」的特質與影響淵源，遂得到接受者最廣泛的認同並成為新拓的基點。雖然在 1937～1977 年這 40 年間，李劼人和他的「大河小說」一度倍受冷落，但在 1976 年「破土」之後，「大河小說」成為眾多接受者聚焦的對象。特別是 80 年代後，僅成都市文聯、成都市文化局與「李劼人研究學會」等就於 1983 年、1987 年、1991 年、1996 年和 2007 年先後五次對李劼人的小說藝術進行了熱烈的探討，在四川乃至全國影響深遠，也使李劼人和他的「大河小說」研究進入新的歷史階段。據筆者統計，1976～2010 年這 35 年間，關涉「大河小說」的接受文章超過百篇（不含對改編為影視、戲劇的接受文章），它們彰顯出「大河小說」接受的學術進展，也體現出李劼人小說接受的思辨水平。因此，本章以 1976～2010 年這 35 年間李劼人「大河小說」的接受為基點，探討接受者是如何在認同郭文接受視閾的基礎上打開新的接受視閾的？那些思辨的視野實現了怎樣的跨越與突破？同時提出困擾學界的「李劼人難題」，期待著來者再次實現超越與突破。

〔註 1〕 郭沫若：《中國佐拉之待望》，《中國文藝》1937 年 2 期。

一、認同與維護

　　1976 年 3 月，香港昭明出版社有限公司出版了司馬長風的《中國新文學史》（中卷），在該書的第十九章《中長篇小說七大家》中，作者以《李劼人的「大河小說」》為題，對李劼人的小說創作特別是《死水微瀾》、《暴風雨前》及《大波》的藝術成就作了中肯的評介，並將李劼人的文學貢獻提高到僅次於老舍與沈從文的大家地位。司馬長風的這一評介雖簡略卻意義非凡，他首次以「大河小說」的概念命名李劼人三部歷史小說的藝術特質，並給李劼人和他的「大河小說」於文學史的地位，可謂慧眼識才，難能可貴。「大河小說」的接受研究由之拉開了序幕。不久，杜凌和易徵分別撰文就蔡大嫂李劼人「大河小說」的藝術手法提出了自己的見解。〔註 2〕更具里程碑意義的是，1979 年 11 月人民文學出版社出版了唐弢主編的《中國現代文學史》，在第十一章《第二次國內革命戰爭時期的文學創作（二）》第五節《其他作家作品》中，論者中肯評析了李劼人三部曲的藝術得失，全文雖僅有 600 餘字，卻是大陸首次將埋沒 40 餘年的李劼人寫入新文學史，這不僅是李劼人「大河小說」的藝術貢獻為學術界所認可的重要信號，也是李劼人及其「大河小說」接受全面起步的重要標誌。以此為契機，以四川為中心，李劼人的「大河小說」接受全面展開。不過，由於李劼人及其「大河小說」長期以來遭受冷遇，故對郭沫若接受視閾的認同與維護，就成為初期接受者們不約而同的首要選擇，也在以下幾個方面生成了既定視野：

（一）文學意蘊

　　「大河小說」是李劼人的厚積薄發之作，對於其文學意義，郭沫若做了四點概括：反映了時代的主題與遞嬗、塑造了各種各樣的鮮活人物、寫出了地方上的風土氣韻、展現出時代的風貌。譚興國將其具體化，〔註 3〕伍加倫、王錦厚對此進行了補充。〔註 4〕由於「大河小說」的主題相對較為單一，明確，加之接受者的視野多不謀而合，郭沫若、唐弢及上述學者的視點集合，共同構成了「大河小說」的主題意蘊，也生成了「大河小說」文學意蘊的既定視

〔註 2〕　杜凌：《〈死水微瀾〉——李劼人筆下的潘金蓮》，〔香港〕《文美月刊》1978
　　　　年 12 期；易徵：《細膩與真實——談李劼人作品的人物描寫》，《新苑》1979
　　　　年 2 期。
〔註 3〕　譚興國：《李劼人和他的〈大波〉》，《四川文學》1980 年 5 期。
〔註 4〕　伍加倫、王錦厚：《論李劼人和他的〈死水微瀾〉》，《社會科學研究》1981 年
　　　　3 期。

野，之後的視野沒有太大的區別，只是文字表述不同而已。

（二）文學史意義

「大河小説」出齊不久，郭沫若就對三部曲的文學史意義做出預言，只是「偉大」的斷言帶有猜測且具有友情的意味。此時的接受者不再猜測而是直接定言：「在中國現代文學運動中，有計劃地分階段地用小説來反映近百年反帝反封建的歷史，特別是甲午戰爭以後的歷史，可以説是李劼人的首創，並且獲得了相當的成功，爲以後寫這段歷史的文學作品提供了極其可貴的經驗教訓。」〔註 5〕從歷史小説史的角度看，「外國文學的優秀傳統第一次在中國歷史小説的創作中被應用，使歷史小説擺脱了古典歷史小説的傳奇性，而具有現實主義的眞實性和典型性，滲透著濃郁的生活氣息。李劼人創作了民族的、現代的、跟上世界文化潮流的長篇歷史小説，爲我國文學事業的發展作出了不可抹殺的貢獻。」〔註 6〕可以説，「他在文學史上第一次將長篇小説的史傳傳統和世情小説結合起來了。」〔註 7〕在創作模式上，它將傳統的「偏重於重大歷史事件和顯赫歷史人物的正面描寫轉爲寓政治、軍事、經濟的變動於廣闊的社會風俗史畫面的勾勒」，將「歷史還原爲由重大歷史事件、社會日常生活、家庭私生活組成的宏大生活流，熔政治、軍事、風俗史爲一爐」，「這種立足於社會各階級矛盾衝突的剖析來發掘歷史運動本質的途徑，將我國長篇歷史小説反映生活的深度提高到了一個前所未有的水平。」〔註 8〕上述視界的相互補充與交融使李劼人的「大河小説」有了明確的標尺和更爲清晰的歷史定位，爲文學史的書寫提供了全方位的參照。

（三）史之意與誌之趣

以歷史的轉折點折射時代的風雲，以幾部連續的長篇小説細膩描繪社會的日常畫卷、風俗圖景與心理場景，全面展示 19 世紀末到 20 世紀初四川社會的歷史風貌，是李劼人創作長篇三部曲的創作意圖，「小説的近代史」與

〔註 5〕王錦厚、伍加倫：《李劼人創作道路初探——兼談關於李劼人的評價問題》，《四川大學學報》1981 年 1 期。
〔註 6〕謝武軍：《李劼人的創作在我國長篇歷史小説中的地位》，《四川師範大學學報》1983 年 2 期。
〔註 7〕張義奇：《論世界文學背景中的李劼人》，成都市文聯成都市文化局編：《李劼人小説的史詩追求》，成都出版社 1992 年版，第 258 頁。
〔註 8〕楊繼興：《長篇歷史小説傳統形式的突破——論李劼人歷史小説的獨創性及其在文學史上的地位》，《四川師範大學學報》1987 年 3 期。

「小說的近代《華陽國志》」因之得譽。對於小說的史之意與誌之趣，伍加倫和王錦厚深有同感。〔註9〕與之視界交融的還有李士文和文弓。〔註10〕李士文直言小說最突出的特點就是充分描繪了地方風土人情，具有方志與民俗的意義。〔註11〕而「過去的成都活在他的筆下」的歎服，〔註12〕使誌之趣的感悟靈動而富有想像力。不誇張地說，經過接受者的展示與再認同，「大河小說」的史之意與誌之趣已作爲既定視野爲學界所公認並廣泛引徵，關涉李劼人及其「大河小說」創作的文學史著作（含小說史著作），〔註13〕都是在這一既定視野下的豐富與展開，「確實當得起『小說的近代《華陽國志》』」的服膺之語，〔註14〕即可作如是觀。

（四）影響淵源

李劼人早年留學法國，深受法國文學自然主義文學及其作家福樓拜、佐拉、莫泊桑等人的影響，被稱爲「中國的佐拉」。但是，這種影響以怎樣的表現形式與創作情態呈現在「大河小說」中，伍加倫、王錦厚做出具體的判斷，〔註15〕當然，蔡大嫂是李劼人既能大膽地學習福樓拜等作家的經驗，又能把它和中國文學的優良傳統加以融合，加以創造的獨具特色的一個典型。〔註16〕而「李劼人在向外國文學吸取有益的營養時，採取有鑒別和選擇的態度，同時固守著民族的根基，堅持著獨立自主的精神，因此，外國文學帶給他的總

〔註9〕 伍加倫、王錦厚：《論李劼人和他的〈死水微瀾〉》，《社會科學研究》1981 年3 期。

〔註10〕 文弓：《小說的近代〈華陽國志〉——讀李劼人的〈死水微瀾〉》，《四川大學學報叢刊》1983 年 19 輯。

〔註11〕 李士文：《李劼人小說的鄉土文學特色》，成都市文聯編研室編：《李劼人作品的思想與藝術》，中國文聯出版公司 1989 年版，第 115～133 頁。

〔註12〕 艾蘆《「過去的成都活在他的筆下」——李劼人三部曲的地方色彩與生活情調》，成都市文聯編研室編：《李劼人作品的思想與藝術》，中國文聯出版公司 1989 年版，第 134～152 頁。

〔註13〕 如，楊義：《中國現代小說史》，人民文學出版社 1986 年版，第 429～436 頁；程光煒等：《中國現代文學史》（第 2 版），中國人民大學出版社 2007 年版，第 215～219 頁；齊裕焜：《中國歷史小說通史》，江蘇教育出版社 1999 年版，第 280～290 頁。

〔註14〕 秦弓：《荊棘上的生命——二十世紀三四十年代中國小說敘事》，春風文藝出版社 2002 年版，第 146 頁。

〔註15〕 伍加倫、王錦厚：《論李劼人和他的〈死水微瀾〉》，《社會科學研究》1981 年3 期。

〔註16〕 王錦厚：《蔡大嫂與包法利夫人》，成都市文聯編研室編：《李劼人作品的思想與藝術》，中國文聯出版公司 1989 年版，第 233～236 頁。

是積極的影響和健康的因素。」〔註17〕上述視野雖有些表相，但對於認同期的接受而言還是有所推進，雖然更深入的推進直到 90 年代後才逐步實現。

（五）史詩品格

史詩性是長篇小說的重要標尺之一，以之衡量李劼人的「大河小說」自在情理之中。劉曉林認為：「李劼人三部曲的史詩性突出表現在宏大整一的外部結構與內在豐厚的歷史意識構成了一個自覺自足的有機體，獲得了一個歷史與現實相互聯繫的、歷史的沉積物與社會進化的動態感並存的、對作為歷史進程主體的人充分尊重的審美空間。」〔註18〕張效民則將李著史詩性追求所表現出的特點概括出四點：1、在古老中國社會的傳統與近代各種西方新思潮衝撞激盪的廣闊社會歷史思想文化的背景上，以前所未有的巨大的規模反映出四川社會自 1894 年至辛亥革命爆發前後幾十年間的發展變遷，並由此表現出中國近代歷史轉折時期社會發展的大趨勢；2、在作品中塑造了眾多的形形色色的生存於活躍於這一特定時期歷史舞臺上的人物形象；3、作品中的現實環境，歷史文化環境和人物活動、事件發生的具體空間環境的契合和成功描繪；4、恢宏而開放的藝術結構。〔註19〕認同長篇小說的史詩性追求是上世紀後半葉具有「時尚性」的文學訴求，接受者對李劼人「大河小說」史詩特徵的認同，並將「李劼人誕辰一百週年紀念會暨學術討論會」的論文集定名為《李劼人小說的史詩追求》，就具有鮮明的時代印跡。令人遺憾的是，有關「大河小說」史詩性內涵的討論沒有形成有效的接受鏈，在時代審美風尚發生轉變之後中斷，沉寂。

此外，接受者還就「大河小說」中的典型人物如蔡大嫂、羅歪嘴等的典型特徵以及衝突的性質展開了視界的交鋒，對版本的修改效果做了解讀。雖然前者在今天看來無須爭辯，但它卻是接受者擺脫左的僵化視野的一段必由之路，其價值意義當充分肯定；後果是否如接受者所言，則見仁見智。

由司馬長風與唐弢的文學史書寫「破土」而出的李劼人和他的「大河小說」接受，是在作者長期被忽視與被埋沒的前提下重新展開的，因此，內聚在郭沫若的接受視閾下，尋求原有的「權威」視野的支持，認同、維護並打

〔註17〕伍加倫：《李劼人與法國文學》，《四川大學學報》1988 年 4 期。
〔註18〕劉曉林：《試論李劼人三部曲的史詩性追求》，《青海師範大學學報》1992 年 1 期。
〔註19〕張效民：《試論李劼人長篇創作的史詩追求》，成都市文聯成都市文化局編：《李劼人小說的史詩追求》，成都出版社 1992 年版，第 19～26 頁。

開既定視閾的張力就成為接受者介入與展示的思維起點，而「即使是他的缺陷，都充滿了魅力」的情感支點，〔註20〕使眾多的接受者將重心放在如何維護郭沫若的精義上，沉心於展示「大河小說」所呈現的美質，對後兩部文本中顯在的人埋於事，事埋於史，詩埋於志的藝術缺憾或避而不談，或輕描淡寫，更少反思與追問。因此，重合多於重構，認同多於挑戰，交融多於交鋒，鑒賞多於思辨，就成為 1980 年代李劼人「大河小說」接受最顯著的特點。也正因此，探因究果的深層次的思辨與跨越，就成為 1990 年代乃至今日「大河小說」接受拓新與深化的必然選擇。

二、思辨與跨越

1990 年 6 月，《文學評論》第 3 期發表楊聯芬的《李劼人長篇小說藝術批評》一文，作者在文中除了肯定「李劼人的近代歷史『三部曲』，以其結構的宏偉、容量的巨大和描摹的細膩，體現著法國十九世紀現實主義的偉大精神和輝煌藝術」外，更思考了這樣三個問題：一、他為什麼單選中法國十九世紀的現實主義模式？二、法國模式何以能與傳統文學形式相融合？三、這種選擇和融合是否成功？在當代的意義怎樣？論者認為，法國現實主義的宏偉性，對局部、對細節的漸次觀察與精雕細刻的思維方式，對藝術真實性的追求以及對女性形象的細膩塑造等，與李劼人對中國傳統小說的嗜愛所形成的審美情趣相契合，而成都幽閉的文化環境與生活情調，使他對法國十九世紀現實主義情有獨鍾。而「法國模式與民族傳統的契合面，存在於傳統白話小說與法國文學藝術的交滙點上。而反封建的民主追求，是李劼人發現並接受、融合這兩種文學的內在決定力量。」由於缺乏一種由時代精神灌注的當代性——當代的思維方式，當代的審美意識，李劼人的「大河小說」在審美形態上精緻華貴的古典色彩，不能滿足二十世紀現代人的需要，郭沫若不無遺憾地指出其「筆調稍嫌舊式」即是如此。「大河小說」在漫長歲月中寂寥存在的命運也許便是必然（當然，特定時代的政治、文化氛圍也是形成這種現象的原因）。楊文視野開闊，見解獨到，特別是對李劼人受法國文學影響的緣由、得失，以及長期以來李劼人被埋沒的文學因素的剖析，持論有據，言之成理，令人耳目一新。楊文的發表標誌著李劼人「大河小說」的接受開始擺脫 1980 年代以來以維護與認同為主、審美鑒賞為輔的接受思維，邁向 1990 年代的跨

〔註20〕 弓戈：《學術討論會綜述》，成都市文聯成都市文化局編：《李劼人小說的史詩追求》，成都出版社 1992 年版，第 334 頁。

越與思辨之旅。

　　思辨一：史詩追求與藝術平衡。寫出中國近代歷史風雲的史詩來是李劼人創作「大河三部曲」時的刻意追求，但是，這種主觀的願望與客觀的努力並非如作者所願達到了目的，實現了平衡。目前，學術界公認《死水微瀾》是「大河小說」的翹楚之作，對於《暴風雨前》，雖然作者早年曾「自信優於《死水微瀾》之處定多」，〔註21〕《大波》（中）又「頗以為較前三書俱優」，〔註22〕但後來卻又不無遺憾的承認《暴風雨前》與《大波》每況愈下的事實。為什麼會出現這種遺憾？吳興明說：「歷史擋住了人。」也就是說：「就李劼人小說之內在藝術的關切點而言，在人與事的關係上他關懷的是事而不是人，他並不是借歷史來寫人生，而是用人生來寫歷史。」因此，「在李劼人孜孜的關切中，人物終於從前臺退居於幕後，它出臺亮相的意義在於為作者敘述歷史事件提供具體的敘述視角和線索。這樣，人物自身失去了自足性和實在感，而成為歷史事件的見證人或提示物。」而「《暴風雨前》和《大波》始終被事實所包裹，關注歷史而止於歷史，歷史的事實性真實意識（儘管是頗為生動精巧的『真實』）把李劼人擋駕在從歷史升騰到人生乃至於形而上關切的旅途之間。」究其根本，「源於他對藝術該如何處理歷史的基本信念，而這種信念又與在國內流行達半個世紀之久的具有簡單化之嫌的『現實主義』信念不無關係」。〔註23〕李傑將之歸結為史詩式的宏大構想與其市民文化趣味的藝術處理之間的矛盾，使李劼人作品的史詩性不能深入地貫徹到底，從而沒有成為開創民族生存空間的真正史詩。即：市民文化趣味阻礙了他史詩性的追求。這種阻礙「主要表現為『三部曲』藝術處理上的三個不平衡，即民族精神的表現與民俗風情畫之間的不平衡，歷史主潮中人物的刻畫與中間人物的反映之間的不平衡，悲壯的歷史主調與平庸的雜音之間的不平衡。〔註24〕王富仁、柳鳳九則從作家的歷史觀的角度做出解析。他們認為，作為一部歷

────────────────

〔註21〕李劼人：《致舒新城·六》，李劼人研究學會編：《李劼人研究》，四川大學出版社1996年版，第206頁。

〔註22〕李劼人：《致舒新城·九》，李劼人研究學會編：《李劼人研究》，四川大學出版社1996年版，第210頁。

〔註23〕吳興明：《歷史該如何藝術地回首──就李劼人談歷史小說的視角》，成都市文聯成都市文化局編：《李劼人小說的史詩追求》，成都出版社1992年版，第43～54頁。

〔註24〕李傑：《論李劼人長篇歷史小說的內在矛盾》，成都市文聯成都市文化局編：《李劼人小說的史詩追求》，成都出版社1992年版，第57～63頁。

史小說,《死水微瀾》很好地簡化了歷史也更鮮明地表現了歷史,將歷史的人與人的歷史完美地統一了起來。但是,在《暴風雨前》與《大波》中,作者將他親歷的歷史當作歷史,將歷史的表象當作了歷史本身,這樣,作家的歷史觀發生了偏差。而《暴風雨前》與《大波》恰恰在這裏出現了嚴重的問題。作者以歷史的虛數即大量的歷史現象掩蓋它的真實的歷史過程,將他所描繪的這一進程作為自己歷史觀念的等價物,這種被大量的與歷史實際發展無關的事實所迷惑並將歷史複雜化的處理方式,難以使讀者透過現象看到其背後對中國歷史發展確有意義的東西。〔註25〕四位學者的視野雖各有側重卻令人深思,由之我們也看到,無論是對李劼人創作視角的考察,還是對李劼人創作內在矛盾的揭示,或者對作家歷史觀念的反思,接受者不再將失衡被埋沒的原因簡單地導向機械的「外部政治因素干擾論」,而是將思辨的視野觸探到作家本身,觸探到具體的文本書寫中,從內在的糾結中釋解令人尷尬的失衡現象,剖析問題的實質之所在。面對這一視閾,無論接受者是否予以認可,都不得不在他們的期待視野面前凝神、思考,甚或信服。可以說,這是90年代最具思辨色彩的期待視野,它所帶來的視野波使90年代的「大河小說」接受回歸到滿足與失望相存,反駁與認同相在,交融與超越相生這一多元而常態的學術場閾中。正所謂,質疑推進了思辨,思辨實現了跨越。

思辨二:方志意識‧接受期待‧文學書寫。「小說的近代《華陽國志》」是對李劼人「大河小說」方志書寫藝術的形象褒獎,作者因之而獲得四川風俗畫家的美譽。但是,這種方志式的實錄與龍門陣式的敘錄與作家接受異域文化的關係如何?與中國詩騷傳統的關係又如何?它又在何種程度上對作家的創作指向及發掘生活的態度產生了深遠的影響?李怡從巴蜀文化的角度對此進行了細緻的闡發。他認為,四川作家對西方文學的接受多著眼於對故鄉特別風物的表現上,從異域文學中尋找某種鼓勵和啟示轉而對四川特別的世情風物作有效的描摹,是他們的接受期待,而方志傳統及由此形成的方志意識影響了現代四川作家對現實的關注,影響了現代四川作家發掘生活的態度。它「從求實寫真的取向上牽引著四川作家的思維,牽引著他們終於部分地抵消了詩騷傳統的影響,以求得藝術選擇與自己更熟悉的日常生活氛圍相契合。」也因正此,作家醉心於對方志民俗的藝術書寫,潛沉於歷史細節的

〔註25〕王富仁、柳鳳九:《中國現代歷史小說論》(四),《魯迅研究月刊》1998 年 6
　　　　期。

紛至沓來，長處是川味濃郁，細節豐富，但過於沉湎於史志也就影響了作家
向更高遠更開闊的哲理層面挺進的可能。〔註26〕李文闡釋獨特，別開生面，
文中對李劼人接受異域文化時過濾與積澱的情態與立場，傳承中國文化時排
拒與消解的心理訴求，以及由之造成的情節枝蔓，結構鬆散的書寫窘態的探
究，也從另一個側面回應了李劼人「大河小説」傳統難以傳承，未能發揚的
內在原因。

　　進行新世紀後，「大河小説」接受仍取得了一定的進展，如楊聯芬對李劼
人歷史小説開拓意義的溯源，〔註27〕郜元寶對《死水微瀾》敘事現代性缺失
的探析，〔註28〕陳美蘭對《死水微瀾》藝術構思方式的思考，〔註29〕等，都
給接受者以新的啓示，但總的來説，未有實質性的突破。

　　1976～2010年李劼人的「大河小説」的接受是在認同與維護的基礎上起
步的，並在文本意藴、文學史意義、史之意與誌之趣、影響淵源與史詩品格
等方面生成了爲接受者所廣泛認同的既定視野，爲文學史的書寫提供了全方
位的參照。對史詩追求與藝術平衡，方志意識、接受期待與文學書寫得失的
辨析，顯示了接受者實現「大河小説」接受跨越與思辨的氣度與實績，也使
「大河小説」的接受回歸到了常態的學術場閾中。但是，回歸併不意味著「大
河小説」的接受已完成了其歷史使命，恰恰相反，它更期待著接受者投入更
爲關切的目光。例如，困擾學術界的「李劼人難題」就亟待解決。它包括：
1、方言寫作與文學傳播及文學史地位。眾所周知，李劼人的「大河小説」
是用四川方言寫成的鴻篇巨製，其中《死水微瀾》堪稱經典。但是，它們在
川外的傳播乃至在全國的影響與川內相比反差巨大，其文學史地位也因之受
到較大的影響。這其中，固然有《暴風雨前》與《大波》的藝術滑坡的因素，
但方言的地域性局限也是不容忽視的重要原因。方言寫作如何突破地域性因
素進而獲得更廣泛的影響與文學史地位，是否需要打破以北方普通話爲核心
的審美譜系重構文學的審美平臺，顯然是一個有待探討的接受命題。2、突

〔註26〕李怡：《現代四川文學的巴蜀文化闡釋》，湖南教育出版社1995年版，第171
　　　　～188頁。
〔註27〕楊聯芬：《從曾樸到李劼人：中國長篇歷史小説現代模式的形成》，《四川大學
　　　　學報》2003年6期。
〔註28〕郜元寶：《影響與偏離──略談〈死水微瀾〉與〈包法利夫人〉及其他》，《中
　　　　國比較文學》2005年1期。
〔註29〕陳美蘭：《〈死水微瀾〉的漫反射藝術》，《語文教學與研究》2008年6期。

轉之謎與文本實踐。《死水微瀾》的成功無疑使作家獲得了寶貴的經驗，但隨後的《暴風雨前》與《大波》卻突然拋開成功的範式轉向對「事」、「史」、「志」的敞開書寫，而且作家對此頗爲得意。爲什麼會有這樣的突轉？本土文化的強大啓動力固然是轉向的重要因素，但作家創作觀與歷史觀的波蕩與彼時的生活窘況及創作心理間是否存在著內在的關聯？應當予以再思。3、藝術失衡與視閾新拓。「大河三部曲」藝術失衡現象勿庸諱言，即便是 1950 年代的重寫也沒有從根本上改變人、事、史，詩、志間的藝術失衡問題，雖然有學者認爲「從總的方面看，『重寫』在思想、藝術上達到的成就遠遠地超過了『舊版』」，〔註30〕但藝術的核心問題——如何刻畫典型這一問題還是沒有解決。〔註31〕於是，考察文本中歷史事件的意義，考索歷史的眞實對應性，考辨方志的風俗圖景意味——從文學審美之外的視閾中發掘《暴風雨前》與《大波》的創作特質就成爲「大河小說」接受的新視閾。這固然開拓了接受的新疆域，但以犧牲文學的審美本性爲其代價是否能更好地揭示「大河小說」的藝術特質呢？是否就體現了「大河小說」接受的未來指向與深化路徑呢？同樣值得思索。畢竟《暴風雨前》與《大波》首先是小說。

2011 年是李劼人誕辰 120 週年，筆者梳理 35 年來「大河小說」接受的現狀與問題，意在推進李劼人研究的進展，更希望困擾學術界的「李劼人難題」再次實現超越與突破。

〔註30〕艾蘆：《〈大波〉的「舊版」和「重寫」版》，四川省社會科學院文學研究所編：《四川現代作家研究集》，四川省社會科學院出版社 1984 年版，第 94 頁。
〔註31〕閻綱、沉思：《繪聲繪色的〈大波〉》，《文藝報》1962 年 5 期。

第九章 《呼蘭河傳》接受70年：
四種視閾與三個問題

　　2011 年是蕭紅誕辰 100 週年，也是《呼蘭河傳》接受 70 週年。從 1941 年谷虹發表第一篇接受文章至 2011 年，《呼蘭河傳》的接受正好走過了 70 年歷程。70 年來，《呼蘭河傳》的接受實績主要集中在四種視閾上，即：文本審美、魯迅影響、女性視野和文學定位；值得商榷的問題亦集中在三個視點上，即：「寂寞說」、「枯竭說」與兩極化傾向。在紀念蕭紅誕辰 100 週年與《呼蘭河傳》接受 70 週年之際，梳理這四種視閾的生成、流變及接受意義，探討三個有待商榷的問題，無疑具有交流與紀念的雙重意味。

一、文本審美

　　文本審美毫無疑問是《呼蘭河傳》最先展示並取得接受者呼應的接受視閾。1941 年 10 月 25 日，上海雜誌公司剛出版《呼蘭河傳》僅 5 個月，谷虹就在《現代文藝》第 4 卷第 1 期發表了第一篇接受文章《呼蘭河傳》，對文本的審美價值做出了開拓性的闡釋。隨後眾多的接受者就《呼蘭河傳》的審美特性予以了充分的展示，具體表現在：

（一）體裁

　　《呼蘭河傳》是什麼是接受者首先面對的問題。與其它文本一目了然不同，《呼蘭河傳》的體裁特徵卻是最先得以介入但至今仍呈分歧的接受視野。《呼蘭河傳》剛出版，谷虹就認為：「與其說這是一部長篇的小說，倒不如說是連載的散文更來得恰當些，因為它是由於七篇可以各自獨立的，而又是有

連貫性的散文所組成的，末後再由作者加上一個『尾聲』，作爲總結。」〔註1〕麥青也願將其看作是詩化散文。〔註2〕石懷池則將《呼蘭河傳》與《生死場》、《馬伯樂》一起看作是蕭紅長篇小說的代表作。〔註3〕其實，「要點不在《呼蘭河傳》不像是一部嚴格意義的小說，而在於它這『不像』之外，還有些別的東西；──一些比『像』一部小說更爲『誘人』一些的東西。」因此，茅盾修正道：「它是一篇敍事詩，一幅多采的風土畫，一串淒婉的歌謠。」〔註4〕這一視野耐人尋味亦影響深遠。隨後，德溶在認同茅盾的「三個一」的同時更希望將《呼蘭河傳》當作「童年自傳」來讀。〔註5〕至此，《呼蘭河傳》的體裁閾值已基本生成，之後不同的閾值多是上述視野的融彙。如王瑤認同《呼蘭河傳》是帶有自傳性質的回憶；〔註6〕葛浩文將其視爲蕭紅「回憶式」文體的「巔峰之作」；〔註7〕駱賓基稱文本「是中國東北的一座小縣城的二十世紀二十年代的風俗畫」；〔註8〕杜秀華覺得，《呼蘭河傳》是一部以背景爲主角的小說，只是從結構上看，倒很像一篇有景有情、有深刻思想內涵的優秀散文，是大部頭的散文，具有散文美；〔註9〕王金誠定義爲抒情性寫實小說，是對傳統的嚴格規約的文體形式的大膽突圍；〔註10〕等。可以說，上述視野儘管閾值各一，但都基於《呼蘭河傳》的文體屬性，也既是在認同文本是散文或小說的前提下視點略異。至於將其看作是敍事詩、風俗畫、歌謠等，是對文本表現內容的一種形象的比喻，回憶體則更顯得籠統。誠然，《呼蘭河傳》具有散文、小說、甚至詩的因素，也具有鄉土氣息、風俗畫味與歌謠特質，但是，作爲文學體裁的屬性，將其視爲詩化的小說（或抒情小說）當更切合《呼蘭河傳》復合的文體特徵。這也是目前大多數接受者所廣爲認同的期待視野，也是由之生發文本審美意蘊的接受基點。

〔註 1〕 谷虹：《呼蘭河傳》，《現代文藝》1941 年第 1 期。
〔註 2〕 麥青：《蕭紅的〈呼蘭河傳〉》，《青年文藝》1942 年第 1 期。
〔註 3〕 石懷池：《論蕭紅》，《石懷池文學論文集》，耕耘出版社，第 101 頁。
〔註 4〕 茅盾：《論蕭紅的〈呼蘭河傳〉》，《文藝生活》1946 年 12 月號。
〔註 5〕 德溶：《呼蘭河傳》，《婦女》1947 年第 4 期。
〔註 6〕 王瑤：《中國新文學史稿》（下），上海新文藝出版社 1953 年版，第 135 頁。
〔註 7〕 葛浩文：《蕭紅評傳》，哈爾濱：黑龍江人民出版社 1985 年版。第 144 頁。
〔註 8〕 《呼蘭河傳》：「內容提要」，上海新文藝出版社，1954 年版。
〔註 9〕 杜秀華：《一部以背景爲主角的小說──兼談〈呼蘭河傳〉對中國現代小說的貢獻》，《中國現代文學研究叢刊》1986 年 4 期。
〔註 10〕 王金城：《詩學闡釋：文體風格與敍述策略──〈呼蘭河傳〉新論》，《復旦學報》2002 年 6 期。

（二）寓意

寫了什麼同樣也是最先得以介入但至今仍視界各一的接受視野。對此，主要集中在三種視點上：一是揭示生活在呼蘭河底層的民眾迷信與無知，愚昧與麻木的精神狀態。最先指出這一視點的谷虹說：「在《呼蘭河傳》裏，我們只能夠看到北中國鄉村里人民的無知，迷信，窮困，不幸的生活，而且這一切也是輕描淡寫的，被幽美的風景，濃厚的地方情調，以及風俗人情所掩蓋著的。」〔註11〕麥青也有同感：「不論在那一章裏，作者都是在表現著呼蘭河的住民的迷信與無知。他們習於那荒涼的貧乏的生活，他們對於生活，幾乎像沒有什麼感覺一樣。」「他們的生死態度總括起來就是：『人活著是爲吃飯穿衣。人死了就完了。』」「這就是作者所要表現的骨梗，作者就是依這個骨梗，用許多材料給它充實起來的。」〔註12〕40年後，邢富君等再次呼應了這一視點：「小說以呼蘭小城的環境爲主軸，通過對自己童年時代生活環境的回憶，描寫自己家鄉的美麗可愛，同時以幽默、諷刺的筆墨，寫了家鄉人們的愚昧、野蠻、無知和落後。」〔註13〕當然，也有接受者將這一視野擴限爲揭示了中國農村在封建主義統治下的愚昧與麻木，〔註14〕並沒有實質性的推進。二是對病態社會與病態人生及其生存方式的深層拷問，對什麼是現代健康、優美的人生樣態與現代文明的眞誠叩詢。這是對前一視點的深化。韓文敏認爲：「在走上覺醒和反抗之前，普通的中國人，世世代代經歷著怎樣一種人生？他們對待生活、命運的自覺性如何？他們的精神狀態如何？……病態的人生、病態的社會心理是怎麼形成的？是否還應該容許這種病態持續下去？如果不，又應該怎樣來醫治，才能使我們的人民過上人的生活，具有自由、健康、優美的心靈，眞正享受人類的精神文明？這，大約就是蕭紅想要通過《呼蘭河傳》揭示並啓發人們思索的，換句話說，也就是這部在戰亂與流離中寫了三年才寫完的長篇小說的思想內核。」〔註15〕這與周成璐的視野相應和：「對於非人的生活和被扭曲的靈魂的描述與剖析，幾乎貫穿著《呼蘭河傳》的全部。」「因此，作者把她的畢生的精力放在剖析人的內心世界，力

〔註11〕谷虹：《呼蘭河傳》，《現代文藝》1941年第1期。
〔註12〕麥青：《蕭紅的〈呼蘭河傳〉》，《青年文藝》1942年第1期。
〔註13〕邢富君等：《蕭紅創作初論》，《中國現代文學研究叢刊》1981年3期。
〔註14〕趙鳳翔：《蕭紅論》，《開封師院學報》1979年1期；鍾乳霖：《蕭紅的十年文學道路》，《北方論叢》1981年5期。
〔註15〕韓文敏：《〈呼蘭河傳〉我見》，《文學評論》1982年4期。

圖把人們從麻木的精神狀態中喚醒過來的工作中。應該說，蕭紅的《呼蘭河傳》眞實地反映了一個民族發展歷史的一個階段，在這個歷史發展階段中，作者向我們展現了封建統治在人們的思想中毒害之深，封建壓迫在於他們的習以爲常，這是一種更爲可怕的精神麻木。不改變這種狀況，社會就無法向前進步。」三是人道主義視野。周成璐同時認爲：「人道主義在《呼蘭河傳》中也是一個令人矚目的命題」，雖然「作者並沒有直接闡述她的人道主義的主張，而是通過人們在小團圓媳婦和馮歪嘴子的遭遇中所扮演的角色，刻畫了人們對於殘酷、悲哀的事情所持的那種變態的好奇心理和縱容的欲望，並以此作爲其諷刺和鞭撻的對象，展示作者的人道主義的主張。」〔註16〕皇甫曉濤從新文學史的視閾考察後也認爲：「《呼蘭河傳》在其深邃的審美拓展中，銜接上了『五・四』新文學以來的人道主題、個性意識及由此而萌動的關於『國民性』思考的文化指向」。〔註17〕三類視野看似各異，實則聯動，遞進，也透視出接受者對蕭紅受魯迅影響的深刻體悟，而這恰恰是打開文本意義潛勢的一個更爲有效的闡釋路徑。

（三）敘述藝術

《呼蘭河傳》之所以成爲現代文學史上的經典之作，除了內容的獨特之外得益於作家出色的敘述藝術。那麼，到底是怎樣的敘述藝術爲文本增添了別樣的風采？李採章認爲：「小說第一、二章的第三人稱全方位鳥瞰與後面諸章的第一人稱『我』的有限陳述、觀察交織起來的人稱敘事策略，完滿地體現出呼蘭小城及其市民的文化風貌和精神品格。」〔註18〕周筱華則將作品的成功歸結爲多種手法的運用使她的小說具有一種清妙靈秀的美的魅力。〔註19〕王金誠從文體風格與敘述策略的視角上指出，蕭紅極富創意地設定了三層敘述結構、兩種敘述視角和兩套敘述話語並使之融爲一體，合力建構了《呼蘭河傳》的先鋒敘事。〔註20〕上述視野固然有其合理

〔註16〕周成璐：《從〈呼蘭河傳〉看蕭紅的創作主題》，《上海大學學報》1987 年 3 期。

〔註17〕皇甫曉濤：《〈呼蘭河傳〉的歷史開掘》，《蕭紅現象》，天津人民出版社 1991 年版。第 59 頁。

〔註18〕李採章：《〈呼蘭河傳〉的敘事策略及其文化意味》，《求是學刊》1995 年 5 期。

〔註19〕周筱華：《〈呼蘭河傳〉與蕭紅的「小說學」》，《安徽大學學報》1995 年 3 期。

〔註20〕王金城：《詩學闡釋：文體風格與敘述策略——〈呼蘭河傳〉新論》，《復旦學報》2002 年 6 期。

之處，但卻忽略了文本中一個最重要的也是一個最基本的視角——童年視角與文體的關係。張宇淩從這一視野切入認爲：「兒童視角及其背後的創作精神，正是使蕭紅這位作家及《呼蘭河傳》這部奇書產生這份『獨特』的重要原因。」〔註 21〕隨後，陳美蘭對此進行了補充：成年人的全知視角與童年的限制視角交疊式的敘述方式使《呼蘭河傳》別開生面。這一視野已爲眾多接受者所認同。〔註 22〕陳文同時對一些接受者認爲小說文體與整體構思間存在著罅隙提出了修正：「《呼蘭河傳》因其散文化的特點，致使有人草率地認爲它沒有中心人物，也缺乏中心線索。這種看法並不准確，小說的中心人物其實就是敘述者的『我』，是童年的和成年的『我』，而貫穿小說全篇的，則是『我』的情感『軸線』。這是一條情感元素相當複雜的『軸線』，它融和著蕭紅歷盡人生坎坷、在落寞中所喚起對天眞無邪童年生活的親切感；也體現了一位對民族的今天和未來有著莊嚴使命感的作家，在對故土的理性審視中所產生的深深憂慮感和對改造『國民性』的期盼。這些複雜情感的糾纏，彙成了貫穿作品的主旋律，也將各章不同的故事組結爲一個藝術整體。」〔註 23〕這一視野矯正了一些接受者對《呼蘭河傳》的文體認知，也釋解了其爲小說的藝術魅力，同樣具有更強的說服力。不過，季紅眞將視野從表現手法拓展爲作家感受世界的一種方式即民間視角，從而提出：「『意識到的歷史內容』與民間的敘事立場，形成了蕭紅觀察世界最基本的視角：這就是民間的歷史視角。也就是說，她是從民間的生存與記憶，觀察、理解和敘述、參與了民族的現代性歷史建構，完成對於民族特定階段的歷史言說。」〔註 24〕也成一家之言。由上可知，對於《呼蘭河傳》的敘述藝術，接受者各具視野，各呈期待，但無論將《呼蘭河傳》的敘述藝術理解爲表層的敘事手法還是先鋒的敘事策略，無論是童年與成年的雙重敘事還是現代與歷史的民間視角，都是對《呼蘭河傳》敘述藝術的補充與完善，也無論它是否爲接受者所認可，是否轉化爲既定視野，它們

〔註 21〕 張宇淩：《論蕭紅〈呼蘭河傳〉中的兒童視角》，《中國現代文學研究叢刊》1997 年第 1 期。

〔註 22〕 陳美蘭：《〈呼蘭河傳〉的敘事視角和情感張力》，《語文教學與研究》2008 年 3 期。

〔註 23〕 陳美蘭：《〈呼蘭河傳〉的敘事視角和情感張力》，《語文教學與研究》2008 年 3 期。

〔註 24〕 季紅眞：《潰敗：現代性劫掠中的歷史圖景——論蕭紅敘事的基本視角》，《文藝爭鳴》2011 年 3 期。

都爲不斷深化的《呼蘭河傳》的審美接受鋪墊了前行的基石，而後來者所做的只是在此基礎上前行。

二、魯迅影響

蕭紅成名緣於魯迅的舉薦早已是文壇人人皆知的一段佳話，而魯迅在《生死場》出版時寫下的一段文字更爲接受者所廣泛引徵：「北方人民的對於生的堅強，對於死的掙扎，卻往往已經力透紙背；女性作者的細緻觀察和越軌的筆致，又增加了不少的明麗和新鮮。」這既是對《生死場》的分析，又可看作是對《呼蘭河傳》的預言。的確，在蕭紅身上，在《呼蘭河傳》裏，魯迅的影響無處不在，蕭紅在「寫什麼」、「如何寫」和「爲什麼寫」方面深受魯迅的影響已成爲學界的公識。具體而言，接受者就蕭紅與導師魯迅的影響生成了如下兩種既定視野：

（一）對人物生存哲學的藝術展示，即對歷史惰性力量的藝術揭示

這是錢理群在紀念魯迅誕辰 100 週年和蕭紅誕辰 70 週年時的提煉。他說：「魯迅與蕭紅作品中的社會風俗畫的描寫，是一般讀者都能注意到的，但人們往往把這看作是增加作品色彩的一種手段，而不能從作家對於生活的獨特認識和作家文學觀的全局去認識它的意義。人們也往往把這種風俗畫的描寫局限於富有地方色彩的風光習俗，而忽略了巴爾扎克所說的更『基礎』的東西：民族的生活方式，『人的心的歷史』、『社會關係的歷史』，這正是魯迅、蕭紅筆下的社會風俗畫的主要著力點。魯迅把這種描寫散落於全部情節之中，而蕭紅在《呼蘭河傳》等作品裏，則不惜將情節的發展中斷，進行集中的描繪。這確實有些破格，並且因此受到責難。蕭紅卻置之不理，她有著自己的追求；也許正是這一點，構成了蕭紅創作的主要特色。」他同時認爲：「從日常平凡的生活中感受到、捕捉到如此驚心動魄的東西，這不僅是藝術的才能，更是思想的才能；而這一切的原動力又是與民族命運生死與共的，刻骨銘心的愛國之情！」因爲「在死水一般的生活裏，唯一起著作用的是歷史的惰性力量。」〔註 25〕這一驚人的發現道出了蕭紅在「寫什麼」上深得魯迅神髓的精神脈相，點化了蕭紅寫什麼的創作訴求以及如何寫的內在緣由。這是蕭紅研究的新起點，也是蕭紅與魯迅影響研究的重要突破，不僅迅速生成爲

〔註 25〕錢理群：《「改造民族靈魂」的文學——紀念魯迅誕辰一百週年與蕭紅誕辰七十週年》，《十月》1982 年 1 期。

既定視野，也因之貫穿起魯迅與蕭紅創作的精神聯繫，至今仍為廣大接受者
所認同並歡服：「正如錢理群指出，《呼蘭河傳》時期的蕭紅以自己年輕的女
性之軀跋涉過漫長的道路，以自己女性的目光一次次穿透歷史，之後，終於
同魯迅站在了同一地平線，達到了同一種對歷史、對文明、對國民靈魂的過
去、現在、未來的大徹悟。」〔註26〕

（二）對改造國民靈魂總主題的傳承與發揚

　　這同樣由錢理群率先展示並予以提升。他說，魯迅從「改造民族靈魂」
的文學這個角度充分肯定蕭紅創作的思想和文學價值，是真正的「知人」之
論。雖然「蕭紅的作品裏，甚至像趙太爺、魯四老爺這樣的代表社會邪惡勢
力的反動人物都不曾出現，有的只是『柳媽』——『無主名無意識的殺人團』
的善男信女們。正是這些善男信女和小團圓媳婦們的矛盾衝突，構成了蕭紅
筆下的悲喜劇。這是更深刻的悲劇：吃人的統治階級的思想已經滲透到民族
意識與心理之中，成為『歷史』的力量，『多數』的力量。這是更普遍的悲
劇：古往今來，直接死於統治者屠刀的人少，更多的卻死於『無主名無意識
的殺人團』的不見血的『謀殺』之中，這難道不是一個痛苦的、令人難以接
受的鐵的事實？站在歷史的高度上看，這又何嘗不是一齣民族的愚昧、人性
的扭曲的喜劇？」當然，蕭紅之於魯迅的創造也是顯在的，她畢竟提供了魯
迅所不曾提供的東西，這就是：「蕭紅用她那為魯迅所稱道的『女性作者的
細緻的觀察』和感受，最早敏銳地抓住了社會心理與社會關係上的微妙變
動，用她那『越軌的筆致』寫下了『人的心的歷史』、『社會關係的歷史』上
『新鮮』的一頁。……麻木的『動物般』的人們第一次感到了人的尊嚴，民
族的尊嚴！我們古老的民族畢竟是有生命力的，它終於獲得了一顆『猛壯』
的、『銅一般凝結』的『心』！蕭紅以不可抑制的喜悅捕捉住了、并寫下了
這一切時，充滿了一種歷史感。她清醒地把這民族心理與社會關係的變化看
作是歷史發展過程中的一個環節：比之麻木、冷漠的過去，這無疑是巨大的
歷史的進步；然而，我們的民族與人民也沒有在一個早晨就『突變』為英雄，
它依然背著歷史傳統的重負。唯其如此，這個民族明天必然有更偉大的發展
與前途。蕭紅所要完成的，正是魯迅曾經提出過的歷史任務；真實地、歷史
地寫出我們的民族、人民從『個人主義』到『集團主義』其間的橋梁。蕭紅

〔註26〕孟悅、戴錦華著：《浮出歷史地表》，中國人民大學出版社2004年版。第190
　　　　頁。

的歷史貢獻也在這裏。」〔註27〕錢文高屋建瓴，鞭闢入裏，不僅是蕭紅與魯迅接受研究的起點文獻，也是蕭紅與魯迅影響研究史上一個最重要的視野，之後雖有眾多接受者對這一視野進行再思考，但也多是補充或具體化的呼應，並沒有實質性的超越與突破。如秦林芳的補充：魯迅對蕭紅的影響主要表現在：一、題材上，對社會風俗畫的精心描繪；二、主題上，對精神病苦的集中呈示；三、人物上，對人物形象的非典型化設置；四、對人生哲學的獨特發現。〔註28〕黃曉娟的具體化：「儘管《呼蘭河傳》取材於作者童年時代的生活，著力表現的卻是傳統的舊生活造成群眾的愚昧，則愚昧釀成的生活悲劇，以及歷史惰力和現實停滯所造成的東北生命力和東北精神的萎縮與退化，真實的描繪中貫穿著蕭紅對勞動人民不幸命運的深切關注的主題。蕭紅對東北生命力負面價值的揭示和對具有普泛意義的『國民性』主題的批判性描繪，表示她不是一般性表現民族痼疾和國民性的弱點，而是將『國民性問題』作為宏大背景來具體地思考和揭示東北生命力的萎縮與傳統、與現實生存方式、人道主義的歷史起點上重新反思『國民性』的文化課題，在民族危亡的歷史時刻，敏銳地抓住造成民族危難內在因素的主體障礙，把自己的觸角伸向社會歷史深處。在愚民文化和封建統治的特定歷史環境中，挖掘出一再阻礙社會前進的病態心理，刺痛、驚醒民族意識的復蘇、覺醒，以獨特的思考為這個古老的民族開出一條反省的心路，從而銜接了五四以來新文化發展的恢宏氣度，而獲得了現代文化思想的歷史深度。」〔註29〕

總之，「寫什麼」、「如何寫」和「為什麼寫」是蕭紅在魯迅那裏得到的最直接也是最根本的創作啟示，也是蕭紅之所以為蕭紅的文學意義之所在。從這一視閾解讀蕭紅和她的《呼蘭河傳》無疑是最「知人論世」的接受視野，也是最易為接受者所共鳴的接受視閾。雖然錢理群的視野提高了後續者跨越的門坎，但唯有如此才彰顯出蕭紅研究的深度，才彰顯出《呼蘭河傳》接受的進展，才促發學界對這一視閾進行更深入更系統的思考。也正如此，我們說，正如魯迅研究的突破必將帶動現代文學研究的突破一樣，蕭紅與魯迅影響研究視野的突破，亦將推動蕭紅研究的歷史性突破。

〔註27〕 錢理群：《「改造民族靈魂」的文學——紀念魯迅誕辰一百週年與蕭紅誕辰七十週年》，《十月》1982 年 1 期。
〔註28〕 秦林芳：《魯迅小說傳統與蕭紅的小說創作》，《魯迅研究月刊》2000 年 1 期。
〔註29〕 黃曉娟：《雪中芭蕉——蕭紅創作論》，中央編譯出版社 2003 年版。第 178 頁。

三、女性視閾

女性視閾是 80 年代之後迅速興盛並至今仍有廣泛吸引力的接受維度，它拓寬了蕭紅研究的接受視閾，也爲接受者多維展示《呼蘭河傳》的審美意蘊開闢了通道。

（一）女權主義與人道主義的雙重主題

《呼蘭河傳》是蕭紅再次以泣血之筆寫就的一部揭示呼蘭河婦女令人髮指的生活境遇及其悲慘命運的血書，因此，「對於非人的生活和被扭曲的靈魂的描述與剖析，幾乎貫穿著《呼蘭河傳》的全部」。〔註30〕爲什麼會如此？作者的寓意何在？周成璐認爲：「這裏包含著兩個主題，一是女權主義，二是人道主義。這兩個主題是相互交溶在一起的，並且作者往往是通過美與丑、善與惡的交鋒，在美與善的被扼殺、被踐踏中，來表現她的女權主義和人道主義的思想的。」〔註31〕這是最早的一篇以女權主義與人道主義視野解讀文本的接受文章，也是具有拓進力度的接受視野，可惜未能得以呼應與深化。

（二）女體符號學與鄉土敘述

這是由林幸謙敞開的新視野。作者認爲：「蕭紅的小說文本表現了兩性關係/性別意識與民族國家文化歷史的雙重主題。在民族國家文學之外，女性文本的多元特質在她的文本書寫中進一步得到延續，爲中國現代女性文學遺產開拓出富有符號性意義的女體空間和女性鄉土想像書寫。在蕭紅的《呼蘭河傳》中，蕭紅大量地書寫了女體空間所可能載的各種符號形態，特別是有關跳大神的儀式化女體現象。蕭紅筆下女性所構成的女體符號空間，其根基建立在民間文化的基礎之上。與鄉土想像有密切的關係。事實上，蕭紅對女體的想像書寫和鄉土的文化空間建構是雙線並行的，缺一不可。此種女體/鄉土敘述突顯出歷史文化交織的符號空間，鄉土的象徵功能是女性作家藉以窺探女性內宇及社會文化系和人生命運不可或缺的書寫策略。」〔註32〕令人耳目一新，堪稱亮點。

〔註30〕 周成璐：《從〈呼蘭河傳〉看蕭紅的創作主題》，《上海大學學報》1987 年 3 期。

〔註31〕 周成璐：《從〈呼蘭河傳〉看蕭紅的創作主題》，《上海大學學報》1987 年 3 期。

〔註32〕 林幸謙：《蕭紅小說的女體符號與鄉土敘述——〈呼蘭河傳〉和〈生死場〉的性別論述》，《南開學報》2004 年 2 期。

（三）一個具有文化背負力的形象

《呼蘭河傳》並非是一部以人物刻畫擅長的長篇小說，除有二伯以外，作家並沒有特別精心刻畫某個人物形象。趙德鴻、張冬梅從女性意識的角度將人物置於文化學的立場上予以考察，斷言「胡家婆婆」是一個最具典型意義、最具文化背負力的形象，即：她們同時扮演著犧牲品和劊子手的角色，顯出新意。文章認為：「在《呼蘭河傳》中，蕭紅從女性立場和女性意識出發，以強烈的女性覺醒意識關注和揭示女性個人和群體的苦難命運，向讀者展示了一幅幅女性苦難生存的現實圖畫，表達了她對可憐可悲的女性人生命運的深切體驗和對造成女性苦難命運背後潛在的巨大社會毒害力量的批判。她用女性的命運觀照國民的命運，再用國民的命運去觀照整個社會和國家的命運，並清醒地認識到女性世界的悲劇正是男權意識壟斷的社會對女性的愚弄和毒害的結果。」也正因此，「《呼蘭河傳》以其巨大的文化承載，表達了蕭紅作為女性特有的對同類乃至普泛人性的體察與關懷，使小說的哲學和美學意蘊具有了普遍意義，從而獲得獨特的審美效果。」〔註33〕這同樣是《呼蘭河傳》人物接受研究上的一個新質點。

當然，女性視閾中還有一些接受視野也值得重視，例如，呼蘭河是蕭紅意味深長的間空形式，也象徵著蕭紅生命的兩重性：對流浪\安居同樣強烈的渴望；〔註34〕蕭紅小說最精彩、最有價值的部分是她女性視角的生命體驗，〔註35〕等，但總體而言，面對不斷湧現的接受成果，我們也不得不說，真正具有拓新價值並給人以啓迪同時又為接受者所認同、所呼應的視野並不多。上述三個閾值亦未能形成接受環鏈而深入下去，頗為歎息。按理說，女性視閾在當下本是極具張力的接受維度，但接受者或者囿於女性研究的思維與特性，或者陷於女性文學的狹隘視閾，常常視界較為單一，細膩有餘而深度不足，感性有餘而理性不足，重複有餘而創新不足。對此，喬以鋼深有感悟地說：「蕭紅的創作告訴我們，中國女性文學的內涵並非僅限於『性別書寫』。它不是溫室裏的花朵，而是植根於廣袤的土地。女性文學無疑具有『性別』特質，但這『特質』並非來自任何抽象的理念，而是受制於社會文化生存的

〔註33〕趙德鴻 張冬梅：《蕭紅〈呼蘭河傳〉的文化闡釋》，《學術交流》2007 年 5 期。
〔註34〕宋曉萍的《蕭紅的地：封鎖和游離──關於〈呼蘭河傳〉及其女性空間》，《天津社會科學》1999 年 4 期。
〔註35〕宋劍華：《靈魂的「失樂園」：論蕭紅小說的女性悲劇意識》，（《中國現代文學研究叢刊》，2004 年 4 期。

歷史和現實，以及人類個體或隱或顯的性別意識對文學活動的滲透。特別重要的是，它從來不是『惟性別』的。女性文學承載的是人類物質生活和精神生活的方方面面。它是歷史文化的產物，也是社會文明進程的透視鏡。女性體驗、女性立場賦予蕭紅的創作鮮明的特徵，但這並不足以概括她創作的全部。她的作品以立體化的生活場景和複雜深邃的人性啓示我們：性別問題絕非單一的存在，而是注定同階級、民族、時代政治乃至個體精神傾向等多重因素融會在一起。那麼，當我們面對蕭紅以及其他女作家，圍繞『女性文學』展開種種探討時，眼界是否應當更開闊一些，思考是否可以更深入一些呢？」〔註36〕振聾發聵，發人深思。

四、文學定位

　　《呼蘭河傳》是蕭紅的代表作，也是她爲新文學留下的寶貴財富。隨著蕭紅文學地位的全面提升，《呼蘭河傳》的文學地位也從最初的籠統肯定轉向目前明確的、充分的肯定。

（一）抒情小說的橋梁與經典之作

　　《呼蘭河傳》的抒情性是其名譽天下的重要因素，因此，從抒情小說的視野予以高度的肯定就成爲眾多接受者一致的維度：「她在《呼蘭河傳》中，將深沉的民族憂痛寓於鄉土風情和童年人事的回憶，將抒情描寫和鄉土寫實緊密地融合，塑造了獨具特色的人物形象，牽動著人們思念故國、拯救鄉土同胞的情懷。今天從文學史的角度來看，《呼蘭河傳》以形象的豐富和抒情方式的成熟，已達到當時現實主義鄉土抒情小說的一個高峰。」〔註37〕「蕭紅具有詩人的天賦。這不僅表現在她寫作的詩歌中，也浸透在她的小說裏。《呼蘭河傳》是一部優秀的抒情小說，不僅語言精練，韻律感強，而且具有複沓的節奏；內在的情感也在豐富充沛的，一唱三歎，起伏跌宕，深沉而憂鬱。蕭紅的抒情才華，溝通了中國現代文學的抒情小說的傳統。……蕭紅是中國二十世紀漢語寫作的一個成功範例。」〔註38〕王金城也將其視爲 20 世紀小說史的經典傑作。因爲，作爲一部抒情性寫實小說，「小說的敘述策略也是創造

〔註36〕喬以鋼：《蕭紅與中國女性文學——紀念蕭紅百年誕辰》，《文學與文化》2011
　　　年 3 期。
〔註37〕張國禎：《民族憂痛和鄉土人生的抒情交響詩——評〈呼蘭河傳〉》，《中國現
　　　代文學研究叢刊》1982 年 4 期。
〔註38〕季紅眞：《叛逆者的不歸之路》，《讀書》1999 年 9 期。

性的。它以『五個樂章』的平行並列方式響應『呼蘭河』主體旋律，創造了小說塊狀連綴的『中層結構』；又以『時間、空間、人生』三位一體的奇特組合，創造了富有生命意蘊和哲學象徵的『深層結構』。極富創意地設定了兩個敘述者、兩個視角和兩種女性話語的敘述謀略，使成人系統的冷靜與兒童系統的天真交相輝映，創造了詩意抒情與冷靜寫實融合的精神氣象與美學神韻。」「正是這前衛的創造性藝術形式與超越時代的深邃思想內涵的合力運作，才共同構建了富有永久親和力的《呼蘭河傳》獨特的文本世界。」〔註39〕的確，由廢名的《橋》到孫犁的《風雲初記》，蕭紅的《呼蘭河傳》恰是其間溝通中國現代抒情長篇小說的一個重要的橋梁與經典。

（二）改造國民性主題的承上啟下之作

　　這是由蕭紅受魯迅影響而生成的接受視野。皇甫曉濤從主題的視野重新定位了《呼蘭河傳》的意義：「《呼蘭河傳》出現在四十年代文壇上，不僅開闢了左翼文學農村題材的新視野，爲抗戰文藝尋找到了一條潛在的審美線索，避免了其簡單化、概念化的缺陷；而且與時代審美要求在整體上是一致的，同時也爲『國民性』主題的發展尋找到一個新的轉折點。」「它在徘徊難進的中國現代文化思想及其審美形式時斷時續的歷史發展中，是起到了一種『銜接』作用和促進作用的。」〔註40〕令人信服，亦有望生成既定視野。

（三）一首歸返精神家園的史詩

　　郭玉斌說：「《呼蘭河傳》在四個方面表現出詩化特性：即：詩的純淨、詩的風情、詩的意境、詩的律動。童心美使作品充滿了童真、童趣；地域性給作品敷上了特異的文化色彩丹青妙筆繪出了北國風光復唱、用韻等又奏出了詠歎調。這一切構成了一首歸返精神家園的史詩。」〔註41〕

　　此外，還有一些接受者從女作家與 20 世紀中國女性文學的視野中發掘蕭紅的歷史地位，〔註42〕或總體肯定蕭紅的歷史貢獻，如「以生命實踐爲特徵的啓蒙立場的堅守，具有地理坐標意義的地域風格的開創，粗獷而悲壯的女性意識的表達，對生命悲憫的人道主義關切，文體創造的自覺與實踐，是蕭

〔註39〕王金城：《詩學闡釋：文體風格與敘述策略——〈呼蘭河傳〉新論》，《復旦學報》2002 年 6 期。

〔註40〕皇甫曉濤：《〈呼蘭河傳〉的歷史開掘》，《蕭紅現象》，天津人民出版社 1991年版，第 72～74 頁。

〔註41〕郭玉斌：《〈呼蘭河傳〉：純美的大荒詩魂》，《學術交流》2005 年 3 期。

〔註42〕單元：《蕭紅與 20 世紀中國女性文學》，《湘潭大學學報》2002 年 6 期。

紅對百年中國文學發展的卓越貢獻，也是其文學創作經典價值的核心構成。」
〔註 43〕「在她的作品中，社會生活的場景及其細節的組織與充滿原始意味的
北方田園風光有著自然而親切的鍥合。把抒情因素滲入敘事文體，從而使刻
板的或繁冗的敘述充滿靈動活潑的氛圍。這是蕭紅在文學創造和文體建設方
面的貢獻。」「從表層的現象，特別是透過喧鬧的社會生活場景企及人生的底
蘊。當周圍的人們表現出昂奮的激情，而蕭紅卻悄悄地又是沉重地觸及了人
生悲涼，這正是她有別於人的深刻。」〔註 44〕等，以之審於《呼蘭河傳》亦
是切合文本且客觀而公允之論，亦成為蕭紅接受研究的重要視野。但因與本
文題旨偏離，故不一一展示了。

五、三個問題

　　70 年來，《呼蘭河傳》接受取得了令人注目的成績，在文本審美、魯迅影
響、女性視野及文學地位的展示上，生成了眾多有待實現的期待視野，其中
的一些期待視野生成為既定視野，成為新文學研究中重要的視點，體現出《呼
蘭河傳》接受的學術進展與價值，但接受研究中暴露出的三個問題也值得我
們思索：

（一）「寂寞論」

　　這是茅盾提出的視野，也是蕭紅接受研究影響最為深遠的既定視野。不
過，近年來有學者提出異議，認為，茅盾先生在《〈呼蘭河傳〉序》中認為
該作品是寂寞的蕭紅的寂寞之作這個多年來被奉為經典的論斷，實際上是歷
史的誤讀，《呼蘭河傳》的藝術特質是喜劇性的幽默諷刺，寂寞是作品的藝
術表象。而此時和端木在港的蕭紅，迎來了她創作最輝煌的年代，並無寂寞
可言。有關由此派生的蕭紅性格、感情、經歷寂寞的傳聞和對有關作家的貶
損，都來自人事的糾葛和男權的偏見。〔註 45〕此論一出，即遭到接受者的反
駁，〔註 46〕論者於是再撰文予以反批評。一時間，這一爭論似乎成為《呼蘭
河傳》接受研究的熱點話題。其實，這一爭鳴並非學術的生長點。蕭紅寫作

〔註 43〕 張叢皞：《談蕭紅的文學史價值——為蕭紅誕辰百年而作》，《學習與探索》2011
　　　　年 3 期。
〔註 44〕 陳素琰：《蕭紅：早醒而憂鬱的靈魂》，《文學評論》1994 年 4 期。
〔註 45〕 王科：《「寂寞」論：不該再繼續的「經典」誤讀——以蕭紅〈呼蘭河傳〉
　　　　為個案》，《文學評論》2004 年 4 期。
〔註 46〕 陳桂良：《「寂寞」論果真是對蕭紅作品的「經典誤讀」？》——也談茅盾評
　　　　〈呼蘭河傳〉並與王科先生商榷，《文藝爭鳴》2005 年 3 期。

《呼蘭河傳》時是否「寂寞」是個無解亦無需證明的視野,「寂寞論」者可以舉出諸多「例證」證明「寂寞」之所在;「反寂寞」者同樣可以舉出一些「例證」證明「非寂寞」之現實,一方一定認爲只有己方才是唯一正確的結論並以此壓倒另一方,且不說以文本去推測故去作家的內心感受與彼時的心境是否有可擊之處,只說非此即彼的思維方式就使這一爭鳴失去了學理的價值,更何況「寂寞」的思緒在《呼蘭河傳》中是一個無法抹殺的客觀存在。即便沒有「寂寞」之思緒流溢文本,也絲毫不影響《呼蘭河傳》的文學價值及蕭紅的文學地位,更何況仁者見仁,智者見智也是接受的常態。

(二)「枯竭說」

這是當年石懷池評價《呼蘭河傳》的藝術性時,認爲蕭紅的創作與現實相脫節而究其因時提出的「著名」視野。〔註47〕1980 年代之後,隨著蕭紅地位的逐步提升,眾多接受者爲了肯定《呼蘭河傳》的藝術成就,遂以駁斥石懷池的苛求爲前提,彷彿不如此就顯出接受者對蕭紅接受研究歷史的無知,不如此就不足以顯示蕭紅創作的偉大,同樣是接受者思維情緒化的一種表現。蕭紅出版《呼蘭河傳》半年後就病逝於香港,討論其創作是否枯竭或者旺盛已沒有多少學術價值,又何況這仍是一個無法證明也無需證明的話題。

(三)兩極化傾向

與歷史曾經埋沒《呼蘭河傳》不同,今天的《呼蘭河傳》已當之無愧地成爲中國現代文學史上的經典之一而傳承於世,蕭紅的文學地位亦日益顯現。但是這並不是說對《呼蘭河傳》的評價越高越好,否則就對不起「三十年代的文學洛神」。〔註48〕誠然,說「《呼蘭河傳》仍給人以「略圖」和草稿的」感覺,〔註49〕有過度貶低之嫌,但言《呼蘭河傳》「是 20 世紀人類回歸心靈家園和精神故鄉的深度寓言,是人類永恒的『回家』之歌,是對整個人類精神思想領域的深沉潛航」,蕭紅則「是站在了精神再造的文化制高點上,對病態社會的生態、病態民族的心態與病態靈魂的醜態進行了深刻的文化批判,是對整個中華民族精神思想領域的深沉潛航。」〔註50〕是否也有過於拔高之嫌呢?過度貶低固然不妥,但隨意拔高也走向了另一極端。對此,我們

〔註47〕 石懷池:《論蕭紅》,《石懷池文學論文集》,耕耘出版社,第 101~102 頁。
〔註48〕 楊義:《中國現代小説史》(第 2 卷),人民文學出版社 1986 年版,第 532 頁。
〔註49〕 王彬彬:《關於蕭紅的評價問題》,《中國現代文學研究叢刊》2011 年 8 期。
〔註50〕 王金城:《主題形態:精神歸返與靈魂挽唱——〈呼蘭河傳〉新論》,《北方論叢》2003 年 1 期。

想起錢理群的觀點：「蕭紅只是驚人眞實地描繪出歷史惰力的可怕力量，卻未能揭示原因：她在歷史的現象面前止了步。蕭紅具有魯迅那樣的藝術家的敏銳的感受力，也許在思想家的魯迅所特具的深邃的思想力方面有所不足。」我想，這才是實事求是的評價。那種走向極端的闡釋都是經不起歷史檢驗的，也是學術的泡沫。

　　最後，筆者需要特別說明的是，70 年來《呼蘭河傳》的接受也在比較文學與文學比較、悲劇與喜劇美學、地域文化等視閾生成了有待實現的期待視野，在文體介入與女性文學的研究上也存在有待思考的問題。但筆者認爲，上述四種視閾更能代表《呼蘭河傳》的接受水平，這三個視點亦更具有商榷的典型意義，爲篇幅及行文方便之故，加以論之。不當之處，敬請方家批評指正。

第十章 定位與拓進——1979～2011 年的《寒夜》接受研究

小引

　　1946 年 8 月 1 日，巴金的《寒夜》始刊於《文藝復興》第 2 卷 1 期，12 月 21 日，《觀察》第 1 卷第 17 期刊登將列入晨光文學叢書出版的《寒夜》廣告：「全書一厚冊約三百餘頁已在印刷中一月內出版。」「這是作者最近脫稿的長篇小說，曾在上海的《文藝復興》月刊連續刊載，極得讀者的好評。作者用樸素無華的筆寫一兩個渺小人物的渺小生活，這裏沒有驚天動地的豐功偉業，也沒有仁人志士的壯烈犧牲，有的只是一些平凡的願望，痛苦和哀愁。看慣了熱鬧場面的人，不妨到這個冷僻的角落來聽一個『落魄』的讀書人的申訴。」其時，《寒夜》即將殺青，也將在《文藝復興》上刊畢，但出版尚未簽字發排，所謂「已在印刷中一月內出版」完全是宣傳策略，只是為了弔足讀者的胃口。1947 年 3 月，《寒夜》由上海晨光出版公司出版。1948 年 5 月 20 日，康永年在《文藝工作》第 1 期發表《寒夜》一文，對文本進行了較為細緻的評述。他認為：「在《寒夜》裏我們幾乎看到了陀思妥益夫斯基的人物，那種病態的，反常的，殘忍的，個別的講卻又是善良的靈魂。我說『幾乎』，是意味著兩者中間還有許多不同的東西在。陀思妥益夫斯基的人物叫你絕望；《寒夜》的人物在被壓迫、奚落、摧殘的時候，內心充滿了憤怒和不平，甚至見諸行動，例如曾樹生（文宣的妻）毅然離開這個家庭就是。作者通過了他的小說告訴了我們：在寒夜——黑暗，寂寞，冷靜——裏掙扎反抗的人們，退卻妥協的就會自己毀滅，勇敢

堅定的可以生活到明天去。」「在汪文宣身上我們體驗了失望，曾樹生卻給人帶來一絲溫暖和活下去的勇氣。……樹生追求的不是豪華的物質生活而在精神的幸福，自由」。這是《寒夜》發表後至 1949 年間唯一的一篇評介文章，論者對巴金與陀氏的異同之分析、對汪文宣的失望以及對曾樹生的理解與支持等，顯示了接受者鮮明的思想傾向與獨到的藝術眼光。1950 年5 月，上海文風出版社出版了〔法〕Dr.J.Monsterleet 著王繼文譯的《巴金的生活和著作》。在這本小冊子的第 82～88 頁裏，作者簡要地談及了巴金的《寒夜》，認爲小說講述了無錢給家庭帶來的不安，樹生與文宣的愛是享樂的愛，帶有交易的性質，不是幸福的愛情，遲早要枯萎，而《寒夜》正是愛情結冰的時候。隨後，王瑤在其《中國新文學史稿》中對巴金 40 年代以小人小事爲題材的系列創作作了綜述。他說：「巴金在這時期寫了長篇《憩園》、《第四病室》、《寒夜》，和短篇集《小人小事》。其實那些長篇寫的也都可以說是小人小事；以前的那種激動的熱情收斂或潛藏起來了，他詛咒不合理的制度和社會所加於善良的人們的悲慘與不幸。這些人都是無辜的和值得同情的，而他們所遭遇的悲慘又都似乎無可避免的；作者以深厚的人道主義者的悲憫的胸懷，寫出了這些不大爲人注意的小人物的受損的故事和結局，目的只在控訴那個不合理的社會。這說明了在反動政治高壓下的作者底低沉的心情：他收斂起了他那股鼓吹變革和反抗的激情，而用平淡的筆沉重地訴出了一些善良的人所受的精神和物質的摧折；那對舊社會極厭惡的沉重的心情是可以理解的。他堅信他的理想和信仰，因此要用作品給人間添一點溫暖，要讀者在別人的痛苦和不幸裏面發見更多的愛。」〔註 1〕雖是綜述，但這段文字同樣可以理解爲對《寒夜》的解讀。其中，對巴金創作視角轉向的把握——寫小人小事；創作情態轉變的分析——深厚的人道主義者的悲憫的胸懷，收斂或潛藏激動的熱情，以平淡的筆沉重地訴出一些善良的人所受的精神和物質的摧折；堅守創作理念的動因思考——堅信理想和信仰，用作品給人間添一點溫暖，要讀者在別人的痛苦和不幸裏面發見更多的愛等視野，爲廣大接受者所認可，並在數年後《寒夜》重新歸返接受視野時不斷得以生發，而他對《寒夜》創作目的的分析——只在控訴那個不合理的社會的接受視野，影響深遠，特別是經過巴金的自述強化後，成爲影響一個時代的重要視野。當然，巴金不僅認爲《寒夜》的主旨

〔註 1〕 王瑤：《中國新文學史稿》（下），新文藝出版社 1953 年版，第 354 頁。

意在控訴，還認為小說中的「三個人都不是正面人物，也都不是反面人物；每個人有是也有非；我全同情」；曾樹生「在銀行裏其實是所謂的『花瓶』，就是作擺設用的」，「她追求的也只是個人的享樂」；汪母「希望恢復的，是過去婆母的權威和舒適的生活」；以及「我的憎恨是強烈的。但是我忘記了這樣一個事實：鼓舞人們的戰鬥熱情的是希望，而不是絕望。特別是在小說的最後，曾樹生孤零零地消失在淒清的寒夜裏，那種人去樓空的惆悵感覺，完全是小資產階級的東西。」〔註2〕等。但生不逢時，他們的視野不僅沒有得到呼應展開的機會，反而在時代語境的排拒下陷於沉寂，直到 1979 年後才在域外回播的接受場閾中重新為接受者所記憶，所發掘，《寒夜》的接受才重新出發。據筆者統計，在 1979～2011 年間，大陸各報刊共發表以《寒夜》為題的接受文章 187 篇，關涉《寒夜》的論著 48 部（不含影視接受文章、碩博士論文及文學史教材與重版本），〔註3〕使《寒夜》成為巴金長篇小說中繼《家》之後另一部為接受者所廣為聚焦的文本。

縱觀 32 年來《寒夜》接受的學術史態，我認為，定位與拓進是《寒夜》接受最顯著的兩個特點。定位實現了對《寒夜》藝術價值的重新確認，刷新了巴金長篇小說接受的既定視野；拓進提升了《寒夜》展示的期待視閾，深化了《寒夜》接受的群體期待，二者相輔相成，使《寒夜》的接受成為巴金長篇小說接受史中最具拓新視閾的文本個案。需要說明的是，本文不打算全面掃描《寒夜》接受的歷史面貌，雖然 32 年《寒夜》接受的拓進歷程是一個漸進的深化過程，但那些事關主題的陰暗與否、主人公的階級屬性以及傳統與現代的腐朽性等接受視野，雖是展示《寒夜》文本意義的一段歷史記錄，但在今天看來，已無重複的必要。因此，筆者將重心放在梳理並探討定位與拓進在《寒夜》的接受中所起到的深化意義，探析那些有待敞開，有待完善的期待視野及其所蘊含的啓迪意義及得失，切實推進《寒夜》接受的學術進展。

一、定位

長久以來，《家》是巴金長篇小說創作的代表作這一既定視野影響深遠（至今仍有著廣泛的影響力），但是，這一既定視野在一些域外接受者那裏

〔註2〕 巴金：《談〈寒夜〉》，《作品》1962 年第 5～6 期合刊。

〔註3〕 據李存光編：《巴金研究文獻題錄（1922～2009）》，復旦大學出版社 2011 年 1 月版。

發生了變異。日本學者立間詳介認爲，《寒夜》達到了巴金創作的最高峰。
〔註4〕山口守也斷言：「《寒夜》才是巴金最優秀的作品」，「是巴金現實主義
創作道路上的一個新的里程碑」。他「標誌了巴金從感情過多的表現主觀文
學到期待讀者思考力的、更有深刻的文學的過渡」，「是巴金將客觀眞實徹
底對象化的創作表徵」。〔註5〕對此還有同感的是美國學者內森。他說：《寒
夜》「可列爲巴金的傑作之一。它證明了巴金在藝術上前所未有的成熟。此
外，這部小說著重描寫了長期的戰爭所帶來的令人恐怖的局面。通過黑暗、
寂寞的夜晚和變換季節的形象化描寫，渲染了面臨毀滅時所特有的氣氛；
通過景象的描繪，給讀者以一種身臨其境的感受；通過對話，展現了主人
人物之間的衝突；通過角色的獨白，揭示了主要人物的心靈世界。所有這
些手法的使用都有助於抑制小說過於激烈，而使讀者加深對於處在戰爭最
黑暗時期的現代中國家庭成員狀況的認識。」〔註6〕在國內，同樣有接受者
對《家》的既定視野提出修正。張民權從表現手法上比較了二者的差異，
認爲無論是描寫人物心理的細膩度、動態感，還是刻畫情節的生動性，眞
實感，或是運用語言的能力等，《寒夜》都勝於《家》。這標誌著作者的小
說藝術進入到圓熟之期。〔註7〕宋日家也從現實主義的視野認定《寒夜》的
藝術成就高於《家》，是巴金創作的又一高峰。〔註8〕更有說服力的是陳思
和與李輝，他們從審美的視角對《寒夜》藝術成就的闡發今人信服：「《寒
夜》則完全達到了不資爐冶，自然天成的藝術水平。在《寒夜》中沒有任
何人爲安排的緊張情節，一切都是平凡的。……整部作品在結構上彷彿沒
有刻意的布局，然而又是那樣渾然一體，天衣無縫。情節的每一場起伏發
展，都是在一系列日常生活瑣事中不知不覺地推進，使人讀之，不覺得是
在讀小說，而如同進入現實生活本身一樣自然樸素，動人心弦。……我們
根據巴金本人對於最高藝術境界的論述來判斷，這部小說無疑代表了作家

〔註4〕 〔日〕立間詳介作，張加貝譯：《〈寒夜〉日文譯本解說：巴金》，張立慧 李
　　　 今編：《巴金研究在國外》，湖南文藝出版社 1986 年版，第 141 頁。
〔註5〕 〔日〕山口守作，胡志昂譯：《巴金的〈寒夜〉及其它》，《名作欣賞》1981
　　　 年 1 期。
〔註6〕 〔美〕內森·K·茅、 劉村彥作，李今譯：《巴金和他的〈寒夜〉》，張立慧、
　　　 李今編：《巴金研究在國外》，湖南文藝出版社 1986 年版，第 156～157 頁。
〔註7〕 張民權：《從〈家〉和〈寒夜〉看巴金小說創作風格的演變》，《中國現代文學
　　　 研究叢刊》1984 年 2 期。
〔註8〕 宋日家：《一部現實主義的小說傑作——試論〈寒夜〉》，《新文學論叢》，1984
　　　 年第 4 期。

創作藝術的最高境界。」〔註 9〕至此，《寒夜》是巴金長篇小說創作的代表作這一視野爲眾多接受者所認同，並生成爲既定視野，雖有「雙峰說」（《家》與《寒夜》都是巴金長篇小說代表作）與之並行，但並不影響這一視野的播傳與定型。也正因此，當秦弓再次予以肯定並具體化時，人們多將其看作是水到渠成的補充：「《寒夜》是血淚吞咽的控訴，更是透骨徹髓的深思。作者沒有像以往那樣確認舊制度的代表人物，然後霹靂閃電般地予以重擊，而是鮮血淋漓地寫出悲劇人物的慘像，激發讀者對悲劇製造者的認定與憤慨；作者也沒有像以往那樣一針見血地指斥所要抨擊的對象，而是著力刻畫相互衝突的性格，深入開掘各自的心理世界，充分展示其合理性與必然性，引發讀者去進行思索與裁斷。錯綜複雜的愛與恨，構成一個張力巨大的情感情緒場和一個幽曲深邃的心理世界，形成一個涉及社會批判、倫理審視與幸福本質的哲學探究等多層面的思維空間，讀者一旦步入其中，便不能自己地爲其感動，受其啓迪，在仇恨外敵侵略與憎惡社會腐敗的同時，注意到新式家庭在傳統陰影下與動蕩社會裏所面臨的重重危機，注意到所謂新女性與其所信奉的個人主義所蘊含的多面性。」「與巴金那些激情澎湃的前期小說相比，《寒夜》像一座雪山下的火山，熱情內斂、聚集、凝縮，但讀者卻能夠從中感悟到巨大的力量，那不只是愛與憎、仇與怨等錯綜交織的感情，而且還有對這些感情及其源頭進行理性審視的思索。這種思索是巴金在多年尋覓、探究的基礎之上激情昇華的結晶，也是新文學初創以來二十幾年藝術思維不斷深化的反映。」〔註 10〕

　　至此，經過上述接受者對巴金長篇小說接受視閾的修正與補充，《寒夜》的藝術地位被重新確認，巴金小說創作的代表作爲《寒夜》這一視野亦爲大多數接受者所認同並生成既定視野。這不僅是巴金長篇小說接受最顯實績的接受視野，也是《寒夜》接受取得突破的重要標誌。

二、拓進

　　前文已述，《寒夜》的接受早在文本尚未正式出版時就已拉開帷幕，至 50～60 年代初步展示了對人物，主題及創作基調的接受視野，其中文本旨在「控訴那個不合理的社會」的主題最爲接受者及作家本人所認同。進入 80 年代後，

〔註 9〕陳思和　李輝：《巴金創作風格的演變》，《新文學論叢》1984 年 2 期。
〔註 10〕秦弓：《荊棘上的生命──20 世紀三四十年代中國小說敘事》，春風文藝出版社 2002 年版，第 108 頁。

這一視野率先得以定向。經唐金海的具體化，〔註 11〕宋日家、汪應果等的補充後一度得以定型。〔註 12〕循著這一路向，將《寒夜》主人公的悲劇動因歸結為社會因素為主，個人因素為輔的期待視野也一度生成為普遍視野。但是，上述接受視野的遺憾是不言而喻的。這並不是說接受者的具體化策略存在瑕疵，而是說它所遵循的政治的社會學的接受範式以及所操持的政治標準第一，藝術標準第二這一功利的接受理念已不合適宜。因此，當審美的人學的接受理念重新回歸文學場閾時，這一功利的介入範式及其期待視野也隨之化為歷史的印迹。不過，作為《寒夜》的接受歷程而言，它們卻是敞開《寒夜》接受視閾不可或缺的一步，是《寒夜》接受走向深化的必然之旅。正是從這裏，接受者才跳出時代的桎梏，擺脫了視野的狹隘將文本豐厚的內蘊擠壓變形後呈現的難堪，將《寒夜》的接受推向拓進與跨越的新階段。

（一）對文本主題及其寓意的新拓

　　《寒夜》是巴金以肺結核病人汪文宣軟弱而不幸的一生為中心構思寫就的小說。為什麼選擇一個結核病人？這其中蘊含著怎樣的寓意？受蘇珊·桑塔格《疾病的隱喻》一書的啓發，唐小兵做出如下解讀：「在這裏，肺結核不僅規定了一系列的症狀或者說必然的比喻，它同時還引進了對疾病自身的診斷，促使我們對疾病既賦予意義又最終消解意義這一過程進行病理式分析。」而「閱讀《寒夜》中肺結核的多種含義的方法之一種，便是把它視為心理促生的，甚至有意為之的疾患，通過它，汪文宣使自己的身體經受難熬的痛苦，從而得以轉讓他生活中更大、更加不可名狀的焦慮。這種受虐式的臆想，這種充滿反諷意味的自欺欺人，似乎構成了汪文宣這個『老好人』的復仇手段，因為從一開始我們就看到，他已經把妻子對他的戲謔內化為質問式的自我反駁，結核隱喻的是有意的自殘和殘損的意志這二者的結合，正是這種結合使他獲得一種身分認同，並且找到一種與他人交往的方法和途徑。」他還認為：「巴金這部小說之所以引人入勝，並不在於它對肺結核提供了一個病案研究，而在於疾病本身被轉換成了更大的文化焦慮，或者說，它表現為新確立的象徵界所帶來的內部傷痛的外表症狀，而正是在這個新的象徵界裏，文宣這位患者企望能找到一個避難所。」「因此，他的死，突顯出另一層次的失敗，

〔註11〕《「挖掘人物內心」的現實主義佳作——評巴金的〈寒夜〉》，《鍾山》1980 年 3 期。

〔註12〕宋日家：《一部現實主義的小說傑作——試論〈寒夜〉》，《新文學論叢》，1984 年第 4 期；汪應果：《巴金論》，上海文藝出版社，1985 年 10 月版，第 267 頁。

即個人體驗到的肉體的痛苦，根本沒有得到任何的昇華。這在小說中實際上一直是一個核心問題，由此整個情景所喚起的，是對普遍的道德體系的正當性、公正性進行叩問和質疑。」「他的死亡，是肺結核作爲文學隱喻這樣一個現代傳統的最高峰，同時也是這個傳統的尾聲；在這個傳統下，肺結核或被用來隱喻自身衰弱的民族，蒙昧的民眾，個體生命的生存焦慮，或者是不斷受挫的敏感的心靈。……現代文學裏的結核病患者，總是被當做一種更加深層的病症或病原來描寫和解讀的。對疾病或者是畸形病態身心的文學再現，大多表達出尋求社會病因和治療方案的善良願望。」〔註 13〕許久以來，接受者思考汪文宣患不治之症的緣由時往往歸併到社會的政治的層面，很少探究這一疾病本身的隱喻意義以及作家賦予它的寓意。唐小兵另闢蹊徑，推論蘊含其中的文學寓意，擴展文本的接受場閾，開啓了《寒夜》接受的新視界。無論接受者是否認同他的視野，都無法否認將汪文宣的疾病與他的死亡及其所透視的隱喻相聯繫，更能打開接受者的視界，更能直切問題的核心。當然，這決不是說這是唯一可行的接受視閾。劉永昶「更傾向於把這看做是寓言，或者是警示」，〔註 14〕周立民更願從巴金的創作思想上理解《寒夜》的主題。因爲「《寒夜》一直延續了巴金關於社會批判和個人精神探索的主旨，思考是如何追求『豐富的、充實的生命』問題，並把它具體爲關於理想在現實生活中位置的思考。……《寒夜》中他只好讓理想在現實面前低下了高貴的頭。同時，巴金實際在對『五四』時期個人主義價值觀的虛妄性進行了反思，汪文宣的所有個人理想抵不過最低的生存壓力；而曾樹生的想『飛』、要擺脫目前困境的努力所換來的結果也是非常可憐的。」〔註 15〕同樣給人以啓發。不過，也有接受者認爲：「小說結尾所表達的思想，才是整部作品的關鍵所在──『夜的確太冷了。她需要溫暖。』我們認爲這不只是對曾樹生個人悲劇的同情，更是對那個時代所有不幸女性的尊重與關懷；或者說既是對『寒夜』的控訴，更是對「溫暖」的呼喚！」〔註 16〕但這是 1956 年以後改寫本所透出

〔註 13〕唐小兵：《英雄與凡人的時代：解讀 20 世紀》，上海文藝出版社 2001 年版。第 75～110 頁。

〔註 14〕劉永昶：《「回家」或是「在路上」──再論〈寒夜〉的知識分子形象》，載《語文學刊》2002 年第 2 期。

〔註 15〕周立民：《〈寒夜〉的修改與中國現代文學文獻學問題》，陳思和　李存光主編：《一粒麥子落地──巴金研究集刊卷二》，上海三聯書店 2007 年版，第 117 頁。

〔註 16〕範水平：《「她需要溫暖」──重讀《寒夜》兼與李玲先生商榷》，《名作欣賞》2007 年 12 期。

信息，之前的版本結尾並沒有「她需要溫暖」這五個字，而是以「夜的確太冷了」作爲全書的結束。

（二）對汪文宣與曾樹生的理解

汪文宣、曾樹生是《寒夜》中的主人公，對於曾樹生，早期對於她的理解視野較爲單一，且譴責多於理解。汪應果就認爲曾樹生的那一套是屬於資產階級的腐朽的東西，並非悲劇形象。〔註17〕之後有所矯正，陳則光、岳甲就試圖予以維護，〔註18〕谷莎麗也力圖多方面理解曾樹生的複雜性格，〔註19〕高利克甚至將曾樹生看作是「巴金在艱難無望的戰爭年代所持有的無政府主義理想的代言人」。〔註20〕90年代後，女權主義流行，辯護的視野漸成主流。如石貝將曾樹生的形象理解爲「揭示了女人面對生活時的二重困境：既要像普通人一樣選擇一切，又不能丟棄女人的種種特性」。〔註21〕吳錦濂將曾樹生看作是一位多棱多角，有所追求卻一無所獲的「新女性」，其心理經歷了壓抑、掙扎、痛苦、仿徨的過程，是一個有著複雜的性格、矛盾的心理和豐富內涵的藝術形象。〔註22〕顯然包含著更多的理解。辜也平的闡釋更多的是上述視野的綜合，只是更具理性而已。〔註23〕對此作進一步補充的是所靜。她認爲：曾樹生是舊中國職業女性的一個典型，通過對她的生活和命運的展示，眞實地反映了20世紀中葉半封建半殖民地社會一個普通職業女性的生存狀況。曾樹生形象是「五四」新女性形象的豐富和發展，她在精神上經濟上具有獨立意識。這一形象蘊涵著巴金對女性的生存意義及出路的探索。〔註24〕應該說，

〔註17〕汪應果：《巴金論》，上海文藝出版社，1985年10月版，第279～281頁。

〔註18〕陳則光：《一曲感人肺腑的哀歌——讀巴金的中篇小說〈寒夜〉》，《文學評論》1981年1期；岳甲：《一個追求自由和幸福的資產階級女性形象——談〈寒夜〉的女主人公曾樹生》，《文藝評論通訊》1984年第2期。

〔註19〕谷莎麗：《曾樹生性格的複雜性及其豐富內涵》，《齊魯學刊》1988年4期。

〔註20〕〔斯洛伐克〕馬立安·高利克：《巴金的〈寒夜〉：與佐拉和王爾德的文學關係》，見〔斯洛伐克〕馬立安·高利克著，伍曉明、張文定等譯：《中西文學關係的里程碑（1898～1979）》，北京大學出版社，1990年版，第213頁。

〔註21〕石貝：《束縛與反叛——試用「女權批評」解讀〈寒夜〉》，《濟南大學學報》1991年1期。

〔註22〕吳錦濂：《曾樹生形象縱橫談》，《福建師範大學學報》1992年3期。

〔註23〕辜也平：《傳統敘事母題的現代語義——〈寒夜〉人物論》，《中國現代文學研究叢刊》1998年1期。

〔註24〕所靜：《掙扎在寒夜中的職業女性——曾樹生形象的再認識》，《天津大學學報》1999年3期。

從譴責到維護，從辯護到理解──從單一到多向，從分歧到交融，是 30 年來
曾樹生形象接受的眞實軌迹。汪文宣一度是善良、懦弱、勤懇的代名詞，早
期的接受多對他表示同情。陳則光、陳培愛、汪應果等是其代表。〔註 25〕近
年來這一視野發生轉向，更多的接受者不是一味地同情其性格的軟弱，而是
開始反思其性格中的缺失，並以此探尋其悲劇命運的主觀內因。唐小兵就將
汪文宣的悲劇歸結於自身的無能。〔註 26〕陳少華則斷言，汪文宣內心結構中
的二項衝突導致了他的毀滅，分裂的自我與焦慮的症狀表明深層的壓抑來自
對家庭權威的服從以及對文化規訓的認同。而這與主體性的匱乏與成長中的
閹割息息相關。〔註 27〕王軍坦言造成汪文宣悲劇性命運的直接原因不僅僅是
社會制度和政治形勢，更重要的是他承擔著不能承受的性別角色和性別關係
壓力。〔註 28〕與之視點交融的還有彭光源、雷華，他們也指出汪文宣的悲劇
除了社會、家庭關係的不和諧外，還有其自身的因素，即在思想、心理道德
和事業上發展能力上的不和諧因素。〔註 29〕這看似不經意的視野轉向，卻客
觀地反映出接受觀念由政治的轉向審美的、由情緒的轉向理性的漸變歷程，
反映出接受思潮轉化的歷史必然。

（三）比較視閾的拓進

巴金是受外國文學影響最深的作家之一，《寒夜》與外國文學的關係自然
爲接受者所重視。早在 1948 年，康永年就指出《寒夜》裏陀思妥益夫斯基的
人物影子，之後由於多種因素，《寒夜》與外國文學的關係較少觸及。近 40
年後，汪應果再次舊話重提，他以巴金三讀契訶夫爲據印證巴金與俄蘇文學
的精神聯繫。他說：「契訶夫的風格得到最好的借鑒的，是在巴金創作的第二
高峰──《寒夜》之中。這絕不單單是因爲《寒夜》裏的主人公汪文宣會令

〔註 25〕陳則光：《一曲感人肺腑的哀歌──讀巴金的中篇小說〈寒夜〉》，《文學評論》
　　　　1981 年 1 期；陳培愛：《巴金〈寒夜〉中的汪文宣形象》，《廈門大學學報》1982
　　　　年增刊《文學專號》；汪應果：《巴金論》，上海文藝出版社 1985 年版，第 268
　　　　～280 頁。
〔註 26〕唐小兵：《英雄與凡人的時代：解讀 20 世紀》，上海文藝出版社 2001 年版，
　　　　第 75 頁。
〔註 27〕陳少華：《二項衝突中的毀滅──〈寒夜〉中汪文宣症狀的解讀》，《文學評論》
　　　　2002 年 2 期。
〔註 28〕王軍：《面對〈寒夜〉：一種性別關係的研究》，《江西社會科學》2002 年 9 期。
〔註 29〕彭光源 雷華：《不和諧生命音樂流程的中止號──論巴金〈寒夜〉汪文宣悲
　　　　劇的緣由》，《東北大學學報》2008 年 1 期。

人想起契訶夫的小說《一個小公務員的死》裏的切爾維亞科夫；更重要的是通過《寒夜》，證明了巴金已很好地掌握了這種自果戈里開始、由陀思妥耶夫斯基所發展、繼而由契訶夫做了光輝總結的現實主義的創作方法。」他還認爲：「《寒夜》裏自然也鳴響著其它的多種聲部。托爾斯泰的『心靈辯證法』，屠格涅夫對女性心理的出色描寫，赫爾岑的『心理病理學的故事』……都極其和諧地融合在大後方重慶這一四口之家的悲慘生活之中了。」〔註30〕雖然限於篇幅，論者沒有對此展開充分論述，但這一視野仍很快爲接受者所認同，亦生成人所公知的既定視野。隨後，高利克將《寒夜》放在西方文學的背景下予以闡釋：「我們不妨指出，在《寒夜》與西方文學的接受——創造軸向上，《寒夜》與《快樂王子》的關係遠不如它與《瑟蕾絲・拉奎因》那樣富於張力，王爾德童話中『寒夜』的氛圍完全適用於巴金的意圖，他只需再根據自己藝術設計的要求對燕子的意象做一些調整就行了。在《寒夜》與西方文學作品間之創造的否定軸向上，《寒夜》既表現了對西方文學作品的『戰勝』同時又保留了後者的積極因素，並在一個新的文學語境或文學結構中對它們作了成功的修改。」〔註31〕視野開闊，富有啓迪。此外，也有接受者將《寒夜》與日本作家二葉亭四迷的代表作《浮雲》相比，從男女主人公的形象塑造與對比中，分析他們的共通之處，認爲，內海文三和汪文宣展示了一種灰色的人生哲學，阿勢和曾樹生走的都是一條既毀滅別人也毀滅自己的道路。相似的時代背景，相同的現實主義創作原則是兩部作品存在諸多相似之處的原因。〔註32〕或者以米蘭・昆德拉的《生活在別處》和巴金的《寒夜》爲例，將個人的、本能的、非理性的、潛意識的東西放在不同的文化背景下去考察，從一個廣闊的視角，辨析出相同的文學母題在不同文化環境下的不同變種並分析其悲劇原因。〔註33〕但大體而言，也多限於比較之異同而無更深層次的推進。

〔註30〕 汪應果：《巴金：心在燃燒》，見曾逸主編：《走向世界文學——中國現代作家與外國文學》，湖南人民出版社 1986 年版，第 273～276 頁。

〔註31〕 〔斯洛伐克〕馬立安・高利克：《巴金的〈寒夜〉：與佐拉和王爾德的文學關係》，見〔斯洛伐克〕馬立安・高利克著，伍曉明、張文定等譯：《中西文學關係的里程碑（1898～1979）》，北京大學出版社，1990 年版，第 223 頁。

〔註32〕 劉鶴岩：《〈浮雲〉與〈寒夜〉之比較》，《東北亞論壇》1995 年 1 期。

〔註33〕 王敬艷、張蓉：《不同文化生存背景下的畸形母愛——關於〈生活在別處〉與〈寒夜〉的比較》，《西南民族學院》2003 年 3 期。

（四）巴金創作意圖的探尋

　　《寒夜》是巴金以家庭為題材創作的又一作品，但卻與《家》明顯不同，為什麼會如此？二者之間是否存在著矛盾與困惑？李今發現，「這裏的巴金已不像寫作《家》時那樣單純和絕對，從他對汪母與曾樹生這兩個複雜形象的微妙把握中，我們可以感受到巴金對她們所代表的文化背景有了更為豐富多側面的瞭解和領悟。」因為此時的巴金「既不能以現存道德的原則去否認個人爭取幸福的權力，也不能以未來人類所有的爭取個人幸福的權力來完全否認現存社會的種種複雜關係對於個人權利的某些束縛和侵犯，在這種深重的矛盾中，有著一切偉大的人道主義者在現實生活中無法徹底貫徹自己的理想信念和不可克服的痛苦」。〔註 34〕王建平則定言，二者並沒有根本的區別，「因為家庭結構的實質沒有變，《寒夜》裏所提出的仍然是『走』出家庭的問題。《寒夜》與《家》所存在的內在的一致性與延續性，正內孕著『歷史循環』的時代悲劇內容；這是巴金痛苦而又深刻的『發現』」。但是，「這裏的關鍵是，作家已經失去了《家》的時代覺慧式的自信：『走』出『家』之後必是一片光明。現實生活早已昭示作家：曾樹生在掙脫了舊家庭的桎梏後，又落入了金錢世界的陷阱。理想主義者的巴金永遠追求『人性』的真正解放：既擺脫封建家庭（以及封建舊文化）的束縛，又擺脫資本主義金錢關係（以及資本主義文化）的束縛，他於是陷人了深刻的矛盾與痛苦中。」〔註 35〕宋劍華並不認同：「《寒夜》則更是從家族文化敘事直接轉向了家庭生活敘事，生動揭示了由家庭內部衝突所引起的人格弱點與命運悲劇，家庭『倫理』與政治『強權』又直接影射著『家國』文化的歷史淵源和背景關係。如此明確的創作意圖，恰恰是真實巴金的自我展示。」「毫無疑問，家庭『權力』與社會『權力』、家庭『自由』與社會『自由』，都是無政府主義者巴金本人的思考對象；而以家庭『權力』去影射社會『權力』又是《寒夜》創作的真正用意。」「我們從《寒夜》中也發現了巴金思想的巨大矛盾：如果說曾樹生的生命強悍，是象徵著『現代』對於『傳統』的終極取代；那麼汪小宣的生命退化，不正是由這種『強悍』生命所哺育山來的畸形產物嗎？」汪文宣「與曾樹生構成了巴金思想的深刻矛盾性：『生』與『死』都只能是在茫茫『寒夜』中的靈魂對話，

〔註 34〕李今：《巴金在家庭題材小說中的兩難境地》，見譚格非主編：《巴金與中西文化——巴金國際學術研討會論文集》，四川大學出版社 1992 年版，第 265～267頁。

〔註 35〕王建平：《重讀〈寒夜〉》，《中國現代文學研究叢刊》1990 年 1 期。

而『寒冷』與『黑暗』又是一切反抗者精神世界的苦悶象徵！」〔註36〕自成一家之說。

　　綜上，1979～2011 年的《寒夜》接受在完成了定位任務之後開始了拓進的歷程，在文本主題及其寓意的挖掘上，在對汪文宣與曾樹生的理解上，在比較視閾的開拓上，以及對巴金創作困惑的思考上，都顯示了接受者對《寒夜》的睿智思考。但是，這其中的不平衡也是顯在的。例如，在文本主題及其寓意的挖掘上最見深度，唐小兵的解讀與周立民的具體化都給人以思考，亦令人信服。而在人物的理解上，則多糾纏於曾樹生、汪文宣是什麼而較少思慮為什麼。比較視閾原本是一個最具闡釋力的接受場閾，但實際的情形卻令人感到遺憾，目前的介入雖也觸及到《寒夜》的影響淵源，但無論宏觀把握還是微觀探析都與《寒夜》所具有的世界因素相去甚遠。而對於巴金創作意圖的探析包含著對《寒夜》藝術深度的探尋，現有的接受視野多將《寒夜》與《家》進行比較，雖然也有其道理，亦可視為一家之言，但單一的參照糸還是難以取得實質的突破。就接受環鏈而言，除人物形象的視閾形成接受鏈並清晰可見其接受漸進的軌迹外，其他視野多為接受者自言自語，極少形成發散力，個別極具張力的視閾亦無人呼應，有序深化與拓進的歷史使命仍重任在肩。就接受場閾而言，單向有餘而寬廣不足，特別是比較視閾的開拓更期待著來者勤奮拓新，文本意義潛勢的再敞開也期待著來者不斷超越。因為《寒夜》畢竟是「步入世界文學寶庫而毫無愧色」的優秀作品，〔註37〕我們有理由對此充滿期待。

〔註36〕宋劍華：《〈寒夜〉：巴金精神世界的苦悶象徵》，《文學欣賞》2009 年 10 期。
〔註37〕秦弓：《荊棘上的生命──20 世紀三四十年代中國小說敘事》，春風文藝出版社 2002 年版。第 108 頁。

第十一章　糾偏與審美——1944～2011年沙汀長篇小說接受研究

　　原本以為，梳理並探討1944～2011年沙汀長篇小說「三記」(《淘金記》、《困獸記》、《還鄉記》)的接受歷史是一個發現與喜悅的過程，然而當我閱讀完全部相關史料後卻不得不承認，這是一個失落多於喜悅的過程，或者說，是一個雖欣慰但更感慨的過程。這不是說這67年來的「三記」接受沒有接受者投去關注的目光——1943年5月《淘金記》由上海文化生活出版社出版不久，即1944年2月1日，鵑溪就在《抗戰文藝》上撰文對小說的成就與不足提出了自己的認識。據筆者統計，截止1948年9月1日秦晴在《儲彙服務》第85期發表《〈淘金記〉讀後》一文，關於「三記」的接受文章不下10篇，其中，藍海還將《困獸記》寫入《中國抗戰文藝史》中。〔註1〕這在今天看來固然不算什麼，但在當時動盪的年代卻是一個不錯的數字，要知道，老舍的《駱駝祥子》在1936～1948年間也只有14篇文章〔註2〕而在1951～1956年間，雖然接受文章不多，但當時的文學史特別是幾本有影響的新文學史，都將沙汀和他的長篇小說寫入其中並給予了充分的肯定，這無疑是對沙汀其及創作成就的高度認可。進入1980年代後，沙汀和他的創作研究進入新的歷史階段，不僅雲集了現代文學界一批有份量的學者，而且編輯出版了一批有影響的著作，如黃曼君的《論沙汀的現實主義創作》、〔註3〕金葵編的《沙汀研究專集》、〔註4〕黃曼君、馬光裕編的《沙汀研究資料》、〔註5〕王曉明的《沙

〔註1〕　藍海：《中國抗戰文藝史》，現代出版社1947年版，第118頁。
〔註2〕　見本書第七章。
〔註3〕　長江文藝出版社1982年版。
〔註4〕　浙江文藝出版社1983年版。
〔註5〕　中國社會科學出版社1986年版。

汀艾蕪的小說世界》、〔註6〕李慶信的《沙汀小說藝術探微》、〔註7〕吳福輝的《沙汀傳》、〔註8〕鄧儀中的《沙汀評傳》〔註9〕等，墊高了沙汀研究界的學術水平（也在很大程度上提高了現代文學的研究水平），至今仍是研究沙汀及其創作的必讀書。也不是說接受者之間沒有對話或交流，沒有形成接受環鏈，恰恰相反，在 1944～2011 年間，沙汀的「三記」接受形成了 1944～1956 年、1981～1989 年二次視野波（近年來趨於平穩）。而在第二次視野波中，幾乎每一個接受者都對既往的接受視野表現出濃厚的興趣，每一個新視野的生成都包含著對前一視野的補充、糾正、拓展、甚至超越。可以說，67 年來的「三記」接受呈現出接受觀念分明，接受視野清晰，嬗變層次清楚的接受史態。按理說，這正是梳理與探討一個作家及其文本求之不得的接受場閾，是一個欣然發現、怡然處之的接受情態，但實際的情形卻使我喜憂相摻，感慨不已。爲什麼呢？

一、「陰暗的氣息」、「客觀主義」與「出路」

　　1944 年 2 月 1 日，鸚溪在《抗戰文藝》第 9 卷第 1～2 期合刊發表《〈淘金記〉讀後》一文，認爲，《淘金記》有兩個特點：一是「在這簡單的故事中清楚地提示了在抗戰過程中整個工業生產減縮的嚴重現象」；一是「配合著作者對地方風俗人情的熟悉，他充分用了方言土語，使整部作品顯得異常和諧。」不足在於，「作者對他所描寫的人沒有充分的感情，因之也就不可能把他所認識的來感染讀者。」這是《淘金記》接受的第一篇文章，多少暗示了小說的客觀主義傾向。之後，李長之將沙汀的《奇異的旅程》與《淘金記》進行了比較，認定，《淘金記》是「我們僅見的鄉土文學中之最上乘收穫」。〔註10〕這一定言與隨後卞之琳的斷言：「抗戰以來所出版的最好的一部長篇小說」，〔註11〕一起生成爲既定視野並爲接受者所廣泛引徵。其實，李長之與卞之琳並沒有就《淘金記》的藝術特質做充分的闡述，更沒有充分論證《淘金記》爲什麼是「最上乘收穫」與「最好的一部長篇小說」，只因友

〔註 6〕 上海文藝出版社 1987 年版。
〔註 7〕 四川省社會科學院出版社 1987 年版。
〔註 8〕 北京十月文藝出版社 1990 年版。
〔註 9〕 重慶出版社 1993 年版。
〔註 10〕 李長之：《〈淘金記〉〈奇異的旅程〉》，《時與潮文藝》1945 年第 2 期。
〔註 11〕 卞之琳：《讀沙汀〈淘金記〉》，《文哨》1945 年第 2 期。

情與閲讀印象做出了「史」的評價。隨後，石懷池、何其芳、冰菱（路翎）、蘆蕪、王瑤、丁易、劉綬松等均就沙汀長篇小説的藝術得失做出了積極而具有導向性的評介。然而，他們的主導性期待視野雖然在 1944～1956 年間得到認同，但在 1980 年代以後卻成為接受者率先糾偏的話題並隨之自然斷裂而沉入歷史。何至於如此呢？這就要從他們提出的三個主導性視野説起。

（一）「陰暗的氣息。」

這是石懷池對《淘金記》總體氛圍的一種感受。他在肯定了作品的積極價值與意義後説：「不可避免地，它本身也存在著許多缺點，某種程度地帶有幾絲自然主義的陰暗的氣息，給與人們的是失望多於希望，莫名的憤怒多於合理的抗爭的意志，很少能捉摸到將來的遠景。」〔註 12〕這一感悟很快得到了蘆蕪的共鳴，他在比較了《困獸記》與《淘金記》後也感言：「《困獸記》是比《淘金記》是更向前跨越了一步的，在《淘金記》裏，我們還感到殘存的幾絲自然主義的陰暗氣息，無望的憤怒多於合理抗爭，以及由這種抗爭所展示的道路。」這種反對作品的冷色調並將其視為文本不足的接受視野在 1950 年後得到許多接受者的贊同。王瑤就指出：「這是一個陰森森的魔鬼世界，讀者不能不感到憤怒、悲觀、甚至絕望，因為作者沒有寫出一點希望的影子；甚至萌芽狀態的啓示也沒有，這是不能不算作缺點的。」〔註 13〕丁易也覺得《淘金記》的缺點在於「寫得太陰暗了，從頭到尾都充滿了一股令人可怖的陰森的氣息，彷彿在這裏看不到一點陽光，瞧不出一點希望，好像一團黑霧裏面跳躍著一群魔鬼，而蘊積在善良農民心底下的那種熊熊的烈火，新生的力量，在《淘金記》中卻沒有現出，但事實上這在當時農村中是存在著的」。〔註 14〕而劉綬松同樣表達了他的失望：「因為對於農民的潛在的革命要求和革命力量缺乏發掘，所以塗抹在作品上的，就不能不是一片黯然無光的色彩，而使讀者看不出希望，得不到啓示和鼓舞。」〔註 15〕這一視野在上世紀 50 年代被普遍寫入文學史，成為那個時代的主流視野。

（二）「客觀主義。」

是什麼原因導致作品呈現出陰暗的氣息呢？冰菱（路翎）將之歸結為作

〔註 12〕 石懷池：《評沙汀底〈淘金記〉》，《群眾》1945 年第 10 期。
〔註 13〕 王瑤：《中國新文學史稿》（下），上海新文藝出版社 1953 年版，第 99 頁。
〔註 14〕 丁易：《中國現代文學史略》，作家出版社 1955 年版，第 375 頁。
〔註 15〕 劉綬松：《中國新文學史初稿》（下），作家出版社 1956 年版，第 526 頁。

者的寫作態度出了問題，即客觀主義傾向所致。因爲作者在寫作上「僅僅走到現象爲止，在現象底結構上播弄著他底人物」，人物也「僅止於機智或風趣，缺乏著更深的熱情的探求」，這表明作者「是被理論刺激著去看見人民的。而對於他底周圍的這些人民，作者是表示著被逼著非看見不可的，無感應的，淡漠而無可奈何的態度。正因爲被逼著，作者底不甘滅亡的主觀，就變成了淡漠的嘲弄了。」所以，「這種作品，是典型的客觀主義的作品。」〔註16〕何其芳並不以爲然，認爲這是生活實踐不足的表現。他說：「雖說他未必不想集中地有意識地把握這個時代，把握這個時代的要害或本質，然而由於生活與實踐的限制，這企圖就難於實現。即是說，生活實踐上的不足也可以造成思想認識上的不足的。當然，也可以反過來說，思想認識上的不足又正是他還不能更廣闊與更積極地去實踐生活的原因。」〔註17〕這一視野在1980年代後淡出歷史。

（三）「出路」

既然這樣的思想傾向帶給接受者的是失望，那麼，怎樣的傾向才能給接受者帶來滿足呢？或者說才被讀者接受並認可？早在《淘金記》出版時，石懷池就說：「沙汀是一位優秀的農民詩人。但是，假如在他底作品裏，除去忠於現實和憤怒的控訴外，再有一種樂觀的遠景的期許，這豈不將更爲健康的人民所樂於接受嗎？」劉綬松也認爲：「對於一位忠實於生活的現實主義作家，讀者是有權利要求他的作品展示出光明的樂觀的生活遠景來的。」〔註18〕因此，給人物以出路，給生活以樂觀的遠景的期待視野就成爲作家應有的創作傾向，也成爲判斷作品「進步」的重要標誌。《困獸記》超越了《淘金記》就在於作者在《困獸記》裏清除了那種陰暗、無望的氣息，在主人公「悲劇」的本身啓示了一條生活的道路。〔註19〕《還鄉記》被何其芳看作是三部長篇中最好的一部就在於組織緊湊，引人入勝，不像《淘金記》前一部分有些沉悶。主題也更積極、更明確，以及主角馮大生這個人物寫得好。〔註20〕在何其芳看來，沙汀在《還鄉記》中塑造了敢於反抗，敢於鬥爭的農民馮大生的

〔註16〕 冰菱：《淘金記》，《希望》1945年第4期。
〔註17〕 呂熒、傅屨冰：《關於「客觀主義」的討論》，《萌芽》1946年第4期。
〔註18〕 劉綬松：《中國新文學史初稿》（下），作家出版社1956年版，第526頁。
〔註19〕 蘆蕻：《沙汀的〈困獸記〉》，《文藝復興》1947年第5期。
〔註20〕 《致沙汀信》，《何其芳選集》（第三卷），四川人民出版社1980年版，第12頁。

形象，在他的身上看到了新時代農民形象應有的身影，他的出走正爲被壓迫階級指明了「出路」。這一創作傾向自然契合了新時代的藝術訴求，也爲如何塑造飽受淩辱的底層勞動人民的形象提供了「樣板」。王瑤也與何其芳的視野不謀而合：「長篇《還鄉記》的出現使他的創作達到了一個較高的水平，這是超過他以前的那些作品的。《還鄉記》寫的是農民自發性的由個人到集體的反抗和鬥爭。……作者這裏發掘了農民性格中的優良的一面，他寫出了農民的集體反抗鬥爭，面且取得了部分的勝利，和他們彼此間的階級友愛等的優良質量。在農民馮大生和金大姐一類年輕人身上，是和老一代的農民有著顯著的不同的，他們不屈服，不容忍，顯然已生出了集體的反抗意識，這給讀者一種樂觀氣氛，表現了作者對新中國的殷切的期望。在《淘金記》中出現的農民是善良的然而無知的，《困獸記》寫的是知識分子，但也還蒙有一層灰暗的色澤，但《還鄉記》比較不同了，這裏出現了一群富有反抗力的可愛的農民性格（形象）。這是正面描寫農村階級鬥爭的，而且沒有誇張，也不浮面，寫得非常生動和真實。雖然結構上沒有《淘金記》完整，但力量卻堅強多了。」〔註21〕丁易也有同感：「在《還鄉記》中，作者對農民力量的認識有了進一步的發展……書中並生動地穿插了這些鄉鎮保長和土劣怎樣無孔不入地剝削農民，農民又怎樣地識破他們的陰謀詭計和他們對抗，兩個階級的鬥爭，寫得很突出，很尖銳，也很真實。特別是寫貧農馮大生的階級友愛，都寫得很真實動人。這些頑強倔強，蘊藏著豐富力量的農民，是《淘金記》和《困獸記》中所不曾出現過的，現在作者認識了這潛在的力量，並企圖給它發掘出來，這是這部書中的主要成功所在。」〔註22〕而《還鄉記》較之《淘金記》一個十分重大的進展就在於「它不僅描繪了國統區農村的陰鬱灰暗的畫面，而且也寫出了農民的日益高漲的集體鬥爭的力量」。〔註23〕不用說，這一視野也在1980年後的糾偏中被顛覆並淡出。

「陰暗的氣息」、「客觀主義」與「出路」是1944～1956年間「三記」接受中三個重要且相互關聯的接受值，一度成爲「三記」接受的時代視野，但卻隨著新時代的到來而淡出歷史。毫無疑問，「陰暗的氣息」是「寫得怎樣」的感受；「客觀主義」是「怎樣寫」的傾向；「出路」是「應該寫」的期待。

〔註21〕王瑤：《中國新文學史稿》（下），上海新文藝出版社1953年版，第361～362頁。
〔註22〕丁易：《中國現代文學史略》，作家出版社1955年版，第377頁。
〔註23〕劉綬松：《中國新文學史初稿》（下），作家出版社1956年版，第681～682頁。

三者之間看似有必然的關聯，實則無內在的聯繫。「寫得怎樣」歸接受者所屬亦可評價其得失；「怎樣寫」則非接受者所應干預；「應該寫」雖似乎是接受者的期待但卻超出了創作者的範疇。對於創作者而言，重要的是提高「怎樣寫」的技巧；對於接受者而言，重要的是判定「寫得怎樣」；至於「應該寫」實際上是一種永遠無法達到的一種苛求。因此，當接受者力圖將三者糅為一體並構建新的展示圖式時，未曾料到其預設之初就存在著邏輯的混亂，其內在的矛盾性也就無法統一。故而，不僅創作者本身不以為然（沙汀就不屑於與何其芳辯護），就是接受者之間也勉為其難（如王瑤對《還鄉記》的部分肯定）。加之「陰暗的氣息」極度貶義，「客觀主義」又近乎自然主義的代名詞，「出路」則因「廉價的光明的尾巴」而走入死胡同。因此，在新時代來臨之時，它們因機械主義的眼光而受到撻伐並沉入歷史也在情理之中。今天，這些閾值早已失去了辯駁的意義（雖然 1980 年代的「三記」接受首先就是從駁難上述視野開始的），〔註24〕但當筆者重新審視這一時期的「三記」接受史態時，除了感歎當年接受者竭力建樹的期待視野竟是如此的弱不禁風以至於無需辯駁就如同秋風落葉般敗出了歷史的舞臺，而未經充分展示的既定視野僅因接受者之名而影響久遠外，更感歎時運不濟的石懷池。由於他英年早逝（1945 年 7 月意外溺亡，年僅 22 歲），接受者在糾偏《淘金記》的接受視野時，往往將他作為教條主義視野的始作俑者予以駁難，而忽略他介入《淘金記》時所展示的那些頗具價值的期待視野，如：「沙汀不僅是一位白描聖手，是一位卓絕的解剖家，一位農民詩人，更是一位向不民主控訴的戰士。」他「生活在農民的海洋裏，挖掘農村的爛瘡腫疤；敲打那些善良的人們的靈魂的門扉，更向那些農村魔王（地主紳士和流氓）擲出毒辣的嘲諷和控訴。」《淘金記》描畫了四川荒涼落後，愚昧以及各種人物型底掙扎和追求底世態，「算是沙汀底對於整個不民主制度產物的農村全面的抗議，是一個總的攻擊，要害的進攻。」因此，它最能表現沙汀創作的特質——「對於農村的豐富的知識和透澈的理解，對於地主紳士和流氓底可怕陰森的猙獰相貌的剝露」。〔註25〕等。其實，石懷池是最先認真剖析《淘金記》藝術成就的接受者，他既分析了文本的成就，也闡述了文本的不足，而且他就沙汀創作的解讀準確多於誤讀，卻僅因早逝「無名」而未受到應有的重視，而他的誤讀卻

〔註24〕見黃曼君：《論沙汀的現實主義創作》，長江文藝出版社 1982 年版。
〔註25〕石懷池：《評沙汀底〈淘金記〉》，《群眾》1945 年第 10 期。

被放大並成爲眾矢之的，以至一段時間以來被視爲《淘金記》接受的另類，眞是命運不濟，歲月滄桑！

二、揭露、本質與歷史的人

　　1981年11月，陳厚誠在《四川文學》第11期發表《舊中國農村的歷史畫卷——重讀沙汀同志的三部長篇小說》一文，重新闡釋了沙汀三部長篇小說的藝術貢獻。緊接著，黃曼君、吳福輝、溫儒敏、王曉明等也紛紛撰文，對沙汀及其長篇小說創作展示了他們的糾偏與審美的藝術嘗試，形成了沙汀及其「三記」接受的第二視野波。然而，在這一視野波中，一些接受者的期待視野雖順勢而生卻瞬息式微，而另一些接受者的期待視野雖似不逢時卻實現了跨越，至今仍爲接受者所折服。那麼，哪些期待視野因勢式微？哪些期待視野實現了跨越呢？我們同樣從三個主導閾值說起。

（一）揭露與本質

　　「揭露」與「本質」是上世紀50～70年代文學接受範式中的二個核心閾值，是二元對立思想與文學的政治功利觀念制約下的一種思維定式。1980年代後這一模式走向式微。不過，在80年代的歷史轉折初期，一些接受者由於歷史的積習尚無法完全褪去舊思維的痕迹，也就無可避免地在他們糾偏的接受視野中打下歷史的烙印。對此，我們試比較三個較有影響的接受視野：

　　視野一：

　　　　正像沙汀的許多短篇傑作一樣，他的三部長篇也成功地塑造了農村中形形色色的統治階級人物形象。作者用他那解剖刀一樣鋒利的筆，無情地解剖了他們醜惡的靈魂，揭露了他們腐朽反動的階級本質。

　　　　通過對這些人物的揭露，作品清楚地展示了舊中國農村中階級對立的狀況，讓我們看到了地主豪紳、基層政權和封建幫會這三者是怎樣矛盾重重，但又緊緊地勾結在一起，組成了農村的統治階級，就像大山一樣壓在農民頭上，給農民帶來了無窮無盡的災難。同時，透過這些統治階級人物的所作所爲，充分說明在抗日戰爭中，國民黨政權不僅不能滿足廣大貧苦農民最起碼的民主要求，反而以抗戰爲藉口，對農民實行新的壓榨、掠奪和欺凌。這就從貧苦農民與地主政權的階級關係的角度，深挖了抗戰的病疾，有力地揭露了國民黨反動派的倒行逆施對抗日戰爭的破壞作用。

　　就這樣，沙汀的三部長篇，從統治階級內部的勾心鬥角、知識分子的苦悶掙扎和農民的反抗鬥爭這幾個不同的側面，描繪了一幅抗戰時期大後方農村的真實圖畫。這幅圖畫所反映的生活畫面也許不算十分廣闊，但作者在他所描寫的範圍之內確實作了十分驚人的深入的開掘。〔註26〕

　　視野二：

　　《淘金記》通過發掘喜劇性矛盾的本質意義，顯露出政治揭露的尖銳性和歷史概括的深刻性。作品在寫形形色色「土著」人物為發國難財而引起的爭奪中，不僅寫他們為了自己的私利苦心經營，彼此勾心鬥角，而且，或者把他們當作國民黨基層政權的代表和反動制度的維護者來刻劃，或者從階級關係上揭示其作為反動腐朽勢力的實質。

　　《淘金記》不僅通過現實政治環境的揭露，尖銳地抨擊了國統區的現存制度，而且將筆融伸入到歷史的縱深裏，通過北斗鎮上盤根錯節的各種社會關係的開掘，深刻地揭示了國民黨反動統治在四川的社會基礎及流氓政治形成的歷史淵源。

　　總之，沙汀在《淘金記》中對於國民黨反動統治的揭露和批判，筆觸從基層伸向中央，從現實追溯歷史，從政治上到思想意識上是深刻的，徹底的。〔註27〕

　　視野三：

　　在《困獸記》中，作者就是這樣以深刻的現實主義筆觸不僅將這一群知識分子放在與國民黨當局直接對立、衝撞的地位上，而且將他們擺在抗戰後期國統區廣大的社會背景上，從他們的生活和精神受到社會壓迫的影響和從而產生的思想感情的矛盾中，反照出這個社會制度的罪惡和腐朽，這樣，便深刻地開掘出現實生活中的悲劇性矛盾，對國統區現實黑暗進行了強有力的揭露和控訴。

　　正是以馮大生的獨特命運為中心進行藝術概括，作品從被剝削被壓迫的農民的角度，揭露了魚肉人民的鄉、保、甲長的罪惡，剖析了

〔註26〕陳厚誠：《舊中國農村的歷史畫卷——重讀沙汀同志的三部長篇小說》，《四川文學》1981 年 11 期。

〔註27〕黃曼君：《試論〈淘金記〉的思想與藝術》，《中國現代文學研究叢刊》1982 年 1 期。

國民黨基層政權的反動本質；並在反映農村階級矛盾和鬥爭的複雜性的基礎上，真實地表現了農民群眾對反動勢力的猛烈反抗和衝擊。在三十年代以後反映國統區農村鬥爭的長篇小說中，《還鄉記》對於農村階級矛盾和鬥爭的反映具有獨到的深度。

正因為這部作品對於抗戰時期國統區階級矛盾和鬥爭進行了這樣深入本質的提煉和發掘，因此，寫於解放戰爭時期的這部作品對於揭露和抨擊國民黨反動派反民主、反人民的法西斯獨裁統治也有著尖銳而豐富的現實意義。

要看到的是，《還鄉記》的現實主義成就不僅表現在作品大膽地揭示了現實矛盾，對現實矛盾的發掘能夠達到本質的深度；而且還表現在，作品在揭示農民群眾的反抗鬥爭，並在鬥爭中刻劃正面人物形象、表現積極明確的主題時，不是任憑主觀隨意性，人為地賦予人物以反抗鬥爭的品格，脫離現實基礎地進行拔高，而是通過概括一定時期中社會現象的本質特徵，從人物的命運、性格所生根、滋長的特定環境出發，深刻地發掘出人物思想性格的內在邏輯，做到提高而不脫離基礎。因此，這部作品避免了國統區反映農村鬥爭生活的革命文學作品常有的工農形象蒼白、人物突然轉變或硬加上個光明的尾巴的公式化、概念化缺點。〔註28〕

由之我們清楚地看到，雖然是二位接受者呈現的三個視野，但無論他們是分論還是總論，他們糾偏的思路、角度──理論的出發點與論證的方法都驚人的相似，即均以政治的、階級的、社會學的接受理念推導文本，以「揭露……統治」、「反映……本質」為思維模式闡釋意涵，將「揭露」的深度與「本質」的意義作為中心閾值縱橫剖析，看似頗有力度亦顯新意，實則時過境遷、曇花一現。當然，我們也不苛求歷史，這些視野在撥亂反正初期順應時代而令接受者為之一振，雖因觀念的沿襲而瞬息式微也是歷史轉折時期的必然結果。在當時的歷史背景下，只有在原來的基礎上實現了反正，掙脫了枷鎖，完成了這一具有歷史使命般的重新定位工作，接受者才能從教條的桎梏中解放出來，才能打開新的窗口回到文學的場閾──人學的場閾來。因此，我們以一種感傷的情懷送別過去，以一種欣慰的心情迎接跨越。

〔註28〕黃曼君：《論沙汀的現實主義創作》，長江文藝出版社1982年版，第147～165頁。

（二）歷史的人

文學是人學，文學表現歷史中的人與人中的歷史早已是任人皆知的真理。王曉明從這一視閾出發，從審美的視角重新解讀沙汀長篇小說的美學意義，發人所未發，不僅啓人心智，而且至今仍熠熠生輝，堪稱沙汀長篇小說接受的一座界碑。對於《淘金記》，他認爲：「這部小說的全部描寫都是爲了引出這個主宰一切的宙斯，他的名寧叫做歷史。封建地主階級已經失去存在的最後一點合理性，應該把它送進墳墓廠──這就是他向讀者說出的話。」「《淘金記》證實了，作家完全可以同樣成功地從否定的一面表現他對歷史發展的深刻感受。」而《淘金記》之所以會具有那樣驚心動魄的力量是因爲「沙汀深深呼吸著時代的滯重空氣，他的幾乎全部作品都響徹洪大的警鐘聲。在這部小說裏，他也必然不肯用天使的光輝去沖淡地獄的陰森氣氛，以至不惜造成那種批評家認爲過於沉重的心理壓力。他正是要藉此敲出最富於震撼性的鐘聲，用地獄世界的猙獰面目去激發人們摧毀它的強烈衝動。那點燃讀者心頭的憎恨之火，迫使他們跳起來衝向醜惡社會的力量，正是這部小說基本的價值所在。」作品的不足在於「作者過分嚴格地約束感情……至於刻意求含蓄以至過分，使有些描寫顯得單薄」。「儘管如此，《淘金記》仍然不失爲一部新文學足以引爲驕傲的傑作。它對現代中國歷史某一側面的揭示如此深刻，對沒落的封建地土階級的暴露如此徹底，因此，它對讀者靈魂的震撼如此強烈，對蘊蓄於每個人身上的那種擺脫醜惡，追求光明的人性力量的啓發如此有力，在同時代乃至以後很長一個時期內的長篇小說當中，我還很少看到能與之匹敵的作品。」對於《困獸記》，他認爲，通過對田疇的描寫以「困獸」們精神狀態的畸形來反襯陷阱的長久和深險，是這部小說的基本構思特點。而「田疇的失敗是因爲來不及從彼岸汲取眞正先進的社會思想，吳媚的毀滅卻由於自身意識中有一個魔鬼窒息了她，使她甚至不能形成田疇那樣明確的個人解放的理想。」「作者的構思更表明，他主要是描寫掙扎者和失敗者。所以，他選取牛祚作爲主要的希望標誌是很自然的，和藍天上的雄鷹相比，同在陷阱中的困獸更容易成爲同類的榜樣。」因爲「這本書更重在表現田疇們的痛苦情緒，揭示他們美好願望和實際能力極不相稱的嚴峻現實。偉大的抗日戰爭喚起了這些知識分子的希望和活力，就像一群想掙出陷阱的鳥，他們熱血沸騰，奮力衝撞。可總是跌回原處，甚至折斷翅膀，奄奄一息。陷阱是很深，但他們的身骨也太柔弱，雙眼始終望不出阱沿，看不見藍天。他們

在阱底呻吟哀歎，痛苦欲絕。可如果不能認清自己的思想局限，努力治癒自己的內心弱點，一味呻吟下去，他們永遠也擺脫不了折翅鳥的悲劇──我們感覺到這就是整個故事表達的基本思想。」他進而指出：「魯迅開創的解剖折翅鳥的傳統，也正標誌著新文學在描寫知識分子方面的迅速成熟。」「魯迅就明白說他是要揭出痛苦，引起療救的注意。當然不能說這些作家下筆時都明確懷有某個社會鬥爭的功利目的，但他們確實向成千上萬在黑暗中掙扎鬥爭的田疇指出了一條道路。每個力弱者的形象都是一聲悲憤的告誡：命運取決於我們自己，只有強健筋骨，認清環境，才能最終衝出黑暗。」「我們以為，只有從這個意義上才能充分理解《困獸記》的基本思想和藝術特點。對於從整個歷史發展的角度理解中國現代知識分子的痛苦命運，這本書無疑提供了一個獨闢蹊徑的深刻啟示。它的構思和描寫特點並不僅僅來源於作者對藝術形式的追求，甚至也不僅僅屬於他的個人情緒。它們的根柢深紮在廣大的土壤中。它們更屬於那個時代清醒的知識分子爭取自身解放的強烈願望，是他們悲憤情緒的崇高昇華。」當然，《困獸記》確有失誤，但「卻不在整個構思，而在部分描寫；不在貫穿全書的基本思想，而在作者對個人情緒的剎那間的放鬆控制。」至於《還鄉記》，他認為：「就小說自身的藝術成就來說，也顯然及不上《淘金記》和《困獸記》。但是它畢竟令人信服地顯示了，在揭露精神奴役的罪惡的偉大鬥爭中，四十年代的文學曾經達到過怎樣的高度。」而「一面是深刻的嘲弄，一面卻是同樣深刻的悲哀。也許這就是沙汀小說的深沉蘊蓄的所在，兩種似乎矛盾的意味竟然如此緊密地融合在一起，自然會使人回味深長。」〔註29〕毫無疑問，這才是歷史的美學的批評，也是文學的審美的批評。

　　筆者在這裏不厭其煩地大量援引王曉明的觀點旨在說明，在我看來，67年來的沙汀長篇小說的接受研究真正取得突破性實績的是王曉明（雖然石懷池也功不可沒），但真正從文學的也即是人學的、審美的視閾去審視《淘金記》、《困獸記》與《還鄉記》的美學意蘊並給接受者以啟迪、以跨越的起點的是王曉明。他不是從某種理念的推導下生成符合某種需要的期待視野，而是從文本的實際與個人的強烈體驗出發生成既契合文本又帶有強烈個人印記的審美視野，因而其所生成的期待視野迅速轉化為既定視野，至今無人超越。他的《沙汀艾蕪的小說世界》一書不僅是沙汀長篇小說接受史上的標高之作，

〔註29〕　王曉明：《沙汀艾蕪的小說世界》，上海文藝出版社1987年版，第53～98頁。

也是新文學作家經典個案剖析的範例之作。我這樣說不是抹殺其他接受者的歷史貢獻，他們在特定歷史階段所做的歷史功績我們亦銘刻於心，只是若從沙汀長篇小說接受研究的發展與超越的視角來看，我更願斷言王曉明的接受視野爲文本意義潛勢的再打開提供了有效的路徑，爲接受者重新認識沙汀長篇小說的藝術價值及其文學史意義開闢了新路。應該說，他對沙汀藝術特質的把握較之他人更爲準確，也更勝一籌；他對人物的理解更切準脈搏，更深入心靈；他對沙汀與魯迅的精神聯繫與師承的解讀更爲到位，更有力到（特別是對魯迅開創的解剖折翅鳥的傳統與沙汀小說創作精神品格的判斷，高屋建瓴，啓人心智）；他對沙汀文學地位的審視與判定更爲合理，更爲客觀。當然，這也決不是說王曉明的這部專著已解決了沙汀研究的所有問題，已達到了無可超越的地步，而是說它是研究沙汀及其創作道路上一座必須翻越的大山。誠然，早在這部書出版之際，就有學者認爲：「作者還缺乏一種宏大的氣魄，站在新的歷史高度，從整個民族的文化心理上對作家的局限作出更加全面的說明，作者最終也未能完全講透作家個性與時代壓力之間的關係，一些論述還有矛盾之處。」〔註 30〕但我認爲，從這裏，接受者能更好的領悟沙汀長篇小說的藝術精髓，能更好地站在前人的肩上攀上高峰，將沙汀的長篇小說研究（包括沙汀研究）切實引向深入。我的這一感悟是從 67 年來沙汀長篇小說接受的實績中得來的眞實感受，有些欣慰，也有些酸楚。的確，看到幾十年來眾多的接受者因糾偏的心態所開拓的接受視閾、所提出的接受視野大多淡出歷史，我不能不感慨萬千。但這既是歷史，也是現實。他們的淡出是時代的局限，也是那一代人無法克服的歷史悲哀。也正因此，我們理解前人所做的努力，但我們更尊重賢者超越的追求，因爲這緣自審美的基點，緣自人學的要求，緣自批評的法則，緣自文學的定律，而非我們個人主觀的臆斷。

〔註 30〕 袁進：《宏觀的審視 深入的剖析——評王曉明著〈沙汀艾蕪的小說世界〉》，《中國現代文學研究叢刊》1989 年 1 期。

第十二章 《圍城》接受的四個視閾
——1979～2011 年的《圍城》接受研究

在中國現代經典長篇小說的接受史上，錢鍾書的《圍城》是唯一的一部噤聲 30 年後在域外播揚的反衝力下被重新啟動的經典文本，啟動者是夏志清，時間是 1979 年。如今，「錢學」已成為公認的一門學問，《圍城》也成為家喻戶曉的經典名著，其文學史的地位已不可動搖。自 1979 年至 2011 年，《圍城》的接受經歷了 32 個春秋，在現實主義視閾、新批評視閾、存在主義視閾、比較文學視閾等四個視閾中顯示出《圍城》接受的學術進展，為接受者不斷打開文本的意義潛勢提供了跨越的基礎。2011 年是《圍城》問世 65 週年，梳理 1979～2011 年這 32 年來《圍城》接受在上述四個視閾上的學術歷程，探討《圍城》接受過程中的經驗教訓及其為新文學長篇小說接受所帶來的啟示，無疑具有重要的學術意義。需要說明的是，修辭學視閾也是《圍城》接受研究中的主要視野，但因其多停留在鑒賞、印證的層面而缺乏更深入的理性解析，加之其數量雖大，但平面有餘而創新不足，為集中起見，只得忍痛割愛。

一、現實主義視閾

現實主義視閾是新文學接受的主導視閾，也是為接受者最先沿用的接受視閾。在 1980 年代初期，接受者為《圍城》恢復名譽並重新定位的主要謀略就是從現實主義的視閾證明文本的藝術貢獻。郭志剛認為，小說之所以是現代文學史上的優秀創作，就在於作者以現實主義的手法表現了一個特殊的人生領域，揭露了造成那些知識分了命運的環境，提出了何處是知識分子的出

路的問題，宣佈了西方文化思想在中國的失敗。〔註1〕敏澤也認為：「《圍城》是一部充滿尖銳社會諷刺的批判現實主義的傑作。在它所描寫的那部分社會生活中，作品的諷刺不僅尖銳的，而且開掘也是相當深刻的。它是一部對行將崩潰的舊社會的一幅生動而真實的寫照。」而且「《圍城》的社會諷刺雖是尖銳的，卻絕非超然物外，或玩世不恭的。作者『憂世傷生』的態度使得他的作品儘管嬉笑怒罵，皆成文章，卻在諷刺中帶著一定的嚴肅性和社會責任感，並不流於輕浮，在作品的或莊或諧的諷刺中，我們可以感到作者內心隱藏著的對於當時的社會危機和他所描寫的種種陋習的一種隱憂。」〔註2〕趙辛予說得更為直截：「《圍城》是一部優秀的現實主義作品，方鴻漸的走投無路更說明了這個社會的不可救藥，非革命不可了。」〔註3〕最有意味的是楊志今，他雖然從現實主義的視閾解析了《圍城》的特質，卻質疑《圍城》的現實主義成就，認為小說的現實主義並不充分，作品的時代性太弱，從中我們「既看不到那個時代知識分子生活的全貌，也聽不到那個時代知識分子主流前進的足音」。〔註4〕之後仍有不少接受者從現實主義的視閾證明《圍城》的藝術成就，但無論肯定或否定，視野大多相同，閾值亦多相近。然而，令人尷尬的是，在1980年代現實主義理論占主導地位並盛行之際，這些期待視野卻並未形成有效的接受環鏈，也沒有生成既定視野，反而很快地淡出，接受者期望的視野檢驗也成為一種奢望。為什麼會出現如此尷尬的接受現象？是接受者闡釋的方法出了問題還是現實主義過了時？顯然，現實主義不會過時，那麼，是接受者的方法出了問題嗎？也不是，接受者嚴格地按現實主義的理論解讀文本，即：以《圍城》是否真實地反映了生活的本來面目，是否真實地再現了那個時代的現實生活與現實關係作為衡量的標尺。既然現實主義沒有過時，接受者的批評方法也沒有失誤，為什麼還會出現這一尷尬的局面呢？這是接受視閾與文本旨向發生了錯位。因為，《圍城》是一部將諷刺與批判——否定與懷疑精神集於一體的小說，而「諷刺——批判和否定——懷疑在錢鍾書的《圍城》中，既是總體特征和主導風格，又是根本的藝術思維和藝術

〔註1〕 郭志剛：《我國現代文學史上的優秀長篇——〈圍城〉》，1981年3月4日《光明日報》。

〔註2〕 敏澤：《現代文學史上的一部藝術傑作——喜見〈圍城〉新版》，《新文學論叢》1981年第1期。

〔註3〕 趙辛予：《從〈貓〉〈圍城〉試評錢鍾書小說的歷史地位》，《廣西大學學報》1982年第1期。

〔註4〕 楊志今：《怎樣評價〈圍城〉？》，《新文學論叢》1984年3期。

表現方式，還是基本的情感態度和哲學態度。這種特點使《圍城》既無法與魯迅、茅盾、張天翼等人的革命現實主義作品相提並論，也與歐洲的批判現實主義作品和中國現代文學中巴金、老舍、曹禺等人的批判現實主義作品相去甚遠，更難與《儒林外史》那樣的古典諷刺小說視為一體。且不說革命現實主義作品的理想色彩和積極意義，即使是最殘酷無情的批判現實主義作品也總有所肯定、有所保留，有所理想以致於幻想，但是我們在《圍城》中卻找不到任何肯定性價值、積極的意義以及值得追求的理想之類東西的蛛絲螞迹。」所以，「我們不能襲用革命現實主義和批封現實主義的觀念去規範《圍城》——不管你把它說成是革命現實主義的或批判現實主義的傑作，都因不合它的總體特徵和根本精神而變成了一種歪曲，因而也不必用政治信仰和階級分析方法去評價《圍城》，因為《圍城》的諷刺和批判是基於一種文化哲學和人的存在哲學而非某一確定的政治信仰和階級觀念。但這並不是說《圍城》不是現實的產物，可以超越歷史的評判，更無意否認它的敘述方式的寫實性，而是要求我們針對它的總體特徵和主導風格作出真正合乎實際的分析。」﹝註 5﹞換言之，如同浪漫主義作品不宜用現實主義標準衡量一樣，有著強烈現代主義色彩的《圍城》不適用以現實主義的標尺來衡量其成就，不適用以「真實性」、「時代感」、「典型環境中的典型人物」等現實主義維度考慮其高下。因此，當接受者以現實主義的標尺衡量現代主義作品的藝術成就與不足時，視野的錯位與閾值的失落也就再所難免了。你看，為了證明《圍城》的現實主義成就，接受者著重發掘文本的社會意義，以致附合特定的意識形態需要得出「宣佈了西方文化思想在中國的失敗」這一附會的視點；探究作者的社會效果，為作品的諷刺意義尋求可以為社會所接納的理由——「在諷刺中帶著一定的嚴肅性和社會責任感，並不流於輕浮，在作品的或莊或諧的諷刺中，我們可以感到作者內心隱藏著的對於當時的社會危機和他所描寫的種種陋習的一種隱憂」；甚至將《圍城》的現實主義成就牽強至表達「革命」的主題層面。這實在令人啼笑皆非。這類視野不僅誤讀了《圍城》的本義，也典型地暴露出接受者先驗地用一種理論生拉硬套、穿鑿附會的批評心態。

如果說肯定者在闡述《圍城》的意涵時呈現出極為相似的路線與視點尚可理解的話，那麼，否定者在否定《圍城》的藝術成就時其路線與方法與肯

﹝註 5﹞ 解志熙：《人生的困境與存在的勇氣——論〈圍城〉的現代性》，《文學評論》
　　　　1989 年 5 期。

定者「殊途同歸」就值得思索了。否定者認為，《圍城》缺乏時代性，用「典型環境」的標尺來考慮幾乎不達標，因為「作為反映一個時代的偉大作品，不可能不首先具備這樣的特點：它的藝術描繪，深刻地揭示了時代生活的本質方面，探索和回答了時代發展的最尖銳矛盾和最迫切要求，從而生動地展現出歷史前進的必然趨勢。這類作品中的藝術形象，無疑地包含無比豐富的歷史和現實內容，通過它，可以使人們強烈地感受到時代最劇烈的脈搏跳動。……《圍城》在多大程度上達到了這樣的水平呢？我看它在一些主要方面，沒有達到。」而且「就整個作品所反映的時代生活看，就作品通過藝術形象唱出的基調看，《圍城》又在一定程度上游離於那個時代的主潮。它有意或無意地避開了那個時代對文學的迫切要求：反映廣大人民，包括廣大知識分子在民族生死存亡的關頭所經受的巨大震動，以及現實的複雜矛盾。」我們在書中沒有發現「任何一個人對民族解放運動的真誠關注和嚴肅思考」，因此，「作品圍繞方鴻漸生活的整個時代和社會，是不夠典型的」。「將它和魯迅的《吶喊》、《彷徨》並列，和茅盾的《子夜》齊響，是不恰當的，說它是最偉大的中國現代小說，更是不顧歷史的拔高。」〔註6〕這真是一個頗有意思的現象。問題不在於《圍城》是否能與《子夜》齊響，也不在於論者機械地以現實主義視閾套量現代主義的文本所產生的錯位效應，而在於論者在介入文本之前就以一種先驗的固有定式去印證文本，去嗅感意涵，去比驗高低，去判斷得失，其所生成的視野只能是脫離文本實際的期待視野。因此，出現這樣的苛求之語也就不足為奇了：「作品通過方鴻漸等人命運沉浮的描繪，為他們揭示了兩條路：墮落或者毀滅。這雖然有揭露黑暗統治的一面，又同時表明，作者還不能站在更高的角度，全面地觀察和分析現實，沒有洞察到知識分子命運變化的新動向，因而也就不能客觀地揭示出，在上面兩條道路之外，還有一條光明的大道。這就是投入全國人民進行的抗日救國的偉大鬥爭。」〔註7〕今天，這一視野已完全淡出了人們的視線，我們也無需為 1980 年代初期許多接受者在舊有的觀念影響下而形成的思維定式感到痛心，更無需為由之產生的視野錯位而竭力辯護，我們所需要思考的是，既然現實主義視閾容易造成接受的錯位，那麼，什麼視閾能更好地修正這一問題呢？

〔註6〕楊志今：《怎樣評價〈圍城〉？》，《新文學論叢》1984 年 3 期。
〔註7〕楊志今：《怎樣評價〈圍城〉？》，《新文學論叢》1984 年 3 期。

二、新批評視閾

　　新批評是西方的一個文學理論派別，上世紀 20 年代肇始於英國，30 年代形成於美國，因提倡和實踐立足文本的語義分析而盛行於 40～50 年代的美國文壇。受這一批評流派的影響，夏志清詳盡地分析了《圍城》的藝術特質，既爲 1980 年代的中國文壇提供了一個用新批評話語解讀文本的經典範例，也開啓了現代文學長篇小說接受的新天地。從此，夏志清——《圍城》——新批評就成爲現代長篇小說接受者認同而又充滿敬意的自然聯想。

　　其實，夏志清對《圍城》的視野不外乎這幾點：「《圍城》尤其比任何中國古典諷刺小說優秀。由於它對當時中國風情的有趣寫照，它的喜劇氣氛和悲劇意識，我們可以肯定的說，對未來世代的中國讀者，這將是民國時代的小說中最受他們喜愛的作品。」「《圍城》是中國近代文學中最有趣和最用心經營的小說，可能亦是最偉大的一部。」「鴻漸是一個永遠在找尋精神依附的人，但每次找到新歸宿後，他總發現到這其實不過是一種舊束縛而已。」「《圍城》是一部探討人的孤立和彼此無法溝通的小說。」〔註8〕但卻爲什麼成爲接受者廣爲引徵的既定視野呢？這完全得益於夏志清與他的新批評視閾。對此，解志熙有中肯的評價：「他不僅精細地分析了錢鍾書高明的心理描寫，而且維護了《圍城》結構的完整性；他不僅指出這部傑作的豐富的喜劇性，而且著力揭示了它的深刻的悲劇意識；他不是簡單地從方鴻漸行迹所及的諷刺性場面中搜尋社會意義，而是敏銳地看到，雖然諷刺手法和流浪漢冒險事迹擴大了這部小說的天地，增加了它的意義，但小說的中心主題卻全由主人公的個人戲劇表現出來。從敏銳的藝術感受和精細的藝術分析中，他令人信服地說明：《圍城》通過展示方鴻漸與各種社會關係一步步疏遠的過程，非常戲劇化地表現了他精神的逐步萎縮，直到一無所有的地步，因此『《圍城》是一部探討人的孤立和彼此間無法溝通的小說』。這個判斷非常精到而又切合實際，充分顯示了夏氏思想洞察力的敏銳和形式主義批評的優長。」〔註9〕因此，與其說夏志清成就了錢鍾書，不如說新批評成就了夏志清，成就了錢鍾書和他的《圍城》。在接受者與文本之間，夏志清找到了新批評這一最爲合適的橋梁。

〔註8〕　夏志清著，劉紹銘編譯：《中國現代小說史》，香港友聯出版社有限公司 1979 年版，第 380～385 頁。
〔註9〕　解志熙：《現代文學研究論衡》，河南大學出版社 2005 年版，第 10 頁。

　　誠然，新批評視閾的興盛也與時代的語境密切相關。1980 年代是改革開放的時代，各種文學理論紛至沓來，僅就新批評而言，就先後翻譯出版了《文學理論》，〔註 10〕《「新批評」文集》、〔註 11〕《新批評》，〔註 12〕等。其中，趙毅衡還撰寫了《新批評———一種獨特的形式主義文學理論》一書，〔註 13〕相關的論文則多達幾十篇。這其中，韋勒克和沃倫的《文學理論》與趙毅衡的《「新批評」文集》產生了廣泛的影響。新批評之所以會受到如此熱烈的歡迎，是因為「我們過去的文學研究，主要側重於外部的規律，即文學與經濟基礎以及上層建築中其他意識形態之間的關係，例如文學與政治的關係，文學與社會生活的關係，作家的世界觀與創作方法等，近年來研究的重心已轉移到內部規律，即研究文學本身的審美特點，文學內部各要素的相互聯繫，文學各種門類自身的結構方式和運動規律等等，總之，是回覆到自身。」〔註 14〕

　　於是，受夏志清及新批評範式的啟發，《圍城》的接受開始轉向細讀，從形式主義方面分析《圍城》的象徵、比喻、諷刺、誇張等傳統修辭手法的文章如火如荼（至今仍延綿不絕），新批評的重要詞語「反諷」與「悖論」等成為介入《圍城》文本的重要思路與方法。當然，此時的接受者們已不再將反諷僅僅作為《圍城》一書的敘述性策略，而是將其作為一種整體的哲學視角，一種結構性的文化力量，一種特定的精神氣象，一種存在主義的話語風格———一種內容與形式有機融合、相得益彰的統一體，從而完成了《圍城》接受在視點、方法、內容和風格上的歷史性轉移。也正因此，這樣的視點才具有啟發意義：「錢鍾書的《圍城》深受西方反諷詩學的影響，這種影響不僅表現在他的小說創作喜歡運用反諷的修辭技巧，而且表現在反諷成了他對人類生存困境的總體性生命感受，……錢鍾書小說對於人生和存在的深刻思考，以及在此思考中所突出的反諷者的主觀意識和個性色彩，都說明他的反諷乃是一種存在意義上的反諷。」〔註 15〕「由信仰形態到懷疑形態再到反諷形態，

〔註 10〕韋勒克、沃倫著：《文學理論》，生活・讀書・新知三聯書店 1984 年版。
〔註 11〕趙毅衡編選：《「新批評」文集》，中國社會科學出版社 1988 年版。
〔註 12〕史亮編選：《新批評》，四川文藝出版社 1989 年版。
〔註 13〕趙毅衡：《新批評———一種獨特的形式主義文學理論》，中國社會科學出版社 1986 年版。
〔註 14〕劉再復：《文學研究思維空間的拓展———近年來我國文學研究的若干發展動態》，《讀書》1985 年 3～4 期。
〔註 15〕龔敏律：《錢鍾書〈圍城〉與西方反諷詩學》，《中國文學研究》2008 年 3 期。

也正好體現了現代文學30年作家的文化策略的歷史邏輯變遷，由神話話語到現實理性話語再到反諷式的戲謔話語，也正是現代文學文化話語選擇的歷史邏輯的真實體現。」〔註16〕

　　1990年代後，新批評雖然悄然落潮，但它所開拓的批評範式已深入人心，眾多的接受者至今仍在以新批評的範式解讀文本的內在意蘊就無可爭辨地說明它並沒有過時，特別是對於《圍城》這樣一部常讀常新且適宜於新批評解讀的文本，依然有著強大的吸引力。

三、存在主義視閾

　　1947年9月27日，錢鍾書在《觀察》第3卷第5期發表《補評英文新字辭典》一文，指出：「第282頁：『Existentialism：現代法國文學裏的一種哲學。』這不大確切，只能說一派現代哲學，戰前在德國流行，戰後在法國成風氣。我有Karl Jaspers：Existenzphilosophie就是1938年印行的，比法國Sartre：L』Etre et le neant. Camus：Le Mythe de Sisyphe要早四五年。近來kierkgaard Heidegger的著作有了英譯文，這派哲學在英美似乎也開始流行。本辭典為『存在主義』下的定義也不甚了了。」這是錢鍾書為競文書局1947年7月出版的一部《英文新字辭典》所寫的一個補評。《觀察》第3卷第4期刊載了戴鎦齡的《評英文新字辭典》一文，戴文對該辭典的一些詞條的釋義進行了匡正，錢鍾書看了後，覺得還有一些詞條也有同樣的問題，於是撰文予以補充，謂之「補評」，並非是針對戴文提出意見。這小段文字雖短小卻表明錢鍾書先生對存在主義哲學的來龍去脈瞭如指掌，〔註17〕也從另一方面證明錢鍾書先生以存在主義思想觀照現代中國社會的現實狀況與人的生存狀態自有其潛在的哲學基礎與思想根基。因此，從存在主義的視閾揭示《圍城》的意蘊絕非無根之木，無源之水，而是更接近錢鍾書本意的一種有效路徑，或者說，從現代主義的視野肯定《圍城》的價值與文學史意義或許更切合文本旨意。當1980年代存在主義思潮重新席卷我國並生發為新的傳播接受的熱點時，這一切就成為了可能。

〔註16〕張清華：《啟蒙神話的坍塌和殖民文化的反諷——〈圍城〉主題與文化策略新論》，《中國現代文學研究叢刊》 1995年第4期。

〔註17〕Karl Jaspers：Existenzphilosophie，即：卡爾‧雅斯貝爾斯：存在主義哲學；Sartre：L』Etre et le neant，即：薩特：生命與虛無；Camus：Le Mythe de Sisyphe，即：加繆：西西弗斯神話；kierkgaard，即：克爾凱郭爾；Heidegger，即：海德格爾。

　　解志熙率先從存在主義視閾深入發掘了《圍城》的存在主義意蘊，他在《生的執著——存在主義與中國現代文學》一書中關於《圍城》與存在主義關係的剖析，眼光敏銳，視野獨到，影響深遠，至今仍是《圍城》接受在這一視閾中具有重要意義的既定視野。這主要表現在：（1）拓新了《圍城》的主題。談到《圍城》的主題，以往人們引用最多的就是這段慎明與蘇小姐的一段對話：「慎明道：『關於 Bertie 結婚離婚的事，我也和他談過。他引一句英國古話，說結婚彷彿金漆的鳥籠，籠子外面的鳥想住進去，籠內的鳥想飛出來；所以結而離，離而結，沒有了局。』蘇小姐道：『法國也有這麼一句話。不過，不說是鳥籠，說是被圍困的城堡 fortresse assiégée，城外的人想沖進去，城裏的人想逃出來。」這是對《圍城》主題的形象描述。但解志熙認為：「錢鍾書曾借方鴻漸之口點明：它不僅喻指人在愛情婚姻上的困境，而且象徵著『人生萬事』，在後文中作者又用一扇破門為喻，點明整個人生從根本上來說是一個『一無可進的進口，一無可去的去處』般的絕境。不待說，這些形象的語言是對整個人類存在，整個人生之荒誕、盲目與虛無（無意義）的概括，它們表達了一種真正現代性的，更準確點說是存在主義的哲學觀點，這是《圍城》全書的基本的觀點。」〔註18〕也正因此，他高度認同夏志清對《圍城》主題的概括。（2）刷新了方鴻漸形象的現代性意義。方鴻漸是全書的主人公，是錢鍾書用以深刻揭示人生的虛無與存在的荒誕的中心人物。對於他的現代性意義，解志熙認為，在方鴻漸的存在體驗中應首先注意到他對命運的根本焦慮，「當然，更值得注意的是方鴻漸對虛無（空虛和無意義）的焦慮。這是整個存在和整個人生的荒誕與虛無在現代人思想上的反映，它意味著人們失去了最終的牽掛，喪失了意義之源，整個世界和整個人生都失去了存在的根據，沒有任何意義和必然性可言。」「錢鍾書的傑出之處正在於他通過方鴻漸這個現代人的存在體驗，對人的存在處境的荒誕性作了創造性的，並且堪稱是經典的揭示。」「與上述根本性的焦慮相聯繫，方鴻漸也深切地體驗到了人的本能的孤獨，這表現為精神上或者說心理上的孤獨與隔閡。」〔註19〕（3）在哲學的層面上勾連出《圍城》諷刺藝術的接受維度。《圍城》的諷刺藝術世所公認，但許多接受者在論及錢鍾書的這一特

〔註18〕解志熙：《生的執著——存在主義與中國現代文學》，人民文學出版社 1999 年版，第 209～210 頁。

〔註19〕解志熙：《生的執著——存在主義與中國現代文學》，人民文學出版社 1999 年版，第 212～214 頁。

質時，往往單純地將文本的藝術手法當作無關宏旨的修辭技巧，似乎《圍城》的藝術魅力僅在於錢鍾書如何運用修辭技巧而不是與內容相交融的思想展現，這自然顯得較爲淺表，也與作者的創作宏旨相去甚遠。解志熙將哲學與文學相貫通，將形式與內容相勾連，將作家的創作意圖與文本的整體結構及意義相勾連——將反諷、悖論和反仿等藝術手段與作家的思想觀念、哲學觀點以及創作情態等相勾連，極大地敞開了文本接受的歷史維度，爲接受者提供了言說文本與藝術可能性的新視野，也使那些將《圍城》的藝術成就等同於諷刺手法等技巧運用的接受視野相形見絀——雖然這也是一種接受視野。（4）從存在主義的視閾重新確立了《圍城》的文學史意義。《圍城》毫無疑問是一部經典，但這種經典性表現在哪裏，其文學史地位如何確立？解志熙認爲，應該從存在主義視閾予以重新定位，因爲「通過對方鴻漸那種消極逃避，怯懦認命的人生態度的嚴厲的批判，錢鍾書在召喚一種不畏虛無的威脅而挺身反抗這虛無以肯定自我存在的勇氣，在張揚一種勇敢地承擔根本虛無的壓力並且明知無勝利希望而仍然自決自爲的人生態度。這樣錢鍾書就由對虛無和荒誕的揭示走向了對虛無和荒誕的反抗。這既是《圍城》這部現代經典的主旨之一，也是錢鍾書與西方存在主義者在思想上的契合之處。」而且，「無須比較我們也可以看出，錢鍾書的《圍城》和薩特的《理性的時代》是殊途同歸，而與加繆的《局外人》則如同一轍。如果說薩特的《理性的時代》是直接從正面來肯定個人的自由和自爲的勇氣，並把這種自由和勇氣推到極端的話，那麼錢鍾書和《圍城》和加繆的《局外人》則是從反面來啓示人們，當孤獨的個人面對虛無的人生和荒誕的存在處境時，有沒有一種個體主體性，有沒有一種敢於獨立自爲的勇氣，一種不畏虛無而絕望地反抗的勇氣，就是生死攸關的事了。而不論是從正面揭示也好，還是從反面暗示也罷，錢鍾書、薩特和加繆的出發點與思路在根本上相通的，而且他們都以獨特的創作表現了無畏的勇氣，確定了他們各自存在的獨特價值。」從這個意上說，「錢鍾書敢於通過《圍城》的創作來表達他對人生之虛無與存在之荒誕的認識，這本身就意味著對這虛無和荒誕的蔑視與反抗；而他也出此爲20 世紀世界文學貢獻了一部經典之作，確立了自己的不朽地位。」立論公道，定位準確，令人信服。之後雖也有接受者從存在主義視閾進行再挖掘，但多是小修小補性的具體化，沒有實質性的超越。解志熙的解讀也成爲這一視閾的標高視野。

四、比較文學視閾

比較文學視閾是最先得以展示的接受視閾，早在小説僅發表了前三章時，鄒琪就在《小説世界》1946 年第 3 期《佳作推薦》裏對《圍城》進行了比較，感覺讀《圍城》彷彿讀狄更司同時代的撒克萊。隨後，林海（鄭朝宗）在《觀察》1948 年第 5 卷第 14 期上發表《〈圍城〉與「Tom Jones」》一文，詳細地比較了《圍城》和《湯姆・瓊斯傳》的不同之處，同時提出了「學人小説」的讀法拓展了接受者的視野。90 年代後，比較視閾重新開啓，兩種同樣的偉大成爲接受者在比較視閾中共同的期待視野。

首先，在與《城堡》的比較中接受者有同樣的感觸。《城堡》是卡夫卡的代表作，曾豔兵、陳秋紅認爲，錢鍾書的《圍城》與卡夫卡的《城堡》這兩部小説在主旨立意上有著驚人的相似，而它們之間的差異又體現了兩位作家迥然相異的生活方式、人格特徵，以及東西方文化與思維方式的不同：「圍城」的「走出」包蘊著更多的中國傳統文化的內容，其中尤其是老、莊、周易的文化精神；「城堡」的「走入」卻是西方式的，或者更確切地說是宗教的。在創作風格上，《圍城》屬於「理趣」，「喻實而所喻亦實」，諷世嘲時，具有春秋筆法；《城堡》屬於「理語」，「喻實而所喻則虛」，荒誕神秘，頗有玄學風範。錢鍾書「用智」寫作，在「圍城」之外寫《圍城》，《圍城》是「寫在人生邊上」；卡夫卡「用心」寫作，在「城堡」之內寫《城堡》，《城堡》是「寫在人生中間」，是生活方式決定了卡夫卡成爲卡夫卡，錢鍾書成爲錢鍾書。〔註 20〕劉曉文認爲：在表現手法上，「《城堡》和《圍城》由於運用了神奇的象徵暗示手法，使『可見的世界不再是一個現實，而不可見的世界不再是一個夢境』；使作品既具有了一種寓言的色彩，又帶有『先知式』預言的內容；它喚起了人們的超出普遍意識水平的反應，它大大增強了作品的表現力。」在人物象徵上，「K 和方鴻漸同爲孤獨者，一個是被拋棄的『防守型的弱奢』，一個是在東西方夾縫中的『尋夢者』，他們相同、也不相同的命運和歸宿都在不同程度上加強了作品的象徵力度。」在審美效應上，「錢鍾書是以喜劇的外在形式來寫悲劇，寓哭於笑，它尖銳而不刻毒，誇張而有分寸，作品表層濃濃的喜劇氣氛更增添了作品隱隱的悲劇意識。卡夫卡是以怪誕的外在情節來寫內在真實的人生悲劇，作品寓

〔註20〕曾豔兵、陳秋紅：《錢鍾書〈圍城〉與卡夫卡〈城堡〉之比較》，《文藝研究》1998 年第 5 期。

不平靜的事物於平靜之中，……這是一種冷峻、客觀而又含蓄的表現方法。儘管兩部作品表現出不同的審美效應，但它們卻都以那種冷漠的、無可奈何的嘲諷表現出黑色幽默的風格；也都籠罩著一種神秘的啟示錄氣氛。《圍城》裏那著名的兩段話本身即是富有哲理的預言；而我們從《城堡》裏看到的是清白無辜的正直人在遭受怎樣的精神折磨。他們的作品所具有的現實性，隨歷史的發展而延續，從而具有了某種預言性。」〔註21〕同中有異，異中見同，既為人們提供了新的期待視野，也為文本的接受展示了新的路徑。

其次，在與《洪堡的禮物》相比較後接受者也有同樣的體會。《洪堡的禮物》是美國現代著名作家索爾・貝婁的長篇名著，1975 年出版後轟動世界，1976 年因「融合了對人性的理解和對當代文化的精湛分析」（諾貝爾文學獎評語）獲「諾貝爾文學獎」。劉新華認為：「《圍城》與《洪堡的禮物》能夠對話，是因為他們都以本民族的生活為題材共同表達了人類對 20 世紀風雨人生的體驗，體現了一種 20 世紀的文學精神。」而人的生存困境問題「是一個時代的哲學命題，是一個時代的人生情緒，也是一個時代的文學主題。它衍化出各種人生故事，以不同的語言和形式出現在各國的文學創作中。」因此，它們之間的比較也就有了更多的精神聯繫。（1）「《圍城》與《洪堡的禮物》在人物塑造上都鮮明地體現了二十世紀的美學風格，方鴻漸與西特林是典型的不完美的人、尷尬的人。不完美的人是非英雄化的普通人，他有著人性多方面的欲望和多側面的品格表現。基於人類根性，他不可能完美起來，源於生活環境，也無法完美起來。」（2）「作者塑造這類形象不是基於真善美的做人標準，批判人物的假惡醜，也不是為了表現人物性格克服缺點走向完善的過程，而是基於對現代人複雜人性的理解，揭示和探討人的本來面目，展示人在困境中生存的狼狽形象。因此這種不完美的人也是尷尬的人。尷尬是人無可奈何地處在極不適宜的位置中，由於價值顛倒而喪失了自我存在的確定性、尊嚴性的荒誕狀態。這種狀態是人物的處境，也是作者描寫人物的視角。」（3）「學者的睿智，使他們的小說具有比一般作品更豐富的文化內涵和哲學意味。」（4）「如果說，《洪堡的禮物》是對西方社會文化的展示，那麼《圍城》則是對東方社會文化的描繪，一西一東正巧構成了二十世紀人類文化的文學

〔註21〕 劉曉文：《〈圍城〉與〈城堡〉比較》，《外國文學研究》（武漢）1992 年第 2 期。

素描。」〔註 22〕這種建立在人類共通精神聯繫上的文本比較，自然具有更強的說服力。

最後，在與《小世界》的比論中確定它們既各有特色，又殊途同歸。「《圍城》和《小世界》對敘述模式的選擇和對其他文本的或明或暗的指涉，體現了作者過人的學識和開闊的視野，……錢鍾書和戴維·洛奇更在各自的社會和文化背景下，從他們最熟悉的學者群體入手，批判地反思當時的整個社會狀況和人的普遍生存困境，正是在這後一個層面上，他們的作品取得了更深刻的一致性，從而也對學者小說這一名稱作出了最好的詮釋。」〔註 23〕

此外，接受者在與綱博科夫的《普寧》、夏目漱石的《我是貓》等文本的比較中同樣感受到《圍城》高超的藝術魅力，〔註 24〕同樣感受到錢鍾書與西方現代主義文學的精神聯結。

總之，與世界大師相比論，與文學名著相比照的平行研究，既爲《圍城》的接受提供了新的參照視閾，也爲《圍城》的文學史地位確立了堅實的坐標。也正是中外文學視野的多重探照，《圍城》的深厚底蘊才得以彰顯，其作爲新文學經典的歷史意義也才得以發揚，兩種同樣的偉大也才成爲接受者越來越明晰的共識。

五、小結

毫無疑問，32 年來的《圍城》接受取得了突出的成就，錢學及其《圍城》的「顯學」地位就足以說明一切。但是，如同闡釋的重要不在於說了什麼而在於怎樣說一樣，《圍城》的接受也在於怎樣說而不在於說了什麼。現實主義視閾之所以陷入尷尬並不在於接受者說了什麼，而在於接受者先驗地以一種現實主義框架去套驗現代主義的文本，違反了文本審美的邏輯起點，說了什麼也就顯得無足輕重了。新批評視閾之所以一度成爲解讀《圍城》的「靈丹妙藥」，就在於其解讀的路線與方法恰恰適合《圍城》這樣一部不以反映現實

〔註 22〕 劉新莘：《同處二十世紀風雨中——〈圍城〉與〈洪堡的禮物〉的比較研究》，《中國現代文學研究叢刊》1993 年 2 期。

〔註 23〕 孟冰純：《學者的羅曼司——〈圍城〉與〈小世界〉比論》，《當代外國文學》1999 年第 2 期。

〔註 24〕 王璞：《〈圍城〉與〈普寧〉的藝術手法比較》，《深圳大學學報》1994 年 3 期；尹秀蘭：《以幽默的筆調譏諷現代文明——夏目漱石的〈我是貓〉與錢鍾書的〈圍城〉比較》，《日本研究》1995 年第 4 期；王衛平：《東方的兩部諷刺傑作——〈圍城〉與〈我是貓〉的比較研究》，《東北亞論壇》1997 年第 3 期。

見長而以批判──否定見長的文本，新批評派的文本中心主義、結構辯證思維、以語言爲特徵的形式主義方法，又契合了文學多元時代的接受訴求，加之夏志清的衝擊效應，彰顯出蓬勃的生機勢所必然。存在主義是一種人道主義，將存在主義視閾與《圍城》相勾連，既是 1980 年代思想解放大潮的時代湧動，也是接受者謀求與世界對話的內心需求。錢鍾書的中西學養與《圍城》的存在主義質素爲接受者尋求中國現代文學與世界同步、與時代同脈的文本提供了理想的標本，解志熙所要做的只是怎樣使個人的同時又是時代的訴求深入而具體地敞開，他做到了這一點，實現《圍城》接受的歷史性跨越自在情意之中。比較文學視閾是尋求《圍城》世界性因素的重要視閾，接受者以平行研究爲重點，將重心放在展示錢鍾書和他的《圍城》同世界文學大師及其代表作的精神聯結上，尋根溯源，探異求同，這種在共性中尋求個性，在個性中凸顯魅力的平行研究本身就意味著比肩同在，意味著交流對話，意味著兩種同樣的偉大。這既是接受者所期望與所追求的，也是比較文學接受的終極目標。

當然，這並不是說《圍城》接受已完成了歷史任務，恰恰相反，不同視閾的打開與深入正意味著《圍城》的接受邁向不斷深化、不斷完善的新階段，邁向不斷超越、不斷突破的新征程。也正因此，面對 32 年來的《圍城》接受，我更願意說，這不是結束，而是新的開始。

結語：如何輯與如何用——中國現代長篇小說接受史料與接受研究中的兩個問題

　　史料對學術研究的重要性及其意義是不言而喻的，盡可能充分地掌握並嚴謹地運用第一手原始材料，返歸現場，還原歷史，做出符合歷史本相且客觀的評價，是每個學者所應具備的基本素養。筆者近幾年來在對中國現代長篇小說接受史料的發掘與整理中，發現現代長篇小說接受史料存在著二個問題：一、輯錄者的「偏」、「漏」、「瞞」；二、創作者（也偶含輯錄者）的「添」、「改」、「刪」。這兩個問題直接影響著中國現代長篇小說接受視野的生成與深化（甚至在一定程度上也影響著現代文學史接受視野的生成與深化），有必要將這些問題指出來與專家學者們一起探討，也希望能對中國現代長篇小說的接受研究有所幫助。需要說明的是，我的側重點在於這些史料對中國現代長篇小說接受產生的影響，而不是這些史料背後的思想史或文化史意義。不妥之處，敬請方家批評指正。

一、輯錄者的「偏」、「漏」、「瞞」

　　如何輯錄史料和輯錄什麼對於成熟規範的古典文獻學而言，自有其基本的輯錄原則和嚴整的操作規範，對於中國現代文學史料學而言，雖然對此有所借鑒並達成相應的學術共識，但由於歲月動盪所造成的史料遺缺，或時代語境對接受者觀念的束縛，或者當事人或其親屬對可能關涉利害關係的顧慮，等等，如何輯錄與輯錄什麼就成為輯錄者不得不考慮的問題。表現在中國現代長篇小說接受史料的輯錄上，對這一問題的顧慮就出現了無法避免的

偏、漏、瞞的問題，對現代長篇小說接受視野的生成與展示產生了重要的影響。

所謂「偏」是指輯錄者由於受接受觀念等的影響而有意對接受史料表現出的傾向性，從而使呈現的接受視野基本爲該文本的正面閾值的擇其要錄，而非全面的客觀的視野呈現。這雖也在很大程度上折射出該文本的接受史態，但這種帶有傾向性的輯錄立場，依然遮蔽了歷史的原貌，也在一定程度上誤導了後來的接受者。這種因顯在的傾向性所導致的史料缺輯筆者稱之爲「偏」。當然，「偏」與「漏」不同，也不是「瞞」。「漏」是因爲客觀條件所限不知尙有相關文獻造成遺缺；「瞞」則是有意隱瞞，多是將負面的史料刻意隱去。若以《中國現代文學史資料彙編》（乙種）及《中國當代文學研究資料》等爲例，「偏」多指僅列入數據索引但不節錄其原文。「漏」和「瞞」則既不見正文，也不見索引，但「漏」爲非主觀因素所致，「瞞」則爲主觀因素所爲，二者有著較爲明確的界限。明晰了這一區分，我們就可以對「偏」、「漏」、「瞞」的現象作進一步探討了。

先說偏。文學接受是一個複雜的精神現象，因而西方有所謂「一千個讀者有一千個哈姆萊特」之說。對於中國現代長篇小說的接受來說也不例外，而且越是有影響的作品接受的分野就越爲顯在。例如，當年《子夜》的接受實際上是在多向的質疑聲中拉開序幕的，陳思、禾金、門言等都對《子夜》提出了不同的認識，〔註1〕但在《茅盾研究資料》和《茅盾專集》中，〔註2〕這些不同的質疑聲並沒有全文或部分節錄其內，若以這兩本史料所輯錄的文章爲中心梳理《子夜》的接受史貌，則會認爲《子夜》自出版始就獲得了高度的肯定，實際上，《子夜》的接受是在多向的質疑聲中拉開序幕的。〔註3〕相似的問題還出現在《圍城》中。方典（王元化）的《論香粉鋪之類》和張羽的《從〈圍城〉看錢鍾書》兩文在《錢鍾書 楊絳研究資料集》中也未予以節錄〔註4〕。當然，這兩篇文章學理性不強，是否節錄見仁見智，但如果將當時這兩篇並不長的反對聲音節錄於書中（即便是其中的一篇），既反映出《圍

〔註1〕陳思廣：《中國現代長篇小說編年》，四川大學出版社 2008 年版，第 94～98 頁。
〔註2〕《茅盾研究資料》（上、中、下），孫中田、查國華編，中國社會科學出版社1983 年版；《茅盾專集》（第二卷上、下），唐金海、孫海珠編，福建人民出版社 1985 年版。
〔註3〕見本書第六章。
〔註4〕田蕙蘭等編，《錢鍾書 楊絳研究數據集》，華中師範大學出版社 1997 年版。

城》的接受史貌，也達到為接受者提供檢閱便利的目的。這不僅是因為當年對《圍城》的理解確實存在著爭議，還因為後來的接受者在反駁《圍城》的攻擊時往往舉其為例，若能節錄其中，自然能使接受者事半而功倍。另具典型性的是前美國新聞處總編輯華思的遭遇。《駱駝祥子》英譯本在美國出版後，華思很快寫了《評〈駱駝祥子〉英譯本》一文，高度認同這部表現「一個想到北平謀生的青年農民的偶有的快樂與數不清的煩惱的直樸的故事」，將它視作瞭解中國普通人民的人道主義及其不可毀滅性的一本「最適當的著作」，認為它能在美國傳播，是「中美瞭解事業中的一件大事」。〔註5〕然而，這篇極具重構意義的接受視野卻未能輯文於《老舍研究資料》，令人遺憾。如果說《子夜》、《圍城》的輯錄之偏或許有維護文本的「經典性」之意，那麼《駱駝祥子》的輯錄之偏是否是由於闡釋者為美國人而當時——上世紀 80 年代初期中美觀念尚存偏見而失之於文呢？

再說漏：史料是個無底洞，窮盡史料的意願只能是美好的願望。隨著計算機的廣泛運用以及全國各大圖書館（含高校圖書館）相應數據庫的建立，許多所需史料足不出戶就可通過計算機予以檢索，極大地方便了史料的輯錄，一大批以往未被人們發現的史料也重新被發現。例如楊邨人的《茅盾的〈子夜〉》、〔註6〕尉遲憩亭的《趙子曰》、〔註7〕石岩的《讀茅盾的〈霜葉紅似二月花〉》、〔註8〕凱蒂的《關於〈引力〉》、〔註9〕中山大學文學院關於《〈春寒〉討論總結》〔註10〕等等，僅就筆者近幾年搜集整理現代長篇小說的新接受史料為例，未見於各研究數據索引的就達 50 餘篇，若再肯花時間或隨著高校數據庫檢索系統的更加完備，揀「漏」過百並非不可能。當然，這個「漏」是正常的「漏」，但對於接受史貌的歸納與梳理以及接受視野的拓展有一定的影響。例如，對於《駱駝祥子》的接受就有學者就認為：「對《駱駝祥子》的批評意見在當時竟比肯定要多！」〔註11〕還有的學者直言：「《駱駝祥子》生不逢時，民族危亡在即，很少有人關注這部作品問世，即使後來注意到它的存

〔註 3〕 〔美〕華思：《評〈駱駝祥子〉英譯本》，1945 年 8 月 27 日《掃蕩報》4 版。
〔註 6〕 見 1933 年 6 月 18 日《時事新報・星期學燈》。
〔註 7〕 見 1935 年第 4 期《津彙月刊》。
〔註 8〕 見《中堅》1946 年第 1 卷第 1 期。
〔註 9〕 見《風下・新婦女聯合刊》1948 年第 3 期。
〔註 10〕 見《青年知識》1948 年第 35 期。
〔註 11〕 史承均、宋永毅：《老舍研究的歷史回顧（1928～1976）》，《中國現代文學研究叢刊》1988 年 4 期。

在也沒有精力寫成像樣的研究文章。」〔註12〕這顯然與實際情況存在著較大的偏差。而關於《春寒》的接受很可能被誤認為無人問津等。但有些「漏」如《蕭乾研究資料》，〔註13〕沒有輯錄一篇關於蕭乾長篇小說《夢之谷》的接受文章，就令人感到失望，對中國現代長篇小說接受的意義也就無從談起了。

最後說瞞。瞞是一種刻意的主觀行為，之所以出現這種情況，我以為，為賢者諱當是主要的原因。例如，在《葉聖陶研究資料》中，〔註14〕錢杏邨並不認同《倪煥之》的「扛鼎性」，他說：「茅盾說，《倪煥之》是十年來的扛鼎之作，但我們卻不能說出《倪煥之》是如何的『扛』法。」這一視野出自《一九二九年中國文壇的回顧》，原載《現代小說》1929年第3卷第3期，署名剛果倫，後收入神州國光社1930年5月出版的《文藝批評集》第190～205頁。但輯錄者輯錄的只是《文藝批評集》中的《關於〈倪煥之〉》一文，而對《一九二九年中國文壇的回顧》一文中關於《倪煥之》的否定性接受文字「視而不見」，這就有「瞞」的嫌疑了。再舉一典型的實例。李克異（1920～1979）是現代優秀作家，原名郝維廉，又名郝赫，郝慶松，筆名吳明世、袁犀、李克異等。由於他在日偽統治華北時文名顯赫，如何編撰《李克異研究資料》就成為編撰者必須面對的棘手難題。目前我們看到的這本由李士非等人編輯而由廣州花城出版社1991年出版的《李克異研究資料》，就成為只收集李克異正面史料的一本「半成品」，而關涉其負面的材料則全部未予以收錄，這就不能用「漏」來解釋，而只能是「為賢者諱」的「瞞」了。例如，1942年11月《華北作家月報》第2期曾刊登一消息：《斡旋會員郝慶松獻金》：「會員郝慶松前由本協會派遣赴濟南一帶視察治運狀況，一路收穫頗多，今為感謝皇軍赫赫戰果，自動願盡槍後國民之誠，將治運視察旅費金提出一百元，獻金與北支派遣，當由本協會代為斡旋呈送北支軍局矣。」同時還刊有一文：《由都市到鄉村——治運視察報告會講演詞之三》，作者郝慶松，文中有如下字句：「在鄉下我看見了英勇的日本軍，治安軍，他們在千難萬苦之中，從事著職業工作，對於本次治運運動之一的『幽滅共匪』，不待言說的持有著堅定的信念。而農民們出由各方面協力這工作，修護著道路，修建關樓，雙手□是的從事著這樣困難艱苦的工作。所謂『建設華北，完成大東亞戰爭』這一偉大豐實的理念，倘說是由農民之手，由農民之力完成的，也非恰當。」毫無

〔註12〕石興澤：《老舍研究的歷史回顧與思考》，《文學評論》2008年1期。
〔註13〕鮑霽編：《蕭乾研究資料》，北京十月文藝出版社1988年版。
〔註14〕劉增人　馮光廉編：《葉聖陶研究資料》，北京十月文藝出版社1988年版。

疑問，這是郝慶松附逆時的發言，輯錄於書對後人是一個極為尷尬的存在。在長篇小說《貝殼》的接受上，也存在著同樣的現象。這部小說曾於 1943 年獲「大東亞文學獎副獎」，而且因之引起了一番爭議，〔註15〕但是，這一爭議現象同樣失收於《李克異研究資料》。至於批評的接受視野，哪怕是較為準確的評價，如麥耶（董樂山）認為：「很顯然，作者的目的，是想藉這一本小說，暴露出現代知識分子的醜惡。」但由於作者對於知識與教養的價值的否定理解，使作者「沒有把握到它們的本質，只表面地看到了一些它們被歪曲施行了的一些醜惡的現象，便貿然發出這種『對人類的哭聲，對於人類的絕望。』於是，便陷入了悲觀主義的泥淖，在《貝殼》這本小說裏的人物，便全是『蒼白而貧血的』，而其思想，也是頹廢的，懷疑的。」〔註16〕該書也採取了「迴避」的方式。這就不能不使人們對這本數據的客觀性、真實性與權威性產生懷疑了。歷史就是歷史，刻意隱瞞決非史料工作者所應有的態度。《敦鄰》、《雜誌》、《華北作家月報》等是日偽時期著名的文學刊物，甚至可以說是研究華北淪陷區文學的基本雜誌，許多省級以上圖書館或老牌大學圖書館都有館藏，編撰者未能將這些基本的材料搜集於內（索引僅收《華北作家月報》第 7 期），史料難覓恐不是主要因素。我想，這不是個案，對於淪陷區作家，對於附逆文人（例如《張資平研究資料》至今未能出版），如何輯錄和輯錄什麼都是一個十分棘手的問題。

二、創作者的「添」、「改」、「刪」

創作者勿庸置疑擁有修改自己作品的權利，但本文所指的並非是作家對小說文本的修改，而是指創作者（也偶含輯錄者）對接受史料的添改刪，即對小說《前言》與《後記》的添改刪。由於中國現當代歷史的曲折多變，跨越不同時代的作家們為了應和時代的語境在重版舊作時大多對《前言》或《後記》進行了不同程度的調整，因此，對《前言》或《後記》的添、改、刪就成為跨越兩個時代的作家中極為普遍的現象。當然，如果這種調整是一種正常的創作感言與思緒傳達也無可厚非，但如果這其中隱含著什麼，或者說需要接受者對這一接受史料加以辨偽，否則極易墮入虛假推定、以假亂真的泥

〔註15〕相關文章見志智嘉：《以什麼為基準而授賞了呢》，1944 年 5 月《敦鄰》第 1 卷第 4～5 期；雪魂：《關於袁犀和貝殼》，1944 年 5 月《敦鄰》第 1 卷第 4～5 期。

〔註16〕麥耶：《貝殼》，《雜誌》1944 年第 12 卷第 5 期。

沼，甚至對文本產生誤讀，就是一個值得認真思索的問題了。

我們同樣先從「添」說起。茅盾的《子夜》自 1933 年 1 月出版以來，一直沿用初版的《後記》，直到 1977 年人民文學出版社重新再版《子夜》時，才新添了茅盾應邀寫的《再來補充幾句》作為新的後記。從此，這一版本成為新時期最為通行的版本，而茅盾在其中關於《子夜》的創作意圖及主題的闡釋亦廣為流傳，特別是策應「社會性質論戰」與「反對托派說」的觀點，影響深遠，幾乎成為一個時代理解《子夜》創作意圖與主題的唯一視野。如錢理群等就認為：「吳蓀甫的悲劇命運正是說明了：在帝國主義統治下，中國民族工業是永遠得不到發展的，半封建半殖民地的中國是永遠不可能走上資本主義道路的。這是《子夜》的主旨所在。」〔註17〕但是，如果以此對讀文本，我們就會發現，「回答托派說」的創作意圖與文本的客觀呈現之間存在著明顯的罅隙，即：關鍵人物的失敗因由與結局走向並不契合作者對創作動因的理性揭示。例如，民族資本家吳蓀甫並不是敗在買辦資本家趙伯韜手中，而是敗在杜竹齋的倒戈上。正如小說所寫的那樣：「要是吳蓀甫他們的友軍杜竹齋這當兒加入火線，『空頭』們便是全勝了。」也就是說，當吳蓀甫與趙伯韜在公債市場相互膠著甚至略占上風時，善於見風使舵與投機經營的杜竹齋見利忘義，將自己的資本投入「多頭」，使得吳蓀甫最終一敗塗地。又如，茅盾認為，中國民族資產階級的「出路」是兩條：一是投降帝國主義，走向買辦化；二是與封建勢力妥協。他們終於走了這兩條路。但文本的實際結局是：以吳蓀甫為代表的民族工業資本家既沒有投降帝國主義，走向買辦化（只有周仲偉被迫買辦化，而吳蓀甫只是對此有過動搖的念頭），也沒有與封建勢力妥協，而是以一種悲壯的破產的方式結束了他們的商戰之旅。因此，茅盾的「回答托派說」實際上成為預設《子夜》創作意圖的一個溫柔的陷阱。所以，夏志清將《子夜》視為一部「透徹地表露 1930 年的中國面貌」，「給中國社會來一個全盤的檢討」的小說。〔註18〕而這正與茅盾在初版《後記》中的自述──「大規模地描寫中國社會現象的企圖」相契合。再比如茅盾的《第一階段的故事》。1957 年出版《茅盾文集》第四卷時，茅盾在《第一階段的故事》之末增添了《新版的後記》。與原《後記》不同的是，茅盾

〔註17〕錢理群等主編：《中國現代文學三十年》，北京大學出版社 1998 年 7 月版，第 229～230 頁。

〔註18〕夏志清著，劉紹銘編譯：《中國現代小說史》，香港友聯出版社有限公司 1979 年版，第 131～136 頁。

特意提到了小說的人物「何去何從」的問題。他說：「這本小書的結尾已經寫到一些青年知識分子選擇了正確的道路，──到陝北去。這是象徵著當時青年知識分子（儘管他們出身於民族資產階級的家庭或地主的家庭或小資產階級的家庭）中間的覺悟分子已經認識到唯有走上了中國共產黨所指示的道路，這才中國民族能夠解放，而個人也有出路。」這一進步的表態，無疑迎合了當時的期待視野。的確，小說的結尾也確實寫到了仲文、桂卿等商量著準備去陝北的事，但如果我們稍加細讀文本，就會發現，何家慶並不贊成仲文他們去陝北，何小姐雖然也想去但認為這是一個消極的方案，而仲文自己又說出這樣的話來──「我又覺得現在一心想到西北去的人們中間，有不少是一時衝動，好奇心，更有不少是借了投身到革命的最前線的美名，實行逃避他在後方的艱苦而需要耐心的工作；這種浮薄偷懶的心理必須趕快糾正才對！」又當做何解釋呢？又比如巴金的《寒夜》。1981 年 2 月 14 日，巴金在香港《文匯報》上發表《關於〈寒夜〉──〈創作回憶錄〉之十一》一文，較為詳盡地闡述了小說的創作動機及意涵。因這是巴金在 80 年代後系統地以創作回憶錄的方式談自己的創作，因而此文作為「附錄」被廣泛地收入《寒夜》的各版單行本及巴金的研究資料中。在文中，巴金曾寫下這樣一段話：「這些年我常說，《寒夜》是一本悲觀、絕望的小說。小說在《文藝復興》上連載的時候，最後的一句話是『夜的確太冷了』。後來出版單行本，我便在後面加上一句：『她需要溫暖。』意義並未改變。」其實並非如此。1947～53 年間的上海晨光本《寒夜》未沒有這句話，「她需要溫暖」正式出現在小說中是 1955 年 5 月新 1 版、1958 年 3 月上海新文藝出版社出版的《寒夜》單行本，而且意義已發生了改變。因此，有的接受者認為：「小說結尾所表達的思想，才是整部作品的關鍵所在──『夜的確太冷了。她需要溫暖。』我們認為這不只是對曾樹生個人悲劇的同情，更是對那個時代所有不幸女性的尊重與關懷；或者說既是對『寒夜』的控訴，更是對「溫暖」的呼喚！」〔註 19〕顯然是將巴金建國後迫於新形勢下的一種改寫理解成建國前的文本，而且輕信了文末「一九四六年十二月三十一日寫完」的標注。再比如姚雪垠的《長夜》，在上海懷正出版社 1947 年 5 月出版的《後記》中，作家開筆寫下了這樣一段話：「這故事在我肚裏藏了二十年了，其中的英雄們早已

〔註 19〕範水平：《「她需要溫暖」──重讀《寒夜》兼與李玲先生商榷》，《名作欣賞》2007 年 12 期。

死光了。每次想起來這個故事，我的眼前就展現了無邊憂鬱的、蕭條的、冬天的北國原野，而同時我的心就帶著無限淒惘，無限同情，懷念著那些前一個時代的不幸的農民英雄。我瞭解他們的生活，也瞭解他們的心。……我的這些朋友們雖然不顧一切地要做叛逆者，卻只能走那條在兩千年中被屍首堆滿的，被鮮血浸紅的，為大家熟悉的古舊道路。這條路只能帶向毀滅。但這是歷史的限制，我們不能夠錯怪他們！」當人民文學出版社 1981 年出版《長夜》時，作者重寫了一篇《為重印〈長夜〉致讀者的一封信》作為《前言》，關於小說的內容則這樣寫道：「這部小說中描寫的不是一般的農村生活，而是土匪生活，是通過寫一支土匪的活動反映二十年代歷史條件下的中原和北方的農村生活。」而這種土匪，即「在《長夜》中所寫的武裝鬥爭，就是低級形態的武裝叛亂。」〔註 20〕立場、觀念均反生了根本的改變。目前學界普遍將《長夜》看作一部土匪小說而忽略了對社會因由的審判，忽略了對原作中潛存的創作情態的體察，不能不說與作者的「誤導」有關。至於茅盾借出版《茅盾文集》之際在《後記》中將《腐蝕》的主旨定向在暴露「1941 年頃國民黨特務之殘酷、卑劣與無恥，暴露了國民黨特務組織只是日本特務組織的『蔣記派出所』」，〔註 21〕從而使一部可以讀作青年成長小說的視野至今未能生成，也令人歎惜。而寫出特定時代青年成長的「難言之痛」其實才是茅盾創作《腐蝕》的本意。〔註 22〕

　　再說改與刪。改與刪是現當代作家中最為普遍的現象，幾乎所有的作家在重版原作時均刪改了原有的《前言》或《後記》。有的作家在刪改時注明了刪改的情況與日期，有些作家則依然標注初始的日期，造成原來即如此的假象，從而改變了文獻的真實性，更有甚者在作家去世後擅改《前言》或《後記》，這就改變了文獻的性質而成為偽文獻。例如，迄今為止出版的各種《寒夜》的版本，《後記》都做了一定的刪改，即便是目前最為通行的人民文學出版社出版的單行本，《後記》的寫作時間雖標識為 1948 年 1 月下旬，但若核之於 1948 年的再版本（包括三版本），也是一個刪改版，即：都刪去了巴金與耿庸間的一場小的恩怨。這雖然對理解文本而言無大礙，但對於全面理

〔註 20〕姚雪垠：《為重印〈長夜〉致讀者的一封信》，見《長夜》，人民文學出版社 1981 年版，第 4～6 頁。

〔註 21〕茅盾：《〈腐蝕〉後記》，《茅盾文集》第 5 卷，人民文學出版社 1958 年版，306 頁。

〔註 22〕茅盾：《腐蝕》，知識出版社 1941 年版，第 2 頁。

解當時的接受主潮及其潛流以及巴金的思想，還是有一定的影響，而史料的真實性也打了折扣。還有《山洪》。這是吳組緗創作的一部表現底層民眾覺醒意識的優秀之作，1946 年由上海星群出版公司出版後未再版。1982 年，當人民文學出版社決定重印該作時，作者對《贅言》（也包括小說）做了較大的改動，原本不足 800 字的《贅言》被刪去近 300 字而僅存 430 字，而這430 字又被作者改動了 16 處 22 字，變動不可謂不大。其中最重要的是作者關於文本的語言實踐，即：通過方言刻畫人物性格，展現小說的鄉土氣息的操作實踐被作者悄然無痕地抹去了。這就遮蔽了原稿的本相。因為《山洪》頗具韻味的藝術特色之一就是濃郁的地方色彩與鮮明生動的人物對話，刪去了這一點，作者為之做出的艱辛探索就無從談起了（更讓人婉惜的是作者在修訂本中刪改了原稿中的山鄉土話，反而失去了原有的韻味）。從史料的真實性而言，新版《贅言》末的時間地點依然標注為「1942 年 5 月 16 日渝郊白鶴場」，但實際時間為 1981 年，其真實性也蕩然無存了。有接受者以之為據探討吳組緗的小說藝術且失察於吳組緗小說的語言藝術，〔註23〕其接受視野的偏差顯然緣自於史料的失察。如果說作家的自改尚有情可原，那麼編輯者的擅改就難以讓人理解了。還是巴金的《寒夜》。2005 年，上海文藝出版社出版了《〈寒夜〉手稿珍藏本》。應該說這是一件令人欣慰的大事，但是，該書雖然標明是初版手稿本，但《後記》卻並非 1947 年 3 月上海晨光出版公司初版本的《後記》，而是做了較大刪改的壓縮版，不免令人感到不解。誠然，原手稿中沒有《後記》，但編者既然是以手稿本出版，又特意說明以初版本校對，那麼，附之以初版本的《後記》當在情理之中，否則，接受者也面臨著重新選擇透析巴金彼時創作心境的史料問題。同樣，在探析王統照的長篇小說《山雨》的創作動機時，如果接受者不核查 1933 年開明書店版的《山雨》，以為《王統照研究資料》所收的《山雨〈跋〉》即是 1933 年 9月《山雨》的原《跋》，那就錯了。此文不僅做了改動，而且做了較大的改動。具體地說有如下三點：1、訛文（編者獨自改動的字），即：原文為「軍國主義」，改為「帝國主義」；原文為「外國兵士」，改為「日本兵士」等。2、衍文（編者獨自增加的字。）即：原文沒有「以」，增加了「以」；原文沒有「變化」，增加了「變化」等。3、脫文（漏掉的字。）即：原文為「痛苦婦

〔註23〕張蕾：《歸鄉人·故事·革命——吳組緗小說論》，《北京大學學報》2008 年 5
　　　　期。

女的失望與覺悟」;「離開上海之後」等。此書出版於 1983 年,此時王統照先生已去世了 26 年,不可能修改自己的文章,而短短不到 730 個字的《跋》被輯錄者改動 16 處 36 個字,看似更爲通順亦符合現時的理解了,但這一改動既不是作者的原意也對文本的接受產生了影響。有學者以之爲據並印證王統照《山雨》的現實主義精神,〔註24〕由於論者未對史料加以辨僞,同時又對文本中「革命青年與痛苦婦女」的「失望」缺乏論述,難免令人感到遺憾。其它如《一個女兵的自傳》的接受研究中一些接受者輕信作者的自述以至以訛傳訛等,〔註25〕亦令人遺憾。

　　史料工作是一項艱苦而又吃力不討好的工作,特別是在當今的評價體系下,更是一件得不償失的工作,但史料工作又是一切工作的基礎,不能輕視。但在如何輯與輯什麼以及如何用與用什麼的問題上,依然存在著問題。沒有竭澤而漁的精神、全面客觀的態度,史料的權威性必然會受到質疑;而「窮盡」了相應的史料卻又進行了「必要的」刪改,史料的眞實性就會受到質疑,接受視野的生成也會產生偏差。然而,據筆者對目前已出版的所有的研究資料集認眞核查後發現,其輯錄的有關中國現代長篇小說的接受史料,都不同程度地或多或少地存在著與原文不一的問題,若不進行認眞核查肯定要掉進失誤的陷阱,甚至一不小心就在客觀上促成了以訛傳訛的蔓延。但是,作爲一個研究者,我們又不可能不利用已整理的相對系統的史料,不可能不在前人已開創的基礎上拓展我們的視野,但如果每一個作家或作品都要我們自己從零出發,每一個材料都要在核查之後才敢放心使用,且不說工作的難度與工作強度太大,僅說史料輯錄者的初始意義又在何處呢?看來,如何輯與如何用眞是一個亟待探討和解決的棘手問題。

〔註24〕劉增人著:《王統照傳》,北京東方出版社 2000 年版,第 212～213 頁。
〔註25〕見本書第五章。

參考文獻

一、報刊雜誌

1. 《北斗》
2. 《北新》
3. 《鞭策》
4. 《晨報》
5. 《出版消息》
6. 《創造》
7. 《創造季刊》
8. 《創造日》
9. 《創造月刊》
10. 《春潮》
11. 《大綱報》
12. 《大公報》
13. 《大連日報》
14. 《大眾文藝叢刊》
15. 《大眾知識》
16. 《刁斗季刊》
17. 《東北日報》
18. 《東北文學》
19. 《東方雜誌》
20. 《東南日報・筆壘》

21.《讀書顧問》

22.《讀書與出版》

23.《讀書月刊》

24.《敦鄰》

25.《風下》

26.《婦女生活》

27.《戈壁》

28.《工作與學習叢刊》之三《收穫》

29.《觀察》

30.《國民雜誌》

31.《國聞周報》

32.《海風周報》

33.《洪水》

34.《華北作家月報》

35.《華商報》

36.《解放日報》。

37.《金屋》

38.《晉綏大眾報》

39.《晉綏日報》

40.《經世日報》

41.《開明》

42.《抗戰文藝》

43.《魯迅風》

44.《萌芽》

45.《民族文學》

46.《民族文藝》

47.《木屑文叢》

48.《南風》

49.《女子月刊》

50.《平原》

51.《七月》

52.《前鋒周報》

53.《僑聲報》

54.《青海》

55.《青年界》

56.《青年文藝》

57.《青年與婦女》

58.《青年知識》

59.《清華學報》

60.《清華周刊》

61.《群眾》

62.《人民日報》

63.《人民世紀》

64.《人民周報》

65.《人世間》

66.《上海文化》

67.《申報》

68.《生活報》

69.《生活周刊》

70.《盛京時報》

71.《時報》

72.《時代日報》

73.《時代文藝》

74.《時事新報》

75.《時與潮文藝》

76.《時與文》

77.《書人月刊》

78.《太陽月刊》

79.《泰東月刊》

80.《談風》

81.《濤聲》

82.《同代人》

83.《拓荒者》

84.《文匯報》

85.《文聯》

86.《文哨》

87.《文學》

88.《文學創作》

89.《文學集林》

90.《文學季刊》

91.《文學批評》

92.《文學月報》

93.《文學雜誌》

94.《文學周報》

95.《文訊》

96.《文藝報》

97.《文藝春秋叢刊》之四《朝霧》

98.《文藝復興》

99.《文藝工作》

100.《文藝列車》

101.《文藝青年》

102.《文藝生活》（光復版）

103.《文藝先鋒》

104.《文藝新輯》

105.《文藝月報》

106.《文藝月刊》

107.《文藝戰線》

108.《文藝陣地》

109.《我們》

110.《希望》

111.《現代》

112.《現代出版界》

113.《現代評論》

114.《現代文學》

115.《現代文學評論》

116.《現代小說》

117.《小説》

118.《小説時報》

119.《小説月報》

120.《新地月刊》

121.《新華日報》

122.《新華月報》

123.《新疆日報》

124.《新壘》

125.《新青年》

126.《新少年》

127.《新時代》

128.《新蜀報》

129.《新文學史料》

130.《新月》

131.《星島日報》

132.《學風》

133.《學習生活》

134.《燕京學報》

135.《藝術信號》

136.《藝苑》

137.《益世報》

138.《庸報》

139.《宇宙風》

140.《月月小説》

141.《雜誌》

142.《戰國策》

143.《朝花》

144.《眞美善》

145.《知識》

146.《中國文化》

147.《中國文藝》

148.《中國現代文學研究叢刊》

149.《中國新書月報》

150.《中國作家》

151.《中華論譚》

152.《中華日報》

153.《中流》

154.《中心評論》

155.《中學生》

156.《中央周刊》

157.《眾志月刊》

158.《紫晶》

（各大學學報等。略。）

二、論著

1. 〔蘇〕A・A・安基波夫斯基，老舍早期創作與中國社會〔M〕，宋永毅譯，曹素華校，長沙：湖南人民出版社，1987。

2. 〔美〕安敏成，現實主義的限制：革命時代的中國小說〔M〕，南京：江蘇人民出版社，2001。

3. 艾以，王西彥研究資料〔G〕，北京：北京十月文藝出版社，1996。

4. 艾以等，羅淑羅洪研究資料〔G〕，北京：北京十月文藝出版社，1990。

5. 安敏成，現實主義的限制：革命時代的中國小說〔M〕，南京：江蘇人民出版社，2001。

6. 巴人，捫虱談〔M〕，上海：世界書局，1939。

7. 巴人，窄門集〔M〕，香港：海燕書店，1941。

8. 巴人研究會，巴人研究〔C〕，上海：上海書店，1992。

9. 柏峰，審美的選擇〔M〕，西安：華嶽文藝出版社，1989。

10. 鮑霽，蕭乾研究資料〔G〕，北京：北京十月文藝出版社，1988。

11. 〔法〕保爾・巴迪，小說家老舍〔M〕武漢：長江文藝出版社，2005。

12. 北京大學文學研究所，文學研究集刊（4）〔C〕，北京：人民文學出版社，1956。

13. 北京師範大學中文系現代文學教研室，現代文學講演集〔C〕，北京：北京師範大學出版社，1984。

14. 北京圖書館，民國時期總書目（1911～1949）文學理論・世界文學・中國文學〔G〕，（上下），北京：北京圖書館，1992。

15. 北京圖書館書目編輯組，中國現代作家著譯書目〔G〕，北京：書目文獻

出版社，1982。

16. 北京圖書館書目編輯組編，中國現代作家著譯書目・續編〔G〕，北京：書目文獻出版社，1986。

17. 蔡儀，中國新文學史講話〔M〕，上海：新文藝出版社，1952。

18. 曹正文，張國瀛，舊上海報刊史話〔M〕，1991。

19. 草野，現代中國女作家〔C〕，北平：人文書店，1932。

20. 常風，棄餘集〔M〕，北京：新民印書館，1944。

21. 陳國恩等，俄蘇文學在中國的傳播與接受〔M〕，北京：中國社會科學出版社，2009。

22. 陳厚誠，王寧，西方當代文學批語在中國〔M〕，天津：百花文藝出版社，2000。

23. 陳建華，革命與形式——茅盾早期小說的現代性展開〔M〕，上海：復旦大學出版社，2007。

24. 陳敬之，現代文學早期的女作家〔M〕，臺北：成文出版社有限公司，1980。

25. 陳平原等，二十世紀中國小說理論資料〔C〕，（1～5），北京：北京大學出版社，1997。

26. 陳青生，抗戰時期的上海文學〔M〕，上海：上海人民出版社，1995。

27. 陳尚哲，躍進文學研究叢刊〔M〕，（第1輯），上海：上海新文藝出版社，1958。

28. 陳思廣，中國現代長篇小說編年〔M〕，成都：四川大學出版社，2008。

29. 陳思和，辜也平，巴金：新世紀的闡釋：巴金國際學術研討會論文集〔M〕，福州：福建教育出版社，2002。

30. 陳思和，李存光，一粒麥子落地——巴金研究集刊〔C〕，上海：上海三聯書店，2007。

31. 陳思和，李輝，巴金論稿〔M〕，北京：人民文學出版社，1986。

32. 陳思和，巴金研究的回顧與瞻望〔M〕，天津：天津教育出版社，1991。

33. 陳思和，中國現當代文學名篇十五講〔M〕，北京：北京大學出版社，2003。

34. 陳因，滿洲作家論集〔C〕，大連：實業印書館，1943。

35. 陳幼石，茅盾《蝕》三部曲的歷史分析〔M〕，北京：社會科學文獻出版社，1993。

36. 陳震文，老舍創作論〔M〕，瀋陽：遼寧大學出版社，1990。

37. 陳子善，夜上海〔C〕，北京：經濟日報出版社，2003。

38. 成都市文聯編研室，李劼人作品的思想與藝術〔C〕，北京：中國文聯出版公司，1989。

39. 成都市文聯成都市文化局，李劼人小說的史詩追求〔C〕，成都：成都出版社，1992。

40. 成仿吾，使命〔M〕，（第三輯），上海：創造社出版部，1927。

41. 程光煒等，中國現代文學史，（第 2 版），北京：中國人民大學出版社，2007。

42. 崔恩卿，高玉琨，走近老舍：老舍研究文集〔C〕，北京：京華出版社，2002。

43. 鄧儀中，沙汀評傳〔M〕，重慶：重慶出版社，1993。

44. 丁帆，中國鄉土小說史〔M〕，北京：北京大學出版社，2007。

45. 丁景唐，瞿光熙，左聯五烈士研究資料編目〔G〕，上海：上海文藝出版社，1981。

46. 丁玲，跨到新的時代來〔M〕，北京：人民文學出版社，1951。

47. 丁茂遠，陳學昭研究專集〔G〕，杭州：浙江文藝出版社，1983。

48. 丁寧，接受之維〔M〕，天津：百花文藝出版社，1990。

49. 丁易，中國現代文學史略〔M〕，北京：作家出版社，1955。

50. 《東北現代文學史》編寫組，東北現代文學史〔M〕，瀋陽：瀋陽出版社，1989。

51. 杜秀華，碧野研究專集〔G〕，武漢：長江文藝出版社，1985。

52. 鄂基瑞，王錦園，張資平——人生的失敗者〔M〕，上海：復旦大學出版社，1991。

53. 方銘，蔣光慈研究資料〔G〕，銀川：寧夏人民出版社，1983。

54. 方維保，蘇雪林：荊棘花冠〔M〕，桂林：廣西師範大學出版社，2006。

55. 馮光廉，劉增人，王統照研究資料〔G〕，銀川：寧夏人民出版社，1983。

56. 馮芝祥，錢鍾書研究集刊〔C〕，第三輯，上海：上海三聯書店，2002。

57. 佛克馬，蟻布思，文學研究與文化參與〔M〕，俞國強，譯，北京：北京大學出版社，1996。

58. 伏志英，茅盾評傳〔C〕，上海：開明書店，1936。

59. 傅光明，孫偉華，蕭乾研究專集〔G〕，北京：華藝出版社，1992。

60. 高捷等，馬烽西戎研究資料〔G〕，太原：山西人民出版社，1985。

61. 高翔，現代東北的文學世界〔M〕，瀋陽：春風文藝出版社，2007。

62. 葛浩文，蕭紅評傳〔M〕，哈爾濱：北方文藝出版社，1985。

63. 公蘭谷，現代作品論集〔M〕，北京：中國青年出版社，1957。

64. 龔明德，新文學散箚〔M〕，成都：天地出版社，1996。

65. 〔德〕顧彬，二十世紀中國文學史〔M〕，范勁等譯，上海：華東師範大

學出版社，2008。

66. 辜也平，巴金創作綜論〔M〕，福州：福建教育出版社，1997。

67. 郭宏安，李健吾批評文集〔C〕，珠海：珠海出版社，1998。

68. 郭啓宗，楊聰鳳，中國小說提要〔G〕，南昌：江西人民出版社，1985。

69. 郭箴一，中國小說史〔M〕，上海：商務印書館，1939。

70. 〔美〕哈羅德·布魯姆，西方正典：偉大作家和不朽作品〔M〕，江寧康，譯，南京：譯林出版社，2005。

71. 韓日新，陳大悲研究資料〔G〕，北京：中國戲劇出版社，1985。

72. 郝振省，名著的故事〔C〕，北京：中國書籍出版社，2009。

73. 賀凱，中國文學史綱要〔M〕，北平：新興文學研究會，1933。

74. 賀玉波，現代中國作家論〔C〕，（第1卷），上海：大光書局，1936。

75. 賀玉波，現代中國作家論〔C〕，（第2卷），上海：大光書局，1936。

76. 賀玉波，中國現代女作家〔C〕，上海：四合出版社，1946。

77. 洪子誠，中國當代文學史〔M〕，北京：北京大學出版社，1999。

78. 胡繩等，魯迅的道路〔M〕，香港：文藝出版社，1948。

79. 胡志德，錢鍾書〔M〕，張晨等，譯，北京：中國廣播電視出版社，1990。

80. 湖北省圖書館等，中國現代文學作家著作聯合目錄〔G〕，（1918～1963.12），武漢：武漢地區中心圖書館委員會，1964。

81. 皇甫曉濤，蕭紅現象〔M〕，天津：天津人民出版社，1991。

82. 黃俊英，小說研究史料選〔C〕，成都：四川教育出版社，1988。

83. 黃曼君，馬光裕，沙汀研究資料〔G〕，北京：中國社會科學出版社，1986。

84. 黃曼君，論沙汀的現實主義創作〔M〕，武漢：長江文藝出版社，1982。

85. 黃人影，當代中國女作家論〔C〕，上海：光華書局，1933。

86. 黃人影，茅盾論〔C〕，上海：光華書局，1933。

87. 黃曉娟，雪中芭蕉——蕭紅創作論〔M〕，北京：中央編譯出版社，2003。

88. 黃修己，劉衛國，中國現代文學研究史〔M〕，上下，廣州：廣東人民出版社，2008。

89. 黃修己，中國新文學史編纂史〔M〕，北京：北京大學出版社，1995。

90. 黃英，現代中國女作家〔C〕，上海：北新書局，1931。

91. 會林等，夏衍研究資料〔G〕，北京：中國戲劇出版社，1983。

92. 季進，曾一果，陳銓：異邦的借鏡〔M〕，北京：文津出版社，2005。

93. 賈植芳，俞元桂，中國現代文學總書目〔G〕，福州：福建教育出版社，1993。

94. 賈植芳等，巴金專集〔G〕，南京：江蘇人民出版社，1981。

95. 姜德明，雨天談書〔M〕，上海：文彙出版社，1999 年。

96. 解志熙，生的執著——存在主義與中國現代文學〔M〕，北京：人民文學出版社，1999。

97. 解志熙，現代文學研究論衡〔M〕，開封：河南大學出版社，2005。

98. 金宏宇，中國現代長篇小說名著版本校評〔M〕，北京：人民文學出版社，2004。

99. 金介甫，沈從文傳〔M〕，符家欽，譯，長沙：湖南文藝出版社，1992 年。

100. 金葵，沙汀研究專集〔G〕，杭州：浙江文藝出版社，1983。

101. 康曉光等，中國人讀書透視——1978～1998 大眾讀書生活變遷調查〔M〕，南寧：廣西教育出版社，1998。

102. 孔海立，憂鬱的東北人：端木蕻良〔M〕，上海：上海書店，2005。

103. 曠新年，1928 革命文學〔M〕，濟南：山東教育出版社，1998。

104. 藍棣之，現代文學經典：症候式分析〔M〕，北京：清華大學出版社，1998。

105. 藍海，中國抗戰文藝史〔M〕，上海：現代出版社，1947。

106. 李存光，巴金研究文獻題錄（1922～2009）〔G〕，上海：復旦大學出版社，2011。

107. 李存光，巴金研究資料〔G〕，（上中下），福州：海峽文藝出版社，1985。

108. 李存光，巴金研究資料彙編（1922-1949）〔G〕，（上中下），香港：文彙出版社，2011。

109. 李夫澤，從「女兵」到教授——謝冰瑩傳〔M〕，長沙：湖南人民出版社，2004。

110. 李何林，中國新文學史研究〔M〕，北京：新建設雜誌社，1951。

111. 李華盛，胡光凡，周立波研究資料〔G〕，長沙：湖南人民出版社，1983。

112. 李濟生，巴金與文化生活出版社〔M〕，上海：上海文藝出版社，2003。

113. 李慶信，沙汀小說藝術探微〔M〕，成都：四川省社會科學院出版社，1987。

114. 李潤新，周思源，老舍研究論文集〔C〕，北京：人民文學出版社，2000。

115. 李士非等，李克異研究資料〔G〕，廣州：花城出版社，1991。

116. 李岫，二十世紀中國長篇小說經典〔M〕北京：北京師範大學出版社，2004。

117. 李岫，李廣田研究資料〔G〕，銀川：寧夏人民出版社，1985。

118. 李岫，茅盾研究在國外〔C〕，長沙：湖南人民出版社，1984。

119. 李一鳴，中國新文學史講話〔M〕，上海：世界書局，1943。

120. 李怡，現代四川文學的巴蜀文化闡釋〔M〕，長沙：湖南教育出版社，1995。

121. 林螢膁，論巴金的家春秋及其它〔M〕，柳州：文叢出版社，1943。

122. 劉禾，跨語際實踐：文學，民族文化與被譯介的現代性（中國，1900～1937）〔M〕，宋偉傑等，譯，修訂譯本，北京：生活‧讀者‧新知三聯書店，2008。

123. 劉小楓，接受美學譯文集〔C〕，北京：三聯書店，1989。

124. 劉再復，論中國文學〔M〕，北京：作家出版社，1988。

125. 劉增傑，師陀研究資料〔G〕，北京：北京出版社，1984。

126. 劉增人，馮光廉，葉聖陶研究資料〔G〕，北京：北京十月文藝出版社，1988。

127. 劉增人，王統照傳〔M〕，北京：東方出版社，2000。

128. 劉中樹等，中國現代百部中長篇小說論析〔M〕，（上），長春：吉林大學出版社，1986。

129. 羅文源，梵楊，《一代風流》的典型性格〔C〕，北京：人民文學出版社，1996。

130. 馬德俊，蔣光慈傳〔M〕，合肥：安徽人民出版社，2001。

131. 〔斯洛伐克〕馬立安‧高利克，中西文學關係的里程碑（1898～1979）〔M〕，伍曉明，張文定等，譯，北京：北京大學出版社，1990。

132. 馬蹄疾，李輝英研究資料〔G〕，瀋陽：春風文藝出版社，1988。

133. 馬以鑫，中國現代文學接受史〔M〕，上海：華東師範大學出版社，1998。

134. 《茅盾研究》編輯部，茅盾研究〔C〕，（2），北京：文化藝術出版社，1984。

135. 《茅盾與中外文化》編輯組，茅盾與中外文化：茅盾研究國際學術討論會論文集〔M〕，南京：南京大學出版社，1993。

136. 孟廣來，牛運清，柳青專集〔G〕，福州：福建人民出版社，1982。

137. 孟悅，戴錦華，浮出歷史地表〔M〕，北京：中國人民大學出版社，2004。

138. 牟書芳，巴金研究縱橫觀〔M〕，西安：陝西人民出版社，1991。

139. 倪墨炎，現代文壇災禍錄〔M〕，上海：上海書店，1996。

140. 潘光武，陽翰笙研究資料〔G〕，北京：中國戲劇出版社，1992。

141. 潘旭瀾，詩情與哲理〔M〕，北京：人民文學出版社，1987。

142. 潘知常，美學的邊緣：在闡釋中理解當代審美觀念〔M〕，上海：上海人民出版社，1998。

143. 逄增玉，黑土地文化與東北作家群〔M〕，長沙：湖南教育出版社，1995。

144. 齊裕焜，中國歷史小說通史〔M〕，南京：江蘇教育出版社，1999。

145. 錢理群，溫儒敏，吳福輝，中國現代文學三十年〔M〕，（修訂本）北京：

北京大學出版社，1998。

146. 錢林森，法國漢學家論中國文學——現當代文學〔C〕，北京：外語教學與研究出版社，2009。

147. 錢杏邨，文藝批評集〔M〕，上海：神州國光社，1930。

148. 錢杏邨，現代中國文學作家〔M〕，（第2卷），上海：泰東圖書局，1930。

149.《錢鍾書研究》編委會，錢鍾書研究〔C〕，（第三輯），北京：文化藝術出版社，1992。

150.〔日〕山口守，阪井洋史，巴金的世界——兩個日本人論巴金〔M〕，北京：東方出版社，1996。

151. 秦弓，荊棘上的生命——20世紀三四十年代中國小說敘事〔M〕，瀋陽：春風文藝出版社，2002。

152. 秦林芳，淺草——沉鐘社研究〔M〕，北京：中國社會科學出版社，2002。

153. 邱文治，韓銀庭，茅盾研究六十年〔M〕，天津：天津教育出版社，1990。

154. 全國茅盾研究學會，茅盾研究論文選集〔M〕，（上下），長沙：湖南人民出版社，1983。

155. 全國茅盾研究學術討論會，茅盾與二十世紀〔C〕，北京：華夏出版社，1997。

156. 善秉仁，文藝月旦〔M〕，景明，譯，燕聲補傳，北平：獨立出版社，1947。

157. 尚學鋒，中國古典文學接受史〔M〕，濟南：山東教育出版社，2000。

158. 沈承寬等，張天翼研究資料〔G〕，北京：中國社會科學出版社，1982。

159. 沈衛威，東北流亡文學史論〔M〕，鄭州：河南人民出版社，1992。

160. 石懷池，石懷池文學論文集〔M〕，上海：耕耘出版社，不詳。

161. 石楠，中國第一女兵：謝冰瑩全傳〔M〕，南京：江蘇文藝出版社，2008。

162. 石興澤，老舍研究：六十五年滄桑路〔M〕，濟南：山東文藝出版社，1997。

163. 石興澤，老舍與二十世紀中國文學和文化〔M〕，北京：人民文學出版社，2005。

164. 史秉慧，張資平評傳〔C〕，上海：現代書局，1932。

165. 史亮，新批評〔C〕，成都：四川文藝出版社，1989。

166.〔日〕松井博光，黎明的文學：中國現實主義作家茅盾〔M〕，高鵬，譯（新1版），杭州：浙江人民出版社，1982。

167. 申殿和，黃萬華，東北淪陷時期文學史論〔M〕，哈爾濱：北方文藝出版社，1991。

168. 舒乙，說不盡的老舍：中國當代老舍研究〔C〕，北京：北京師範大學出版社，2003。

169. 絲鳥，論《林海雪原》的創作方法〔M〕，武漢：湖北人民出版社，1959。

170. 司馬長風，中國新文學史〔M〕，上中下，香港：昭明出版社有限公司，1975；1978。

171. 四川省社會科學院文學研究所，四川現代作家研究集〔C〕，成都：四川省社會科學院出版社，1984。

172. 四川省社科院文學研究所，抗戰文藝報刊篇目彙編〔G〕，（續一），成都：四川省社會科學院出版社，1986。

173. 宋永毅，老舍與中國文化觀念〔M〕，上海：學林出版社，1988。

174. 蘇珊‧桑塔格，疾病的隱喻〔M〕，程巍，譯，上海：上海譯文出版社，2003。

175. 蘇雪林，蘇雪林自傳〔M〕，南京：江蘇文藝出版社，1996。

176. 蘇雪林，新文學研究〔M〕，武漢：國立武漢大學，1934。

177. 孫潔，世紀彷徨：老舍論〔M〕，南昌：百花洲文藝出版社，2003。

178. 孫均政，老舍的藝術世界〔M〕，北京：北京十月文藝出版社，1992。

179. 孫康宜，文學經典的挑戰〔M〕，南昌：百花洲文藝出版社，2002。

180. 孫延林，蕭紅研究〔C〕，（1～3），哈爾濱：哈爾濱出版社，1993。

181. 孫中田，查國華，茅盾研究資料〔G〕，（上、中、下），北京：中國社會科學出版社，1983。

182. 孫中田，《子夜》的藝術世界〔M〕，上海：上海文藝出版社，1990。

183. 譚洛非，巴金與中西文化〔C〕，成都：四川文藝出版社，1992。

184. 譚興國，巴金研究論集〔C〕，重慶：重慶出版社，1988。

185. 譚正璧，中國文學進化史〔M〕，上海：光明書局，1929。

186. 唐金海，孔海珠，茅盾專集〔G〕，福州：福建人民出版社，1985。

187. 唐弢，中國現代文學史〔M〕，北京：人民文學出版社，1979。

188. 唐小兵，英雄與凡人的時代：解讀 20 世紀〔M〕，上海：上海文藝出版社，2001。

189. 唐沅等，中國現代文學期刊目錄彙編〔G〕，（上下），天津：天津人民出版社，1988。

190. 田本相，胡叔和，曹禺研究資料〔G〕，上下，北京：中國戲劇出版社，1991。

191. 田本相，張靖，曹禺年譜〔M〕，天津：南開大學出版社，1985。

192. 田蕙蘭，馬光裕，陳珂玉，錢鍾書楊絳研究數據集〔G〕，武漢：華中師範大學出版社，1997。

193. 童慶柄，陶東風，文學經典的建構、解構和重構〔C〕，北京：北京大學

出版社，2007。

194. 汪應果，巴金論〔M〕，上海：上海文藝出版社，1985。

195. 王大明，抗戰文藝報刊篇目彙編〔G〕，成都：四川省社會科學院出版社，1984。

196. 王德威，現代中國小説十講〔M〕，上海：復旦大學出版社，2003。

197. 王德威，想像中國的方法：歷史・小説・敘事〔M〕，北京：生活・讀書・新知三聯書店，2003。

198. 王豐園，中國新文學運動述評〔M〕，上海：新新學社，1935。

199. 王嘉良，茅盾小説論〔M〕，上海：上海文藝出版社，1989。

200. 王建中等，東北現代文學研究論文集〔C〕，瀋陽：遼寧大學出版社，1986

201. 王潤華，老舍小説新論〔M〕，上海：學林出版社，1995。

202. 王曉明，潛流與漩渦：論二十世紀中國小説家的創作心理障礙〔M〕，北京：中國社會科學出版社，1991。

203. 王曉明，沙汀艾蕪的小説世界〔M〕，上海文藝出版社，1987。

204. 王曉琴，老舍新論〔M〕，北京：首都師範大學出版社，1999。

205. 王瑤，中國新文學史稿〔M〕，（上），北京：開明書店，1951。

206. 王瑤，中國新文學史稿〔M〕，（下），上海：新文藝出版社，1953。

207. 王兆鵬，尚永亮，文學傳播與接受論叢〔C〕，北京：中華書局，2006。

208. 王哲甫，中國新文學運動史〔M〕，北平：傑成印書局，1933。

209. 韋勒克，沃倫，文學理論〔M〕，劉象愚等，譯，北京：生活・讀書・新知三聯書店，1984。

210. 溫儒敏，中國現代文學批評史〔M〕，北京：北京大學出版社，1993。

211. 吳奔星，茅盾小説講話〔M〕，上海：泥土社，1954。

212. 吳福輝，沙汀傳〔M〕，北京：北京十月文藝出版社，1990。

213. 吳懷斌，曾廣燦，老舍研究資料〔G〕，（上下），北京：北京十月文藝出版社，1985。

214. 吳小美，魏韶華，古世倉，老舍與中國新文化建設〔M〕，北京：民族出版社，2006。

215. 吳小美，魏韶華，老舍的小説世界與東西方文化〔M〕，蘭州：蘭州大學出版社，1996。

216. 吳小美等，中國現代作家與東西方文化〔M〕，蘭州：蘭州大學出版社，1990。

217. 伍加倫，四川現代作家研究〔M〕，成都：四川大學出版社，1990。

218. 伍傑，王鴻雁，李長之書評〔C〕，（1～5），石家莊：河北教育出版社，

2006。

219. 夏志清，中國現代小說史〔M〕，劉紹銘等，譯，香港：友聯出版有限公司，1979。

220. 曉川，彭放，蕭紅研究七十年〔M〕，(上中下)，哈爾濱：北方文藝出版社，2011。

221. 謝昭新，老舍小說藝術心理研究〔M〕，北京：北京十月文藝出版社，1994。

222. 徐德明，中國現代小說敘事的詩學踐行〔M〕，北京：社會科學文獻出版社，2008。

223. 徐德明，中國現代小說雅俗流變與整合〔M〕，北京：社會科學文獻出版社，2000。

224. 徐開壘，巴金傳〔M〕，(續卷)，上海：上海文藝出版社，1994。

225. 徐瑞岳，中國現代文學研究史綱〔C〕，南京：江蘇教育出版社，2001。

226. 雪葦，論文學的工農兵方向〔M〕，大連：光華書店，1948。

227. 嚴曉琴，李劼人與菱窠〔G〕，成都：四川文藝出版社，1999。

228. 楊家駱，民國以來出版新書總目提要〔M〕，南京：辭典館，1936。

229. 楊苡，雪泥集——巴金書簡〔G〕，北京：三聯出版社，1987。

230. 楊義著，中國現代小說史〔M〕，(1～3)，北京：人民文學出版社，1986。

231. 楊益群等，司馬文森研究資料〔G〕，北京：北京十月文藝出版社，1998。

232. 姚北華等，姚雪垠專集，鄭州：黃河文藝出版社，1985。

233. 〔德〕姚斯 H R，〔美〕霍拉勃 R C，接受美學與接受理論〔M〕，周寧，金元浦，譯，瀋陽：遼寧人民出版社，1987。

234. 閻浩崗，中國現代小說史論〔M〕，北京：人民文學出版社，2006。

235. 葉子銘，論茅盾四十年的文學道路〔M〕，上海：上海文藝出版社，1959。

236. 於可訓，陳國恩，文學傳播與接受論叢〔C〕，(第二輯)，北京：中華書局，2007。

237. 於可訓，葉立文，中國文學編年史〔M〕，(現代卷)，長沙：湖南人民出版社，2006 年。

238. 袁良駿，丁玲研究資料〔G〕，天津：天津人民出版社，1982。

239. 袁湧進，現代中國作家筆名錄〔G〕，北平：中華圖書館協會，1936。

240. 曾廣燦，老舍研究縱覽（1929～1986）〔M〕，天津：天津教育出版社，1989。

241. 曾健戎，劉耀華，現代中國文壇筆名錄〔G〕，成都：四川省中心圖書館委員會，1980。

242. 曾逸，走向世界文學——中國現代作家與外國文學〔C〕，長沙：湖南人

民出版社，1986。

243. 張白雲，丁玲評傳〔C〕，上海：春光書店，1934。

244. 張畢來，新文學史綱〔M〕，（第一卷），北京：作家出版社，1955。

245. 張德祥，現實主義當代流變史〔M〕，北京：社會科學文獻出版社，1997。

246. 張懷等，路翎研究資料〔G〕，北京：北京十月文藝出版社，1993。

247. 張靜廬，中國近現代出版史料〔G〕，（1～8），上海：上海書店，2003。

248. 張立慧，李今，巴金研究在國外〔C〕，長沙：湖南文藝出版社，1986。

249. 張民權，巴金小說的生命體系〔M〕，上海：上海文藝出版社，1989。

250. 張惟夫，關於丁玲女士〔M〕，北京：立達書局，1933。

251. 張元濟，張元濟日記〔M〕，上，北京：商務印書館，1981。

252. 趙景深，海上集〔M〕，上海：北新書局，1946。

253. 趙俊賢，論杜鵬程的審美理想〔M〕，北京：文化藝術出版社，1990。

254. 趙毅衡，「新批評」文集〔C〕，北京：中國社會科學出版社，1988。

255. 趙毅衡，新批評——一種獨特的形式主義文學理論〔M〕，北京：中國社會科學出版社，1986。

256. 鄭學稼，由文學革命到革文學的命〔M〕，重慶：勝利出版社，1943。

257. 中國老舍研究會，世紀之初讀老舍〔C〕，北京：人民文學出版社，2007。

258. 中華全國文學藝術工作者代表大會宣傳處，中華全國文學藝術工作者代表大會紀念文集〔C〕，北京：新華書店，1950。

259. 鍾桂松，二十世紀茅盾研究史〔M〕，杭州：浙江人民出版社，2001。

260. 周錦，《圍城》面面觀〔M〕，石家莊：河北教育出版社，2002。

261. 朱金順，新文學數據引論〔M〕，北京：北京語言學院出版社，1986。

262. 莊鍾慶，茅盾的創作歷程〔M〕，北京：人民文學出版社，1982。

263. 莊鍾慶，茅盾研究論集〔C〕，天津：天津人民出版社，1984。

附錄一：新文學長篇小說的第一篇評論

　　新文學第一部長篇小說是張資平出版於 1922 年 2 月 15 日的《沖積期化石》已為人所共知，但新文學第一篇長篇小說評論是誰寫的？題目是什麼？何時發表於何處？恐怕許多人並不清楚。筆者近來在整理中國現代長篇小說研究史料時發現，冀野發表在 1922 年 3 月 27 日《時事新報・學燈》上的《讀〈沖積期化石〉之後》一文，是新文學公開發表的第一篇長篇小說評論。該文為作者看到《沖積期化石》篇末有張資平徵求批評文字的渴望後，寫下的一篇簡短的小文。儘管全文沒有說出什麼所以然來，甚至可以用浮淺來形容，但它卻是第一篇公開發表的評論《沖積期化石》的文章，因而也是中國現代長篇小說接受的第一篇文章。全文如下：

　　　　在南京要讀最新出版的書籍是一件很不容易底事，因為此間的書鋪，只知趕快販賣些禮拜六半月消閒月刊，……一流的小說書，若是要讀什麼《女神》、《沉淪》，一類的書，除非等報紙上的廣告登了幾星期之後。最近出版的《沖積期化石》，當然也逃不了這個例子。它是二月十五日出版，我到今天才看見。我現在將我看了這書的感想拉雜寫之如下。

　　　　張資平君的作品，我在九年十一月就在《學藝》上讀過了。那篇《約檀河之水》我覺得同這長篇小說《沖積期化石》很有關係。那篇裏的『韋先生』或者就是這本書裏的『韋鶴鳴』。據我草草讀過一遍的經驗看來，兩篇主人翁同是這姓『韋』的。張君在書前說『為紀念而作』，那末張君之描寫自己，是已標明的了。至於『韋鶴鳴』是否就是他自己，據我看如此。此外還有這兩篇共同的語句，如『以後沒有再

寫「父親大人膝下……」的資格了。』由這點還可以證明一件事：《沖積期化石》前面的詩裏有一句『你死了三年餘……』此書作於今年，那麼三年前就是民國九年了。《約檀河之水》作於九年。那時大約他的父親剛死沒多時。兩篇之同為紀念而作又是一樣了。

　　若談到這本書，我覺得談宗教和社會的幾段最有精採。不過全書的科學氣味總覺得太濃厚了。到處就用化學或地質學……作比例，這一層我以為是全書的一小缺點。在結構上我以為尋第二次機會解決未完的事實，決非是一件令人滿意的事，譬如『陳女士』一段，後來一點照應沒有，只在篇後附告殊令人失望。本來長篇小說在中國還是創舉，若求完善狠不容易，但是開長篇小說之先聲，張君的功勞不可埋沒哩！至於書裏所描寫戀愛的幾段，讀了與《沉淪》受的同一印象，我可說是留日學生生活的寫真斷片。作者在篇後徵求批評，我這篇只是拉雜話，毫無批評的意味，自己很抱愧的。但是作批評該書的引導，那我是不辭的。

冀野即盧冀野（1905～1951），此時正就讀於東南大學國文系。作為一個文學青年，他在南京成立玫瑰社，並同創造社保持密切的聯繫，也曾將他們主辦的刊物《心潮》寄於創造社，他本人也在不久後即成為創造社的一員。盧冀野雖然之後以曲學名世，但早年卻也對小說、詩歌創作等頗感興趣，其小說集《三弦》（1928）及詩選編《時代新聲》（1929）就先後由泰東書局出版。盧先生著述頗豐，也多刊行於世，不過，這篇小文卻未見於盧先生的各類文集中，可能是「悔其少作」吧。

附錄二：史料發掘與《駱駝祥子》研究視野的新拓——以梁實秋和華思兩篇被忽視的接受史料為例

　　史料發掘對研究的重要性不言而喻，然而，由於評價體系的調整使學界中的許多人無奈地遠離了史料工作，這更使得費力不討好的史料發掘工作舉步維艱。殊不知，這種輕視與捨棄並非明智之舉，對史料工作的忽視不僅會使我們的接受研究陷入片面與空泛，產生偏差與誤解，還會妨礙我們的接受視野，甚至徘徊不前。本文以梁實秋和華思兩篇被忽視的接受史料為例，談談史料發掘對《駱駝祥子》研究視野的新拓意義。

　　《駱駝祥子》1939 年 3 月由人間書屋初版，至 1949 年 2 月，一共印行了 16 版。具體版次如下：1939 年 6 月再版，1940 年 2 月 3 版，1940 年 11 月 4 版（5 版不詳），1941 年 4 月 6 版。這 6 版印刷地均在上海。老舍在 1950 年 5 月上海晨光出版公司出版的《駱駝祥子》校正本《序》中回憶「此書在廣州印行單行本，或者還在桂林印過」，當為記憶失誤。之後，《駱駝祥子》轉由文化生活出版社出版。即：1941 年 11 月重慶文化生活出版社初版，1943 年 2 月渝 2 版；1946 年 1 月上海文化生活出版社 1 版（現代長篇小說叢刊之三），1946 年 5 月滬 2 版，1946 年 10 月滬 3 版，1947 年 3 月滬 4 版，1948 年 3 月滬 5 版，1948 年 6 月滬 6 版，1948 年 10 月滬 7 版，1949 年 2 月滬 8 版（現代長篇小說叢刊之十）。由於時逢抗戰，多少影響了人們對這部非抗戰題材作品的關注度。儘管如此，據筆者統計，從 1936 年 10 月 25 日聖陶在《新少年》第 2 卷第 8 期發表《老舍的〈北平的洋車夫〉》一文，至 1948 年 11 月 24 日秦

牧在《華商報》發表《哀〈駱駝祥子〉》一文，1936～1949 年間共有 14 篇文章對老舍的這部「重頭戲」予以了評價（不含預告與廣告）。這其中，尤以梁實秋 1942 年 3 月 26 日在《中央周刊》（重慶）第 4 卷第 32 期《書報春秋》裏發表的《讀〈駱駝祥子〉》和美國新聞處前總編輯華思 1945 年 8 月 27 日在《掃蕩報》發表的《評〈駱駝祥子〉英譯本》兩篇文章最為重要，堪稱《駱駝祥子》接受傳播史上的經典文獻。然而，這兩篇頗有價值的學術文章長期以來卻為接受者所忽視。梁文由陳子善先生首先發現並扼要予以介紹，但因刊發於香港並未引起大陸學者的注意。〔註 1〕後來作者將其收入浙江文藝出版社 1998 年出版的論文集《文人事》中，應者寥寥。之後梁文被收入山東畫報出版社 2006 年出版的《雅舍談書》裏，依然沒引起必要的反響。倒是新加坡學者王潤華十分重視這一發現的意義。他說：「梁實秋從文學技巧的優異性與嚴重的內容意義讀《駱駝祥子》發現它是一部描寫人性的藝術上乘作品。這篇論文肯定是 1949 年前研究《駱駝祥子》的重要文獻，也代表以文學論文學的公正論析，可是目前所見到的，許多如《老舍研究資料》的有關 1949 年前的評論，給人的印象是，許傑、巴人等的論斷就是當時人的定論。這對老舍是不公平的，會導致極大錯誤的認識。我相信，這一類資料，還可以找到，如果我們不故意去逃避或阻攔它的出現。」〔註 2〕的確如此，筆者在全面整理《駱駝祥子》的接受史料時就發現了華思的這篇文章。而且華思的這篇文章 1945 年 12 月 8 日又以《老舍及其〈駱駝祥子〉》為題刊於天津的《大公報》，全文除「他不知道他談說什麼。但是當他看見她因為計劃反對政府而被處死時，他陰鬱地體會到……」與《掃蕩報》小有出入並改正了小福子的名字外，其餘相同。之前即 9 月 16 日爽齊也在重慶《大公報》上發表《從〈駱駝祥子〉到〈四世同堂〉》一文，引述了華思文章的主要觀點。然而，與梁文一樣，華文亦失收於老舍研究的任何資料中。因文章不長且具有重要的學術價值，筆者遂將兩文全文實錄如下：

《讀〈駱駝祥子〉》　　梁實秋

　　　　老舍先生的小說，只要印成本子，我差不多都看過，在藝術上，《駱駝祥子》是最成熟的。

〔註 1〕陳子善：《梁實秋與老舍的文字之交》，《明報月刊》1989 年第 278 期。
〔註 2〕王潤華：《老舍小說新論的出發點‧代序》，上海學林出版社 1995 年版，第 3～4 頁。

　　老舍先生的小說之第一個令人不能忘的是他那一口純熟而乾脆的北平話。他的詞彙豐富，句法乾淨利落，意味俏皮深刻。會說北平話的人多的是，能用北平方言寫成優秀文學作品的卻很少見。大約二十多年前，北平的一種小報，《愛國白話報》，上面常常刊載小說，後來刊為許多小冊，總名曰《新鮮滋味》，其中頗有佳作，有一本《庫緞眼》我至今不能忘記，其文體便是地道的北平方言。還有一位「損公」常在這小報上發表「演說」，也用的簡勁幽默的北平話，給我的印象很深。老舍先生的文字比這個更進一步，他融合了不少的歐化的句法，於是於乾淨利落之外，又加上了飽滿細膩。《駱駝祥子》保持了老舍先生歷來擅長的文字優秀，而且也許是因為這部小說寫的是北平的土著「拉車的」，所以寫來格外得心應手。

　　文字的優異是使作品成功的條件之一，但不是條件的全部。成功的作品必定有豐富的內容和嚴重的意義。老舍先生的早年作品，如《二馬》、《老張的哲學》等，如果有缺點的話，最大的一點是應在文字方面給了讀者甚大的愉快，而內中的人物描寫反倒沒有給讀者留下多大的印象。《駱駝祥子》不是這樣。在這部小說裏，我們清晰的認識出一個人，他的性格，體態，遭遇，都活生生的在我們眼前跳躍著。其中文字的美妙處，雖然不一而足，雖然是最出色的一點，但是我在讀完之後不能不說文字的美妙乃是次要的。我掩卷之後，心裏想的是祥子這個人，他的命運，他的失敗的原因，他那一階級的人的悲劇。至於書中的流利有趣的文章，我一面遊覽，一面確覺得它有引人入勝的力量，可是隨看隨忘，沒有十分的往心上走。看到盡頭處，我的注意力完全在書中的主人公身上，我覺得他是一個活人，我心裏盤算著的是這一齣悲劇，我早忘記了作者是誰，更談不到作者的文筆了！這是藝術的成功處。老舍先生的文字雖然越來越精，可是他早已超出了競尚幽默的那一時期的風尚，他不專在字句上下功夫，他在另一方向上找到發展的可能了。

　　哪一個方向呢？就是人性的描寫。《駱駝祥子》有一個故事，故事並不複雜，是以一個人為骨幹，故事的結構便是隨著這一個人的遭遇而展開的。小說不可以沒有故事，但亦絕不可以只是講故事。最上乘的藝術手段是憑藉著一段故事來發揮作者對於人性的描寫。《駱駝祥

子》給了我們一個好的榜樣。老舍先生所以把祥子寫得這樣生動，是因爲他必定設身處地的替祥子著想了，他必定假想自己即是祥子，在倒黴時心裏是怎樣的滋味，在得意時心裏是怎樣的感覺，受欺騙時是如何憤怒，被誘惑時是如何爲難，我們的作者都必定潛心的琢磨透了，然後忠實的細膩的寫出來。作者眞懂了他要寫的人是什麼樣的人，他所要寫的事件是什麼樣的事。

有人說，「一切文學皆是自傳」，這要看自傳二字怎樣講法。老舍先生沒有拉過車，我知道。《駱駝祥子》不是自傳，老舍先生另有《自傳》。拉車這一行的行話和規矩，他是很懂得的，但這並不難，北平人平時留意地面上事的都懂得這一套。拉車的甜酸苦辣，也不難知道，常和車夫聊天兒也自然就明白幾分。唯獨人的「心理」最難懂，最難懂得徹底，即便懂也難以寫得透徹，──這是藝術！好的小說沒有不是「心理學的」。英國小說中我最歡喜哀利奧特的作品，她分析人物性格最爲細緻，她的小說都有很好的故事，但她最著力處不是故事的敘述，而是於人物在每一情況中的心理狀態加以刻意的描寫。這是很吃力的工作，小說因此獲得了嚴重性，小說因此不只是供人娛樂，小說幫助了我們理解人性。一切偉大文學都是這樣的。莎士比亞的戲劇有許多從簡顯的傳奇改編的，故事是沒有什麼兩樣的，但結果是怎樣不同的兩般面貌！我們中國的舊小說，大部分都是赤裸的故事，有間架，沒有血肉，只可供消閒，不能成爲高級的藝術。近年來的新小說，大部份還是犯這個毛病，故事的範圍往往很大，而結果是大題小做，輕描淡寫的從表面上滑過，不能深入。《駱駝祥子》指示出了一個正確的寫作方法。

《駱駝祥子》雖與抗戰無關，但由於它的藝術的成功，仍然值得我們特別的推薦。

《評〈駱駝祥子〉英譯本》　華思

我有一個狂熱的想頭，在中國晦暗慘淡的今天關於這個不幸的國家的一切文章，不論是政治論文或是小說，首先應從下一點來衡量，看它對於美國對中國的國情的瞭解，有什麼供（貢）獻，根據這一點及其他一切觀點，駱駝祥子都有崇高的評價。當代中國勇敢作家的這

一本憂鬱，勇敢，樸素的小說，對於想對中國普通人民獲得具體瞭解，想對中國人民的人道主義及其不可毀滅性獲得徹底認識的有教養的讀者，恰是一本最適當的著作。這本書不但把普通中國人民表現得眞實而且平易可解，並且把中國人民寫得溫暖，不單調，謙和而又勇敢，全世界都可以從本書理解到，爲什麼那些深知中國人民的外國人，這樣的珍愛他們。全書沒有一句宣傳，但對於「一切好人都是兄弟」的眞理，本來是最好的宣傳品。

我們只要作幾點否定的指示，就可以表現出本書的若干最重要的特點來。這不是舶來品，不是嘩眾取寵的故事，沒有弄槍花，故作驚人之筆，也沒有想弄成一個浪漫的色彩斑斕的故事。沒有說教，沒有尖刻，也沒有想作任何社論的企圖。它沒有躲避主題必有的世俗的醜惡，也沒有過分強調這些地方，以博一粲。在本書的樸素風格中，一個好人的形象不朽的雕型出來了，一個偉大的民族和一個偉大城市的心靈被描繪出來了，一個階級的悲劇，忍受長期痛苦的勇敢被表現出來了，一個動蕩變亂的國家的狼狽之況也被具體而微的表現出來了。假若我說，你讀過本書以後，你對於中國普通人民再不會感到陌生，這不是過獎，是對本書應有的評價。

對於美國讀者，選擇一個洋車夫作爲全書中心人物，是值得讚美的一個想頭。從美國人的關於人類尊嚴的混亂的概念說來，我們很自然地以爲，一個人把自己賣做拖別人的牲畜，是墮落到極點了。然而事實上這正是普通中國人民最重要的獨立精神，他雖然獻身於這樣一種低賤的工作，他卻非常有把握，決不會因此失去了人類的尊嚴。把自己賣身做這種工作，絕沒有使他感覺到他比他拉的客人有所不如。駱駝祥子是一個極爲動人的人物，遭受到人類與社會殘酷的痛苦，他受苛待，受折磨，受打擊，但他從沒有失掉驕傲之感。對於他的工作的尊嚴與價值，從未失掉信心。作者清晰地傳達出中國古老文明的這一目不識丁遭受蹂躪的子孫的個人價值與民主的個人主義，作者也就一方面浮雕出這種好人本性中固有的將來的希望，一方面也描繪出那使他陷害於如此狼狽的中國的絕望的情況。

作者老舍是現住重慶附近，在貧窮，通貨膨漲不安及檢查制度種種阻礙之下爲建設當代優秀文學而奮鬥的熱誠堅決的中國作家之一。

他是一個學術湛深，悲天憫人的小說家，本書足爲證明。本書由美人金氏（Evon King）譯成英文，譯筆傳神，不但對瞭解中國是重大的貢獻，而且是一本豐富的，動人的非常可愛的書。

《駱駝祥子》不是政治小說，它也絕沒有任何政治路線要推銷。這只是一個想到北平謀生的青年農民的偶有的快樂與數不清的煩惱的直樸的故事。他的好夢是自己有一輛洋車，娶一個美麗的鄉村姑娘，然而他的單純的勤奮的美德卻似乎無用武之地。駱駝祥子的確是一個好人，是一個不可毀滅的靈魂，使他能夠經受起殘酷生活，最後使他能夠活下來的，也正是那種不爲毀滅的精神和謙和善良的德性。駱駝祥子不懂什麼政治，不懂什麼社會學說，一個同情的女學生和他談話的時候，他不知道她說什麼。但是當他看見她被處死時，他陰鬱的體會到一定有若干事情是非常不對的。本書中的任何政治評論都不明顯而且晦澀，但讀過後的印象一樣強烈的使你聯想到腐敗與壓迫及中國貧民的無限的忍耐力。

壓迫的若干罪惡的工具雖被作者加以指斥，然而作者給人一種客觀主義的顯（鮮？）明印象，雖然這決不是冷漠。只有在虎妞身上（這個潑辣的女人緊緊地抓住駱駝祥子），作者才表示出對於他的人物的眞實的厭惡。他把駱駝祥子創造成一個非常引人的人物。年青的妓女小翠喜（Littie LucKLyone）（注：應爲小福子）則是一個眞正感人的可憐的女英雄。但實際上，這是北平，中國大眾的北平，北平的污濁與活力，北平的美好與醜惡，北平的顏色與味道，這是本書的中心形象，這幅圖是忘不掉的。

像關於東方人眞實的書籍所應有的一樣，駱駝祥子書內也有若干部分，不令人愉快，也不美麗，西方的胃口吃不消。然而，臭醜和俗惡的利用，不是爲了煽動，而是爲了眞實。你或是爲了獲得對中國及中國人民更清晰的瞭解，或是爲了讀一本引人入勝的小說，來讀駱駝祥子，你都不會失望。這是中美瞭解事業中的一件大事。

關於這兩篇並不難找但卻非常重要的接受史料緣何被埋沒甚或忽視，不是本文討論的內容，筆者欲探討的是：這兩篇文獻對《駱駝祥子》的接受傳播研究重要性何在？筆者以爲，至少在以下兩個方面有著重要的學術意義：

（一）糾正以往《駱駝祥子》接受研究中的偏差

誠如王潤華所言，長期以來，學界一直將巴人與許傑的文章視爲 1949 年前關於《駱駝祥子》的重要文獻，他們的視點，特別是許傑的斷言曾長期預設了接受者的期待視野，後來的接受者自覺不自覺地以之爲依據勾畫《駱駝祥子》接受的歷史樣態，殊不知這一描述已偏離了《駱駝祥子》接受的本來面目，由之而得出的結論就只能成爲歷史的印痕。如：「對《駱駝祥子》的批評意見在當時竟比肯定的還多」；〔註 3〕「《駱駝祥子》生不逢時，民族危亡在即，很少有人關注這部作品問世，即使後來注意到它的存在也沒有精力寫成像樣的研究文章。」〔註 4〕其實，如果接受者能再細緻一些，再嚴謹一些，或者早一些發掘到這些文獻，就會感慨 1936～1948 年間不僅肯定《駱駝祥子》的藝術成就是主流，而且已有很像樣的研究文章了。

（二）拓展《駱駝祥子》接受的新視野

75 年來（1936～2010），《駱駝祥子》的接受研究取得了令人矚目的成績，眾多富有建設性的接受成果深化了老舍的文學史意義，不僅顯示了老舍研究的新高度，也提高了新文學研究的整體水平。不過，如果我們稍加審視就會發現，雖然接受者從不同的角度多方面地深入探討了《駱駝祥子》的藝術特質，但從人性的視角予以進一步跨越的文章仍如空穀足音，將《駱駝祥子》視爲一部捍衛人類尊嚴與價值的小說的視點依然期待突破的張力。可喜的是，近來已有學者注意到視點的轉換所帶來的視野的超越，如將《駱駝祥子》視爲一個農民進城務工的故事，以探究《駱駝祥子》與當下的精神聯結，〔註 5〕但如果我們明曉華思的視野：「這只是一個想到北平謀生的青年農民的偶有的快樂與數不清的煩惱的直樸的故事」，我們就會清醒地意識到這只是《駱駝祥子》接受環鏈的承接與擴展，就會理性地將「在我看來，祥子的故事，其實是一個進城農民的故事」，〔註 6〕看做是《駱駝祥子》接受史上本可避免的斷言。其實，無論是梁實秋關於老舍及其《駱駝祥子》藝術特質的生成，還是華思對於《駱駝祥子》故事內核的理解，

〔註 3〕史承鈞　宋永毅：《老舍研究的歷史回顧（1928～1976）》，《中國現代文學研究叢刊》1988 年第 4 期。

〔註 4〕石興澤：《老舍研究的歷史回顧與思考》，《文學評論》2008 年第 1 期。

〔註 5〕邵寧寧：《〈駱駝祥子〉：一個農民進城的故事》，《蘭州大學學報》2006 年第 4 期。

〔註 6〕邵寧寧：《〈駱駝祥子〉：一個農民進城的故事》，《蘭州大學學報》2006 年第 4 期。

對於文本意義潛勢的解讀，對於祥子形象的剖析，以及國外接受者對於文本的接受心理的展示等，已開啓了我們認同與重構、修正與跨越的新視閾，而我們所需做的就是耕耘與收穫。

　　總之，梁實秋和華思上世紀 40 年代關於《駱駝祥子》撰寫的兩篇文章是《駱駝祥子》接受傳播史上的經典文獻，長久以來未得以應有的重視且失收於老舍研究的任何資料中，令人遺憾。本文全文披露這兩篇經典史料並闡發其重要的學術意義，旨在說明，學術拓新離不開對已有史料的全面發掘與深入瞭解，只有這樣，我們才能避免接受者在《駱駝祥子》研究中的盲目與自信，糾正以往接受研究中出現的偏差與問題，打開接受者認同與重構、修正與跨越的新視閾。從《駱駝祥子》接受史料的重新發掘與解讀中我們就得到這樣的啓示。

附錄三：《圍城》出版初期的臧否之聲

　　2011 年 5 月是錢鍾書的《圍城》出版 65 週年。據何啓治在《〈圍城〉：被「活埋」30 年後終於重見天日》一文中介紹，截止 2008 年上半年，《圍城》已創下了印數高達 392 萬冊的輝煌紀錄。〔註 1〕如今，「錢學」已成爲學界公認的一門學問，《圍城》也成爲家喻戶曉的經典名著，其文學史上的地位不可動搖。然而，如同經典的誕生總是與爭議相伴隨一樣，《圍城》在出版的初期，即 1946～1949 年間也經歷了一番不小的風波。

　　1944 年，錢鍾書開始動筆寫長篇小說《圍城》，一年後被老友柯靈得知，於是，1945 年 10 月 3 日的上海《文匯報・世紀風》「編者・作者・讀者」欄中就有了這樣的消息：「錢鍾書先生近方創作長篇小說《圍城》，已經成其十至六七。」這是最早關於《圍城》的創作信息。1946 年 2 月 25 日，《圍城》始刊於《文藝復興》第 1 卷第 2 期。在該期的「編餘」中，李健吾表達了發表《圍城》的欣喜之情：「可喜的是，我們有榮譽連續刊載兩部風格不同然而造詣相同的長篇小說，彌補我們的遺憾和讀者的怨（願）望。李廣田先生的詩和散文，有口皆碑，錢鍾書先生學貫中西，載譽仕林，他們第一次從事於長篇製作，我們欣喜首先能以向讀者介紹。」6 月，僅看了前三章的鄒琪就在《小說世界》1946 年第 3 期《佳作推薦》裏對《圍城》給予了高度的評價：「長篇小說往往不容半途讀起，但《文藝復興》裏面的《圍城》，至少是一個例外。作者錢鍾書散文寫得字字珠璣，這些東西搬在小說裏還是一樣燦爛可愛。這並不是說他喜歡掉書袋。他把書本給融化了，像草一樣吃了下去，擠出來的奶還是有書卷氣的。讀《圍城》，彷彿讀狄更司同時代的撒克萊；

〔註 1〕 見郝振省主編：《名著的故事》，北京中國書籍出版社 2009 年，第 153 頁。

拿中國小說來比，第六期的那一部份很像儒林外史。即使前面的沒有看，你還是愛看這一部份。看了這一部份，你就想看前面，等著後面。故事並不緊張，它是寫出來讓你慢慢看的。」這是第一篇評介《圍城》的文字，作者只看了前三章就充分肯定小說的文辭「燦爛可愛」，作品的風格有書卷氣而非掉書袋，有撒克萊的風格，諷刺手法像《儒林外史》，情節舒緩但懸念感強，頗具慧眼。短文雖沒有展開論述，但已觸及到之後《圍城》接受的修辭學視閾與比較文學視閾，難能可貴。隨後，讀者「縷」也認爲《圍城》「是獨具風格的作品」。〔註 2〕

　　1947 年 5 月，《圍城》由上海晨光出版公司出版。爲配合小說發行，5 月 1 日刊行的《文藝復興》第 3 卷第 3 期封底刊載了《圍城》的廣告：「這部長篇小說去年在《文藝復興》連載時，立刻引起廣大的注意和愛好。人物和對話的生動，心理描寫的細膩，人情世態觀察的深刻，由作者那枝特具的清新辛辣的文筆，寫得飽滿而妥適。零星片段，充滿了機智和幽默，而整篇小說的氣氛卻是悲涼而又憤鬱。故事的引人入勝，每個《文藝復興》的讀者都能作證的。」雖是廣告宣傳但並不誇大其辭，且較鄒琪的推介而言，表述更爲清晰，尤其是小說的藝術表現力得到了充分的肯定。之後，屏溪、彭斐等也對《圍城》機智幽默的風格、引人入勝的情節、洗練流暢的語言、悲涼而又憤鬱氛圍以及清涼暢快的審美感受等成就，予以了具體化的闡述。屏溪認爲，《圍城》「人物性格的刻劃，一般講來是成功的。作者筆下的那輩留學生，大學教授，女博士，以及其他不容易歸類的角色，都被心理地描寫出了他們或她們潛意識領域的秘密，寫出了他或她的長處及瑕疵。從這些人物的活動上，一幅現社會某個隅落的世態也給發掘了，如同他們的歡樂，希望和悲哀。」「有人對這本書鼓掌也許還因爲文字鋪展的技巧。每一對話，每一朵況喻，都如珠璣似地射著晶瑩的光芒，使讀者不敢逼視而又不得不睜上去，不相干的引典，砌在棱刺畢備的岩石縫裏，則又不覺得勉強。作者的想像力是豐富的，豐富得不暇採擷，於是在庸凡的塵寰剪影裏擠滿了拊掇不盡的花果，隨意地熟墮在每一行，每一章。」「但作者並未著重他的故事。他的故事只是一種紓延文字的手段，牧童吹著狡猾的竹笛，只使得韻律生動，可人，對於唱的內容可並未介意。因此，在衡量整篇的價格時便費躊躇了。一想到這是小說，我們閱讀時所樹植在內心的微笑便——齊隕了價，不能不

〔註 2〕縷：《〈文藝復興〉書評》，1946 年 7 月 29 日《文匯報·文化街》。

令人生出深深的惋惜和遺憾。固然作者也給我們窺睨到了片面的現實，但這些已褪了彩的霞靄實不必留戀，作者用在這方面的諷語未免慷慨得有些浪費了。」〔註3〕彭斐則認為：「《圍城》之妙，該是妙在作者錢鍾書先生的超人機智，和他那五車的才學，以及透過那重機智的冷嘲熱諷的筆調上。縱觀全書，內容豐富精彩，寫得又極輕快活潑，淋漓盡致，在目迷神眩之餘，讀者們往往捉摸不到全書的主題，忽略了故事的進展，甚至記不起人物的性格，只是被動地隨著作者的笑嬉怒罵而前進，及至讀完全書，在我們的印象中，卻只記著一個人，一件事，這便是作者錢鍾書本人，和他的聰明風趣。」何況「《圍城》一書，故事很簡單，人物也未見複雜，然而我想讀過的諸君沒有一個會不承認，這本書很有份量，很能引人入勝：不管各人的批評是讚美，還是責難，《圍城》之能給讀者一個很深的印象，終是一件無可懷疑的事實。至於它的所以引人入勝，令人不忍釋手的理由，一般說起來，大概只有一項，就是作者的穿插，以及穿插中所表演的幽默風趣和機智。全書中耐人尋味的地方很多，說得上俯拾即是——當然有時候我們也會覺得囉嗦與過火，認為穿插得不必要——大體說來，精彩畢竟精彩。」另外，「錢鍾書的文字，清麗之好，又頗洗練流暢」。「其實，進一步看清涼暢快這四個字正好來形容《圍城》這本小說」。〔註4〕

不過，最具影響的是林海（鄭朝宗）的《〈圍城〉與「Tom Jones」》一文，作者詳細地比較了《圍城》和《湯姆・瓊斯傳》的不同之處，同時提出了「學人小說」的讀法拓展了接受者的視野。他說：「錢鍾書和菲爾丁至少有兩點相同：第一，他們都是天生的諷刺家或幽默家，揭發虛偽和嘲笑愚昧是他們最擅長的同時也最願意幹的事情；第二，他們都不是妙手空空的作家，肚子裏有的是書卷，同時又都不贊成『別材非學』的主張，所以連做小說也還要掉些書袋。這兩點，前者決定內容，後者決定外表，他們作品的『質』與『形』可由此推知了。」「《圍城》和《湯姆・瓊斯傳》同樣的是以幽默諷刺的筆調來寫的，這筆調浸透全書，成了一種不可須臾離的原質；偶然一離，讀者立刻便有異樣之感。而也就在這裏，這兩位作家稍微有些不同。菲爾丁雖好諷刺，卻並不悲觀。他不喜歡板起臉孔來教訓，但有時也說正經話。因此，每逢他轉換口氣，總是從『幽默』改為『正經』。錢先生則是個徹底的悲觀家，

〔註3〕屏溪：《〈圍城〉讀後》，1947年8月19日上海《大公報》。
〔註4〕彭斐：《〈圍城〉評價》，《文藝先鋒》1947年第11卷第3～4期合刊。

『諷刺』之外，惟有『感傷』，這情形從兩書的結局處看得最清楚。」「以體裁來說，這兩部作品都是所謂惡漢體的小說（The Picaresque novel）。……比較起來，還是《圍城》接近人生。」而錢鍾書和菲爾丁的根本相通之處在於：「這兩位小說家有個共同的信念，便是題材無關緊要，要緊的是處理這題材的手腕。」至於技巧，明比和描寫文是這兩部作品大部分的血肉和生命。「他們的互異之點，那我們可以簡單地說：《湯姆·瓊斯傳》中的事實多於議論；《圍城》剛剛相反，議論多於事實。這分別是植根於兩位作家生活經驗廣狹的不同。菲爾丁的經驗比較豐富，所以他的作品雖也一樣的以『批評人生』為主要目的，卻多少總帶點『表現人生』的傾向，盡量把來自多方面的事實填塞進去。錢先生所見的人生似乎不多，於是他更珍惜這僅有的一點點經驗，要把它蒸熟、煮爛，用詩人的神經來感覺它，用哲學家的頭腦來思索它。其結果，事實不能僅僅是事實，而必須配上一連串的議論。這議論由三方面表達出來：作者的解釋、人物的對話、主人翁的自我分析。說到這裏，不由地令人想出一個新的名詞：『學人之小說』。」〔註5〕這一視野之後得到了眾多接受者的認同。

當然，並非所有的接受者都看好《圍城》。方典（王元化）就將《圍城》視為「香粉鋪」，因為「這篇小說裏看不到人生，看到的只是像萬牲園裏野獸般的那種盲目騷動著的低級的欲望……這裏沒有可以使你精神昇華的真正的歡樂和真正的痛苦，有的只是色情，再有，就是梅雨下不停止似的油腔滑調的俏皮話了。」〔註6〕唐湜指出小說的結構如「一盤散沙」。〔註7〕更有甚者認為：「錢鍾書的《圍城》，是一幅有美皆臻無美不備的春宮畫，是一劑外包糖衣內含毒素的滋陰補腎丸。」〔註8〕而無咎（巴人）乾脆否定了小說的立意與人物的價值。他說：「如果說，圍城是一冊以戀愛為主題的小說，那麼，我們還可以加添注釋道，戀愛正是新儒林外史人物的新課程，它和舊儒林外史顛倒於學而優則仕的闈墨中人的描寫，劃出了新舊時代的兩個風貌，作者以方鴻漸為中心，而展開了戀愛的攻防戰。」不過，「我們的作者即使有巴爾扎克式的縱談一切漫不經心的才華，但在這裏卻偏缺少巴爾扎克抓住資本主義社

〔註 5〕 林海：《〈圍城〉與「Tom Jones」》，《觀察》1948 年第 5 卷第 14 期。
〔註 6〕 方典：《論香粉鋪之類》，1948 年 2 月 25 日《橫眉小輯》第 1 輯。
〔註 7〕 唐湜：《師陀的〈結婚〉》，《文訊》1948 年第 8 卷第 3 期。
〔註 8〕 張羽：《從圍城看錢鍾書》，《同代人文藝叢刊》第 1 年第 1 集《由於愛》，上海新豐出版公司 1948 年版，第 57 頁。

會的靈魂（金錢）的特質的那種初步的社會學觀點。而我們的作者之所以能
撇開這一個極度動蕩的社會場景，甚至將後方人民生活的落後，也加以惡意
的西方人士式的嘲弄（在金華路上所見的描寫）而情願抓取不甚動蕩的社會
的一角材料，來寫出幾個爭風吃醋的小場面，我們不能不說作者這一觀點——
——單純的生物學觀點，作了他的羅盤針，一切以戀愛為藝術的主要主題的作
者都是這樣，他只看到一切生存競爭的動物性，而忽略了一切生存競爭的社
會階段階級鬥爭意義，我們作者這一羅盤針是需要改造了。」而「圍城作者
在他們所描摹的人物中，給我們一個深刻的印象：不論是鮑小姐、蘇文紈、
孫柔嘉，也不論是李梅亭、曹元朗、韓學愈、高松年與汪處厚，都該是他要
否定的新男女儒林中的人物。作者給予溫情主義的撫摩的，是唐曉芙、趙辛
楣和放下作者自己靈魂的方鴻漸。但一樣也是並無真理奮鬥的精神，執著於
人生特定方面戰鬥的意識。……所有作者筆下的人物，或者是假抗戰牌頭的
滑稽玩世，或者是認民賊作父的和同隨俗。而作者一樣以否定的筆調否定他
們存在的價值了，每一個讀者將不能在這裏找到一個可愛的人物，用作他們
人生的楷模。在這一意義上，這作品是可以作一些人的反省的。」他還寫道：
「一大群小資產階級的智識分子，或出身於封建世家，或出身於買辦寶
殿，……這是作者筆下人物的階級性而徘徊於西方資本主義與東方封建主義
相互交融的空間裏的人物，除出向上摸索，努力抱住官僚主義的石柱，或喘
息於買辦主義的大廈裏面外，就沒有他們的路，沒落是他們唯一的路，作者
沒有有意告訴我們這一點，而我們是可以得到這樣印象的。」〔註9〕熊昕更指
責作者脫離大眾的態度以及不敢正視現實與人生的創作動因，認定這書依舊
是失敗的，而它的效果，甚至是有毒的。〔註10〕

　　正當接受者欲就《圍城》的文本價值展開進一步交鋒時，社會形勢發生
了根本性的轉變，錢鍾書與他的《圍城》隨之沉入地下，《圍城》的接受也陷
入沉寂。直到30年後～1979年，夏志清在其《中國現代小說史》中專章稱讚
錢鍾書其人其文並高調斷言「《圍城》是中國近代文學中最有趣和最用心經營
的小說，可能亦是最偉大的一部」後，〔註11〕才重新啟動並促成了內地錢鍾
書與他的《圍城》研究的反衝力，《圍城》的接受從此步入正常。

〔註 9〕　無咎：《讀〈圍城〉》，《小說》1948年第1卷第1期。
〔註10〕　熊昕（陳煒謨）：《我看〈圍城〉》，《民訊》1949年4期。
〔註11〕　夏志清著　劉紹銘編譯：《中國現代小說史》，香港友聯出版社有限公司 1979
　　　　年版，第380頁。

　　文學接受是仁者見仁智者見智的精神活動，對《圍城》出現的接受出現截然不同的兩種聲音並非不可理喻，關鍵在於雙方是否在學理的層面上進行，而不是嘩眾取寵，賺人噱頭。《圍城》出版初期的爭鳴風波中，接受者的肯定性視野雖然未必都令人信服，但從學理的層面上進行闡述的實事求是之意還是盡顯其中。否定性視野則多缺乏學理，或誇大，或歪曲，盡顯嘩眾取寵之心，除了暫時賺取部分人的眼球外，實難有可取之處。因此，它們很快被掃進歷史的垃圾堆也是勢所必然。當然，即便在今天，也依然有極個別的接受者對《圍城》採取無端批判的態度，但對於此，人們除了將之視為鬧劇外沒有太多的想法，更沒有具體的回應——也無需必要的回應。